儒家哲学研究丛书
山东社会科学院国际儒学研究院主办
涂可国 主编

"两创"的"曲阜模式"

孔繁轲 涂可国 主编

中国社会科学出版社

图书在版编目（CIP）数据

"两创"的"曲阜模式"/孔繁轲，涂可国主编 .—北京：中国社会科学出版社，2021.9

（儒家哲学研究丛书）

ISBN 978-7-5203-9153-5

Ⅰ.①两…　Ⅱ.①孔…②涂…　Ⅲ.①地方文化—传统文化—研究—曲阜　Ⅳ.①G127.524

中国版本图书馆 CIP 数据核字（2021）第 187401 号

出 版 人	赵剑英
责任编辑	孙　萍
责任校对	王　龙
责任印制	王　超

出　　版	中国社会科学出版社
社　　址	北京鼓楼西大街甲 158 号
邮　　编	100720
网　　址	http://www.csspw.cn
发 行 部	010-84083685
门 市 部	010-84029450
经　　销	新华书店及其他书店
印　　刷	北京明恒达印务有限公司
装　　订	廊坊市广阳区广增装订厂
版　　次	2021 年 9 月第 1 版
印　　次	2021 年 9 月第 1 次印刷
开　　本	710×1000　1/16
印　　张	15.75
字　　数	205 千字
定　　价	86.00 元

凡购买中国社会科学出版社图书，如有质量问题请与本社营销中心联系调换
电话：010-84083683
版权所有　侵权必究

《儒家哲学研究丛书》

学术顾问：吴　光　郭齐勇　刘宗贤
　　　　　黄玉顺　林宏星
主　　任：涂可国
主　　编：涂可国
副 主 编：路德斌　张春茂　石永之
　　　　　张　明　刘云超
编　　委：涂可国　路德斌　张春茂
　　　　　石永之　张　明　刘云超
　　　　　刘永凌　李文娟　李峻岭
　　　　　李　玉　赵迎芳　汪霏霏
　　　　　沈　旺　秦树景　张　兴
　　　　　杨　冬　张　恒

目　　录

导　言 …………………………………………………………（1）

第一章　"曲阜模式"提出的历史背景 ……………………（1）
　一　中华优秀传统文化创造性转化与创新性发展方针的
　　　提出 ……………………………………………………（4）
　二　推进曲阜优秀传统文化传承发展示范区建设 ………（8）

第二章　"曲阜模式"的基本内涵 …………………………（19）
　一　"曲阜模式"的深刻内涵：融合与创新 ………………（19）
　二　"曲阜模式"提出的基本依据 …………………………（23）
　三　"曲阜模式"的主要体现 ………………………………（30）

第三章　"曲阜模式"的优势与基础 ………………………（55）
　一　优秀传统文化资源丰厚独特 …………………………（55）
　二　优秀传统文化保护传承充满活力 ……………………（90）
　三　优秀传统文化传承发展保障有力 ……………………（105）

第四章　"曲阜模式"的基本经验 …………………………（109）
　一　营造传承发展浓厚氛围 ………………………………（109）

二　传承创新有机结合 …………………………………………（113）
　　三　坚持文化融合发展战略 ……………………………………（119）
　　四　建立健全传承发展机制 ……………………………………（126）
　　五　创立创新传承发展载体 ……………………………………（131）
　　六　强化传承发展保障措施 ……………………………………（136）

第五章　"曲阜模式"的重要特点 …………………………………（140）
　　一　普惠共享：创新利用文化遗产实现"价值共振" ……（140）
　　二　经世致用：从高端研究走向知行合一 …………………（144）
　　三　多点开花：各据资源优势"分头并进" …………………（147）
　　四　集成整合：协同发展形成"整体效应" …………………（150）
　　五　人才驱动：全球引智打造"儒学人才高地" ……………（153）
　　六　实践养成：以传统美德涵育"首善之区" ………………（156）
　　七　全民参与：共建共享实现"活态传承" …………………（159）

第六章　"曲阜模式"的时代价值与提升推广 ……………………（163）
　　一　"曲阜模式"的时代价值 …………………………………（163）
　　二　"曲阜模式"的丰富、提升与推广 ………………………（171）

附录一　推动山东优秀传统文化创造性转化、创新性发展 ……（195）
　　一　"两创"取得的成绩与经验 ………………………………（196）
　　二　"两创"存在的主要问题 …………………………………（204）
　　三　进一步推动"两创"的总体思路与主要目标 ……………（206）
　　四　推动未来"两创"的对策建议 ……………………………（208）

附录二　山东省当代民间儒学发展的成就、问题及其对策 ……（218）
　　一　山东省当代民间儒学产生发展的历史因缘 ………………（219）

二　山东省当代民间儒学兴起的社会条件…………………（220）
三　山东省当代民间儒学发展的进展和成效………………（222）
四　山东省当代民间儒学发展的基本做法和主要经验………（227）
五　进一步推动新时代山东民间儒学的健康发展…………（230）

参考文献………………………………………………………（234）

后　记…………………………………………………………（236）

导　言

从改革开放到2020年，尤其是2013年11月习近平总书记视察孔子研究院发表曲阜重要讲话以来（以下简称"曲阜讲话"），以山东省济宁市曲阜市、邹城市、泗水县为核心区的曲阜优秀传统文化传承发展示范区，充分发挥传统文化历史悠久、博大精深、资源富集的区域优势，坚持以习近平总书记提出的创造性转化、创新性发展的"两创"方针为指导，积极推动中华优秀传统文化的传承发展，开创了多点开花、整体推进、重点突出、特色鲜明、成效显著的良好局面，形成了以融合与创新为核心内容的"曲阜模式"。

一

"模式"的英文词是pattern。《现代汉语词典》就"模式"解释说"某种事物的标准形式或使人可以照着做的标准样式"[1]。一般说来，模式主要有三种意涵。一是指事物、事件之间较为隐蔽的规律性关系，凸显的是一种形式的规律而非实质的规律。二是指经过长期实

---

[1] 中国社会科学院语言研究所词典编辑室编：《现代汉语词典》，商务印书馆2016年版，第919页。

践积累而抽象和升华的重要经验，是从不断重复出现的多种事件中所呈现出来的、用以解决问题的经验总结。三是指人们在生产生活实践中用来解决某一类问题的方法，属于某种行动方案、方式。

从社会系统来看，由于社会可以分为政治、经济、文化（文艺、科学、习俗、道德、思想等）、法律、生活、生态等领域，因而就有政治模式、经济模式、文化模式、法律模式、生活模式、生态模式等等之分。假如再细分，那么还可以分为建筑模式、居住模式、思维模式、设计模式等。而在当代，最为流行、最为人所关注的是管理模式和商业模式。管理模式是在对人性进行假设的基础上，由管理理念、管理内容、管理工具、管理程序、管理制度和管理方式等要素所组成的方式、方法和策略，大体分为制度化管理模式、温情化管理模式、亲情化管理模式、友情化管理模式和随机化管理模式，等等。而商业模式则是指企业组织从事商业运作，旨在为客户提供价值服务，由关系资本、内部结构与合作伙伴网络等所承载的方法和途径。从社会功能来看，由于模式是一种规律性、经验性的行动方案、方式、方略，具有较强的参照性、指导性和操作性，因此它能够被复制、被推广，为其他人所借鉴、吸收和运用。在一个善的模式指导下，往往能够帮助人们有效地去完成特定的任务、责任，寻找到解决问题的最佳办法、思路和手段。

那么，什么是文化模式呢？李宗桂把建构中国现代新型文化体系的理论模式分为三个方面：一个是一体（社会主义价值系统）三元（政治、经济和文化）的文化观，一个是立足现实依托传统的古今融合论，一个是以我为主兼取众长的中外互补说。[①] 刘敏中认为文化模式是指"若干变体文化中所共同具有的那些稳定的构成要素和稳定的

---

① 参见李宗桂《现代新型文化体系的模式和特征》，载赵剑英主编《世纪之交的中国文化》，广西人民出版社1994年版。

结构方式"①。覃光广等指出文化模式"通常指一民族的各部分文化内容之间彼此交错联系而形成的一种系统的文化结构"②。

改革开放以来，中国各地涌现出许许多多的模式，人们也注意提炼概括出不少模式。同样的，山东也形成了多种类型的模式，譬如潍坊市生成了著名的农业农村发展上的诸城模式、潍坊模式、寿光模式，进入新时代，这三种模式又进一步得到深化、拓展、创新和提升，以推动潍坊乃至山东实现高质量发展新突破，推动农业生产要素更大范围、更高层次的优化配置，提高农业产业化水平和竞争力，为美丽乡村建设蹚出了一条新路子。尽管曲阜中华优秀传统文化传承发展示范区只是2018年才上升为国家发展战略，它并没有刻意要创造什么模式，甚至也没有系统地、总体地提出过示范区中华优秀传统文化传承发展模式，但是，不能不说，在长期自觉和自发地推进中华优秀传统文化传承发展的实践过程中，借助于融合创新的途径、方法和手段，示范区尤其是核心区创造了中华文化实践成果，推动了中华文化在新时代的承传发展，铸造了中华文化的新辉煌，由此积累了许多值得学习借鉴的宝贵经验和方法路径，从而客观上塑造出了以"融合"与"创新"为根本内涵的、具有深远历史意义和文化意义的"曲阜模式"。而且，由曲阜、邹城、泗水组成的曲阜中华优秀传统文化传承发展示范的核心区（以下简称"曲阜核心区"或"核心区"），在传承、保护、利用、开发和创新当地优秀传统文化领域，人们也总结出了济宁市开启的中国养老新模式、曲阜市"儒源小镇·春秋耕读"文化体验园创造的"农业+文化+旅游"模式以及出于文化遗产保护利用与传承发展的"邹城模式"等一系列传统文化利用模式。在此必须说明的是，我们这里所说的中华优秀传统文化传承发展"曲

---

① 刘敏中：《文化模式论》，《学习与探索》1989年第4期。
② 覃光广、冯利、陈朴主编：《文化学辞典》，中央民族学院出版社1988年版，第151页。

阜模式",并不是中华优秀传统文化传承发展"曲阜市模式",也不是中华优秀传统文化传承发展"曲阜示范区模式",而是由曲阜、邹城、泗水组成的曲阜中华优秀传统文化传承发展示范的核心区所创建的"模式";它也不是静态的曲阜核心区的文化模式,而是指核心区在传承发展中华优秀传统文化过程中,由广大干部群众所创造的动态的、处于不断发展过程中的实践模式。

二

作为"中华优秀传统文化传承发展'曲阜模式'研究课题"的结项成果,本书的主要内容大致分为以下六大部分。

第一章探索了"曲阜模式"深邃的社会历史背景,阐明了以"融合"与"创新"为根本内涵的"曲阜模式"是由多种因素作用的结晶,阐释了习近平总书记到曲阜考察并发表的重要讲话,中华优秀传统文化创造性转化与创新性发展方针的提出,"曲阜优秀传统文化传承发展示范区"列入国家"十三五"规划纲要、上升为国家战略,中共中央办公厅、国务院办公厅出台了《关于实施中华优秀传统文化传承发展工程的意见》[①]以及山东省实施新旧动能转换先行先试的发展战略等,是"曲阜模式"赖以提出和形成的重要时代背景和社会根源。

第二章分析了"曲阜模式"的深刻时代内涵和主要体现,指明了曲阜核心区在研究阐发、精神文明创建、普及教育、文化保护、文化事业、文化产业和文化交流等各个领域大力推动中华优秀传统文化的创造性转化和创新性发展,阐发了以"融合"与"创新"为核心要

---

① 《关于实施中华优秀传统文化传承发展工程的意见》,《人民日报》2017年1月25日。

义的"曲阜模式"提出的三大基本依据——政策依据、现实依据和社会依据，指明了核心区已经形成了多点开花、整体推进、重点突出、特色鲜明、成效显著的良好局面，形成了融合、创新的曲阜模式。

第三章阐述了"曲阜模式"的优势与基础，不仅论述了核心区优秀传统文化资源丰厚独特，它是中华文明的发祥地、儒家文化的发源地、物质文化遗产的聚集地、非物质文化遗产的富集地、中国先秦与汉代文化的中心，是儒家学派的创始人孔子的故乡，同时阐明了"曲阜模式"之所以能够立得住，最根本的原因是核心区优秀传统文化保护传承充满活力、优秀传统文化传承发展保障有力，广大干部群众认真贯彻落实习近平总书记关于曲阜和山东优秀传统文化的讲话和批示指示精神，在努力实现中华优秀传统文化的创造性转化、创新性发展方面取得了较为显著的成效。

第四章揭示了"曲阜模式"所蕴含的基本经验，阐明了曲阜核心区如何抓住"孔子及儒家思想发源地"这一世界独一无二的特有品牌，乘着习近平总书记2013年到曲阜考察并发表重要讲话的东风，创造出了传统文化保护传承与繁荣复兴的六条基本经验，即营造传承发展浓厚氛围、传承创新有机结合、坚持文化融合发展、建立健全传承发展机制、创立创新传承发展载体和强化传承发展保障措施。

第五章阐述了"曲阜模式"所呈现的重要特点，这就是普惠共享、经世致用、多点开花、集成整合、人才驱动、实践养成与全民参与，强调对这些特点的深入揭示有助于"曲阜模式"的总结提升与推广转化。

第六章探讨了"曲阜模式"的时代价值以及新时代如何进一步推广转化和提升丰富"曲阜模式"，指明在传承创新优秀传统文化的过程中形成的"曲阜文化模式"具有极其重大的现实意义，它有助于夯实世界文化新高地基础、彰显中国文化符号象征、推动建设国家记忆工程先行区、推动旅游业的迅速发展和助推中华文化"走出去",提出未来要使"曲阜模式"能够可复制、可推广,不仅必须凸显儒学优势、着力建设好尼山片区、注重文化生态整体保护、更加重视传统文化转化,还应当进一步强化文化融合、注重打造知名文化品牌、营造有利于传统文化创新的条件和加强"曲阜模式"的宣传与转化。

综上所述可以发现,在传承发展优秀传统文化的伟大实践过程中,以曲阜、邹城和泗水为核心的示范区形成了值得总结推广的"曲阜模式",这一模式被赋予了融合与创新"两大根本内涵",包含着营造传承发展浓厚氛围、传承创新有机结合、坚持文化融合发展、建立健全传承发展机制、创立创新传承发展载体和强化传承发展保障措施"六条基本经验",呈现出普惠共享、经世致用、多点开花、集成整合、人才驱动、实践养成与全民参与"七条重要特点";"曲阜模式"建立在优秀传统文化资源丰厚独特、优秀传统文化保护传承充满活力和优秀传统文化传承发展保障有力的三大优势与基础之上,具有深刻的政策依据、现实依据和社会依据,体现在核心区推动优秀传统文化传承发展的各个领域和各个层面;"曲阜模式"具有深远的历史意义和重大的现实意义,为当代中国如何推动中华优秀传统文化的创造性转化、创新性发展提供了很好的样板,未来要充分发挥它的功能和作用,我们应当以一种强烈的文化自觉心、责任心对其加以丰富提升和推广宣传。

三

加强对中华优秀传统文化传承发展"曲阜模式"研究,具有极为深广的价值。从理论上说,这不仅有助于增强对中华优秀传统文化的发掘和阐释，正确认识中国优秀传统文化的内涵、特点、演变，丰富关于中国传统文化的理论，而且可以为正确认识中国文化发展的历史阶段、基本特质和现实价值，尤其是对于把握中国文化乃至世界文化的模式转换提供特殊的具体案例，带有典范性意义，进而对于完善文化哲学和文化社会学的文化模式理论具有一定的借鉴作用与推动作用。从现实来说，通过对中华优秀传统文化传承发展的曲阜模式进行研究，探讨中华优秀传统文化的内涵及其传承发展规律，提炼出中华优秀传统文化传承发展曲阜模式的主要内容及其可复制性、可推广性，展现中华优秀传统文化在曲阜核心区的生动实践，可以为全面深入贯彻落实习近平总书记关于中华优秀传统文化传承发展"两创"指示批示精神提供一个典型案例，能够为当今中国社会提供一个有借鉴依据的优秀传统文化传承发展模式，为中华优秀传统文化传承发展的科学决策提供咨询服务。

为做好中华优秀传统文化传承发展"曲阜模式"这篇大文章，课题组采用了以下方法。其一是实证调研法。2020年6月17日至19日由涂可国带队、课题组一行10人赴曲阜、邹城、泗水就"曲阜模式"提出的历史背景、"曲阜模式"的基本内涵、优势与基础、基本经验、重要特点、时代价值和推广转化等内容进行了广泛深入调研，分别召开了专家座谈会和文化相关部门领导汇报会。其二是比较研究法。借助于比较学的视野，分析示范区中的核心区与全国其他地方传承发展优秀传统文化的不同特点和经验，以丰富完善自身的基本特质和未来趋向。南宋之际，孔子第四十八世孙袭封衍圣公孔端友率领族人跟随宋高宗南下并赐家于浙江衢州；元代忽必烈让孔氏后裔由衢州返回山东祖籍，孔洙以其先人在衢州为由而不从，但让爵位于山东孔氏，从此之后衢州一族定居于衢州，且建有孔氏南宗家庙，于是关于"北孔""南孔"的说法一直延续至今。近年来，衢州致力于打造了"南孔圣地，衢州有礼"的知名文化品牌。为对"北孔"和"南孔"传承发展孔子文化的"模式"进行比较研究，吸收借鉴浙江衢州挖掘、弘扬优秀传统文化方面的可贵经验，2020年10月20日至23日由涂可国带队、课题组成员一行8人赴衢州考察调研，参观孔氏南宗家庙、古城墙和中国儒学馆，召开了文化相关部门领导参加的专题座谈会。其三是历史文献法。本课题力图对核心区优秀传统文化传承发展所涉及的古籍文献、遗址遗迹、文物碑刻以及其他相关文献进行较为系统的搜集、整理和探究，把核心区所禀赋的优秀传统文化置于整个齐鲁文化体系以致中华文化史的宏观脉络中进行考察，借以呈现其地域特点、丰富内涵、社会影响、现实价值和历史发展，从而彰显出核心区是如何依据深广的历史文化资源进行现代性的继承、转化、创新和发展的鲜明特色、内在逻辑以及丰富的实践经验。

第一章

"曲阜模式"提出的历史背景

"曲阜模式"具有深邃的社会历史背景，是由多种因素所塑造而成的结晶，是在党和国家领导人关怀下、由示范区广大干部群众伟大的文化实践活动共同创造出来的产物。"曲阜优秀传统文化传承发展示范区"列入国家"十三五"规划纲要，曲阜优秀传统文化传承发展示范区建设上升为国家战略，中共中央办公厅、国务院办公厅出台了《关于实施中华优秀传统文化传承发展工程的意见》，山东省实施新旧动能转换先行先试的发展战略……这一切都是"曲阜模式"赖以提出和形成的重要时代背景和社会根源。

2013年11月26日，习近平总书记到山东曲阜考察，在孔子研究院同有关专家学者代表座谈后发表了重要讲话（以下简称"曲阜讲话"）。习近平总书记明确表示："一个国家、一个民族的强盛，总是以文化兴盛为支撑的，中华民族伟大复兴需要以中华文化发展繁荣为条件。"[①] 习近平总书记这一带有里程碑意义的"曲阜讲话"，既为曲阜模式的形成发展指明了方向，也为我们提炼概括和宣传推广"曲阜模式"增添了底气。2014年，习近平总书记对山东工作做出重要批示，勉励用好齐鲁文化资源丰富的优势，加强对中华优秀传统文化的

---

① 中共中央文献研究室编：《习近平关于社会主义文化建设论述摘编》，中央文献出版社2017年版，第3—4页。

挖掘和阐发。2018 年，全国"两会"期间，习近平总书记亲临山东代表团参加审议，要求山东传承红色基因，深入挖掘优秀传统农耕文化蕴含的思想观念、人文精神、道德规范。① 同年 6 月，习近平总书记视察山东时，再次对山东省发挥传统文化优势提出明确要求。正是在习近平总书记"曲阜讲话"精神以及指示、批示精神的指引和感召下，曲阜核心区的广大干部群众传承发展中华优秀传统文化的积极性、主动性和创造性被极大地调动起来，才使得"曲阜模式"在实践中得以不断生成。

第一，致力于多方面多角度地打造弘扬传统文化新高地。

核心区加快一批中华优秀传统文化传承基地建设，尼山圣境、孔子博物馆、中国教师博物馆等重大工程相继建成开放。在文化产业发展方面继续大力推进曲阜新区文化产业园建设，注重发挥优秀传统文化道德养成方面的作用，建成了全球孔子学院总部体验基地，设立了尼山圣境景区体验式项目。这一切，使得一处"全球文化高地"在曲阜核心区大地上加速隆起。

第二，加快建设首善之区。

为深入贯彻落实习近平总书记"曲阜讲话"中关于"立德树人"的重要指示精神，曲阜、邹城、泗水三地始终谨记习近平总书记关于"使孔子故里成为首善之区"的殷切嘱托，大力弘扬中华传统美德，逐步构建起从城市到乡村、从庙堂到市井的道德养成体系，涵育了富有"儒韵民风"的"首善之区"。

核心区立足于中华传统美德的创造性转化、创新性发展，充分发挥中华民族人文圣地的优势，积极挖掘以儒学为核心的中华传统道德文化宝藏的时代价值，聚焦道德品行、家庭美德、家国情怀、干部政德等重大课题，赋予中华美德以崭新的时代内涵，充实公民道德建设

---

① 《习近平参加山东代表团审议》，《央视网》2018 年 3 月 8 日。

的内容,努力使其与人们的现代生活相契合,使其转化为人们的日用常行。不仅将中华传统美德尤其是儒家美德融入当地公民道德建设工程之中、融入地方社会治理之中,还融入社会主义核心价值观的培育践行之中,创造性地推出了"孝心基金""四德榜""新乡贤"等,初步形成了德治、自治、法治、善治"四治融合"的"和为贵"社会治理品牌化建设模式,从而有效地遏制了个人主义、享乐主义、拜金主义等不良现象,很好地维护了"礼仪之邦"的良好形象。

第三,构建世界儒学研究中心。

习近平总书记的"曲阜讲话"明确提出了"四个讲清楚"的要求,强调认真汲取中华优秀传统文化的思想精华,后来又提出深入挖掘和阐发儒家文化讲仁爱、重民本、守诚信、崇正义、尚和合、求大同的时代价值。"四个讲清楚"凝聚着习近平总书记关于中国特色社会主义道路和中华优秀传统文化之间关系的深沉思考,标志着我们党对中华优秀传统文化本质意义的认识达到了新高度,昭示了文化自信的内涵意义、渊源基础和目标要求,科学回答了为什么要坚定文化自信这一时代之问。

2013年年底以来,正是按照习近平总书记提出的指示要求,曲阜示范区的曲阜、邹城和泗水充分发挥孔孟故里、儒家文化发源地的特色与优势,努力讲清楚儒学故事、儒学人物、儒学精华、儒学精神、儒学义理、儒学核心价值观,使之与现实文化相融通、与当代社会相衔接,大力推动儒学的创造性转化和创新性发展。核心区不但调整充实了已有的儒学研究机构,新建了一批儒学研究机构,更为重要的是,2019年成立了尼山世界儒学中心。当地的儒学研究机构主持承担了一大批省级、国家级儒学项目,努力提高儒学学术活动的层次与规格,着力于打造世界儒学研究高地。通过机制创新,2020年尼山世界文明论坛与国际孔子文化节一体举办,实现了二者的强强联合。与此同时,围绕"儒学人才高地"建设目标,创新完善儒学研究人才保障机制，面向海内外引进和培育一批"儒学大家""泰山学者""尼山学者"等不同层次、不同类型的高端人才，逐步构建起覆盖全面、布局合理、层次分明的儒学研究人才梯队，锻造出了儒学人才建设的"曲阜模式"和"济宁模式"。

一 中华优秀传统文化创造性转化与创新性发展方针的提出

进入新时代，习近平总书记在如何对待中华优秀传统文化问题上在许多场合反复阐明了"创造性转化、创新性发展"的基本方针。2013年的"曲阜讲话"，他提出要加强对中华优秀传统文化的挖掘和阐发，努力实现中华传统美德的创造性转化、创新性发展。2014年2月，在中央政治局第十三次集体学习时他进一步提出，要认真汲取中华优秀传统文化的思想精华和道德精髓，处理好继承和创造性发展的关系，重点做好创造性转化、创新性发展。同年9月24日，在纪念孔子诞辰2565年国际学术研讨会暨国际儒学联合会第五届会员大会上，习近平总书记发表重要讲话强调，要努力实现传统文化的创造性转化、创新性发展，使之与现实文化相融相通，共同服务以文化人的时代任务。

习近平总书记还强调指出，要推动中华优秀传统文化创造性转化、创新性发展，继承革命文化，发展社会主义先进文化，不忘本来、吸收外来、面向未来，更好构筑中国精神、中国价值、中国力量，为人民提供精神指引。他在十三届全国人大一次会议闭幕会上指出："要以更大的力度、更实的措施加快建设社会主义文化强国，培育和践行社会主义核心价值观，推动中华民族优秀传统文化创造性转化、创新性发展，让中华文明的影响力、凝聚力、感召力更加充分地展示出来。"① 2017 年 1 月,党中央印发的《关于实施中华优秀传统文化传承发展工程的意见》把"创造性转化、创新性发展"写入指导思想,作为必须遵循的方针原则。同年在党的十九大报告中,习近平总书记把"两创"方针提到与"二为"方向与"双百"方针相同的高度加以强调:"要坚持为人民服务、为社会主义服务,坚持百花齐放、百家争鸣,坚持创造性转化、创新性发展,不断铸就中华文化新辉煌。"②

由上可见,习近平总书记既讲中华传统美德的创造性转化、创新性发展,也讲中华民族优秀传统文化创造性转化、创新性发展;"两创"方针是一个包含不同层面和丰富内涵的有机整体,彼此各有侧重、各有所指,共同引领中华文化从过去走向未来。

所谓中华优秀传统文化的创造性转化,"就是要按照时代特点和要求,对那些至今仍有借鉴价值的内涵和陈旧的表现形式加以改造,赋予其新的时代内涵和现代表达形式,激活其生命力"③。这表明中华优秀传统文化的创造性转化是指把中国优秀传统文化的要素、资源经过创造实践转变为另一种新的文化事物,借以形成新的文化特质,从而实现对中国文化资源的再利用。它以创造性为特征和前提,具有新生新造的蕴含、样式、特质、内容、性能、结构、手段和外部特征等。

所谓中华优秀传统文化的创新性发展,"就是要按照时代的新进步新进展,对中华优秀传统文化的内涵加以补充、拓展和完善,增强

---

① 中共中央党史和文献研究院编:《十九大以来重要文献选编》(上),中央文献出版社 2019 年版,第 390—391 页。
② 本书编写组编著:《十九大报告辅导读本》,人民出版社 2017 年版,第 41 页。
③ 中共中央宣传部:《习近平总书记系列重要讲话读本》,学习出版社、人民出版社 2016 年版,第 203 页。

其影响力和感召力"[①]。传统文化的创造性转化虽然也是一种创新，但在这里，创新既是动力、途径又是重要策略，而具有总体性特征，它的主要目的就是要推动中国传统文化这一对象的适应性发展，进而将其融入当代中国文化体系之中，形成中国文化的新内容、新形式。

"两创"方针既包括去粗取精、去伪存真、因势利导、推陈出新，也包括有鉴别地加以对待、有扬弃地予以继承。曲阜模式中所包含的"创新"本身就是"两创"的应有之义，而如果说传承是实现转化发展的基础或前提的话，那么融合不失为实现"两创"方针的重要途径和有效方法。现实表明，任何文化的创造诠释、创造生产、创造制作都离不开将各种文化要素加以融汇、调和，再转化成新的文化特质；同样的，一切文化创新往往要把众多文化要素进行合成、融通，以此推动文化的向前发展。"两创"方针的提出，与我们党倡导的"古为今用、推陈出新""取其精华、去其糟粕"等一脉相承、一以贯之，同时又结合新的时代要求高度概括了中国特色社会主义文化建设的历史根基，阐明了在新时代背景下对待中华优秀传统文化的科学态度，标志着中国共产党在新的历史条件下对文化发展规律和文化发展路径的认识达到了一个崭新的高度。它既是继承发展中华优秀传统文化的基本方针，也是我们正确对待中华优秀传统文化的总开关。正是遵照"两创"方针的根本要求，曲阜核心区大力推动中华优秀传统文化的融合创新，使之展现出了永久魅力。

（一）坚持有机转化

正如下面将要反复阐明的，2013年以来，核心区通过融合创新，致力于按照当今时代一定的特点要求和广大人民群众对文化的新期

[①] 中共中央宣传部：《习近平总书记系列重要讲话读本》，学习出版社、人民出版社2016年版，第203页。

待，把优秀传统文化的要素、资源在思想内容、表现形式、践行要求、评判标准等方面结合自身实际，借助于文化的创造，赋予其新的时代内涵和表现形式，进而将其转化为新的一般公共文化产品、文学艺术精品、市场文化商品等，实现了丰富资源的有效利用。

（二）坚持推动发展

发展是硬道理，文化发展同样是硬道理。"两创"的根本目的既是为了促进传统文化的发展，也是为了推动当代文化的发展。据此，曲阜优秀传统文化传承发展示范区把继承弘扬传统文化与当代文化发展有机结合起来，将发展示范区文化作为头等大事来抓，采取了多种行之有效的举措。一方面通过补充、拓展、完善，赋予中华优秀传统文化新的时代内涵和现代表达形式，推动了传统文化的发展；另一方面充分利用中华优秀传统文化资源以服务于当地现代社会主义文化的发展。

（三）坚持以文化人

在纪念孔子诞辰 2565 年国际学术研讨会暨国际儒学联合会第五届会员大会上的讲话中，习近平总书记特别强调"要坚持古为今用、以古鉴今，坚持有鉴别的对待、有扬弃的继承，而不能搞厚古薄今、以古非今，努力实现传统文化的创造性转化、创新性发展，使之与现实文化相融相通，共同服务以文化人的时代任务"[①]。依据这一指示精神，曲阜中华优秀传统文化传承发展核心区积极创新传统文化的传播手段、形式和载体，努力使之与现实社会文化生活相融相通、与当今社会发展需要相契合，以便在民众心里落地生根，从而使古老而常

[①]《习近平在纪念孔子诞辰 2565 年国际学术研讨会暨国际儒学联合会第五届会员大会上的讲话》，人民出版社 2014 年版，第 11 页。

新的儒家文化做到"灵根再植"。泗水县致力于推动传统优秀价值理念、道德精髓的创造性转化和创新性发展，以达到以文化人、以文育人的目的。在一些乡村社区开设儒学讲堂，采用讲故事的方式向村民讲授《论语》《弟子规》《孝经》等经典，从孝道入手重建乡村儒学。这些做法在一定程度上改变了乡村的社会风气，使得孝亲敬老的模范越来越多，助人为乐成为农村新风尚。要实现中华优秀传统文化的创造性转化与创新性发展，就需要促使其大众化，发动全民广泛参与，以融入并重塑大众精神文化生活。正是基于这种认识，曲阜市在推进中华优秀传统文化"两创"过程中，提出了全民参与理念，2014年以来创新举办了"百姓儒学节"，依照百姓设计、百姓组织、百姓参与、百姓评判的原则进行运作，使得每天参与祭孔大典的人数超过2000人，总参与人数占曲阜总人口的六分之一，在一定程度上实现了儒家文化的全民共建共享，使之在寻常百姓之家中能够达到活态传承。

二 推进曲阜优秀传统文化传承发展示范区建设

2016年3月17日，《中华人民共和国国民经济和社会发展第十三个五年规划纲要》正式发布，"曲阜优秀传统文化传承发展示范区"被列入其中，明确要求"实施国家记忆工程，推进山东曲阜优秀传统文化传承发展示范区建设"，从此曲阜示范区上升到国家层面加以谋篇布局。为建设社会主义文化强国、增强国家文化软实力、实现中华民族伟大复兴的中国梦，2017年1月25日中共中央办公厅、国务院办公厅出台了《关于实施中华优秀传统文化传承发展工程的意见》（以下简称《意见》）。为贯彻落实"十三五"规划纲要和《意见》，山东印发了《山东省传承发展中华优秀传统文化工作方案》，制定了《曲阜优秀传统文化传承发展示范区建设规划》，为曲阜示范区传承发展中华优秀传统文化提供了政策依据和行动指南。

（一）印发《山东省传承发展中华优秀传统文化工作方案》

2017年12月中共山东省委办公厅印发了《山东省传承发展中华优秀传统文化工作方案》（以下简称《方案》）。就主要目标，《方案》提出到2025年基本形成山东省中华优秀传统文化传承发展体系，取得一批影响广泛的研究阐发成果，形成一批全面覆盖的普及教育载体，培育一批深入生活的实践养成品牌，建设一批特色鲜明的保护传承项目，搭建一批沟通中外的传播交流平台，山东文化软实力和对外影响力显著增强，道德文化高地根基更为坚实，在中华优秀传统文化传承发展中当好排头兵。《方案》就战略任务提出要在弘扬中华优秀传统文化、建设社会主义核心价值体系中走在前列；致力于构建"五大体系"，这就是中华优秀传统文化研究阐发体系、普及教育体系、实践养成体系、保护传承体系、传播交流体系；建设"两区三带"五大文化区域，即曲阜优秀传统文化传承发展示范区、齐文化传承创新示范区和大运河（山东段）文化带、齐长城文化带、山东海疆历史文化带"三个文化带"；实施"八大工程"，即文化经典研究阐释和出版工程、大众化普及推广工程、历史文化展示及"乡村记忆"工程、"孝诚爱仁"四德工程、沂蒙精神研究传承工程、齐鲁文化题材文艺创作工程、齐鲁文化走出去工程、文化研究和传播人才工程。

曲阜优秀传统文化传承发展示范区建设是《山东省传承发展中华优秀传统文化工作方案》极为重要的内容之一，主要体现在以下五个方面。

一是在研究阐发体系构建上，凸显了习近平总书记"曲阜讲话"所强调的"四个讲清楚"。所谓"四个讲清楚"，就是讲清楚每个国家和民族的历史传统、文化积淀、基本国情不同，其发展道路必然有着自己的特色；讲清楚中华文化积淀着中华民族最深沉的精神追求，是中华民族生生不息、发展壮大的丰厚滋养；讲清楚中华优秀传统文化是中华民族的突出优势，是我们最深厚的文化软实力；讲清楚中国特色社会主义植根于中华文化沃土、反映中国人民意愿、适应中国和时代发展进步要求，有着深厚的历史渊源和广泛现实基础。《方案》特别强调，要深入挖掘整理以儒家文化为重点的传统文化典籍，推进孔子、孟子思想学说研究，确保在东亚儒家文化圈中居于主动，在世界儒学传播和研究中始终保持充分话语权；整合高等院校、研究机构、学术社团等资源，打造高端儒学研究平台，努力形成具有世界影响力的儒学研究高地；深化中国孔子基金会改革，突出募集资金的主要职责；深化孔子研究院改革，理顺体制机制，充分发挥其在研究阐发、对外交流等方面的作用。

二是在建设"两区三带"五大文化区域上，《方案》着重就曲阜优秀传统文化传承发展示范区建设，强调要依托规划区内富集的文化遗产资源，按照重点突破、融合互动、整体推进原则，提升曲阜、邹城、泗水核心区引领示范地位，发挥面向全省的辐射带动作用，形成核心引领、协作支撑、联动发展格局；加快孔子学院总部体验基地建设，推进孔子博物馆、齐鲁诸子展示馆建设，加强孔府档案文物保护与研究；扎实推进国家大遗址"曲阜片区"文化遗产保护，提升"三孔"世界遗产保护管理水平；重点推进"三孔"彩绘、鲁国故城、邾国故城、薛国故城等文物保护工程，统筹实施汶泗流域、薛河流域文化遗产综合保护利用；充分挖掘邹鲁文化的深厚内涵和时代价值，加强邹鲁礼乐文化整理展示，推动邹鲁文化生态保护试验区建设；加快"邹鲁文化城市"合作交流平台建设，支持邹鲁研学旅游联盟标准化、规范化、国际化、品牌化发展；办好"母亲文化节""国际中学生儒学辩论大会""《论语》大会"等品牌项目。

三是在文化经典研究阐释和出版工程上，《方案》提出要推进儒学文献整理研究出版项目，编纂儒家史论文献、百家儒学精华、集部儒学文献；实施好《齐鲁大典》《子海》《儒藏》《孔府档案》《孟府档集》《孔府珍藏》《中国儒学通志》《孔子思想研究大系》《〈论语〉集成》《孟子文献集成》《儒学与艺术学论丛》等重点项目；加快世界儒学文献收藏中心建设，实施全球汉籍合璧工程和海外儒学文献回归工程。

四是在大众化普及推广工程建设上，《方案》指出要深入实施乡村儒学和社区儒学推进计划，发挥尼山书院、孔子学堂的引领作用，推动有条件的乡镇（街道）综合文化站、农村（社区）基层综合性文化服务中心设立儒学讲堂（道德讲堂）；推进儒家文化经典数字化，建成面向海内外的传统文化经典数据库，整合中国孔子基金会传统文化数字化工程、孔子研究院以及有关高等院校所存历史文献资料等资源，建立世界一流、齐全完备、权威准确的文献数据中心。

五是在齐鲁文化走出去工程建设上，《方案》特别强调聚焦"一带一路"，利用各种平台和渠道，传播孔子及儒家文化，持续打造"孔子故乡·中国山东"外宣品牌；推进尼山世界文明论坛机制化建设，组织开展"孔子文化世界行""孔子文化丝路行"活动；加快尼山书屋走出去步伐；提升"三孔"、泰山、大运河、齐长城、黄河入海口、海疆历史文化廊道等自然、文化遗产品牌国际知名度。

在《方案》的指导下，山东各个牵头单位和责任单位按照职责分工，制定具体措施，分解目标任务，强化督导检查，已经取得了重大进展。和周村商贸民俗文化生态保护实验区、枣庄台儿庄文化生态保护实验区、曹州文化生态保护实验区、莒文化生态保护实验区、崂山道教文化生态保护实验区、临清运河文化生态保护实验区、荣成海洋文化生态保护实验区、章丘龙山文化生态保护实验区、泰山文化生态保护实验区等一道，邹鲁文化生态保护实验区被作为山东省文化生态保护实验区加以建设，2017年12月《邹鲁文化生态保护实验区规划》通过了专家鉴定。依据《方案》提出的曲阜优秀传统文化传承发展示范区建设上报给国务院，顺利获得批复，从而被提升为国家级战略。2019年5月，位于孔子故里的孔子学院总部体验基地正式面向海内外参观者免费开放。以"全球汉籍合璧工程"为代表的一系列古籍和经典整理出版，《儒藏》《齐鲁大典》《孔子思想研究大系》《〈论语〉集成》《荀子研究》《儒学与艺术学论丛》等已经正式出版。由孟子研究院院长王志民担任主编的"孟子文献集成"丛书，搜集、整理、涵盖了《孟子》一书从汉代至晚清民国时期的所有版本，甄选了1200种版本，业已付诸影印。由苗润田、冯建国主持的国家社科基金重大项目、国家"十三五"出版规划项目"中国儒学通志"拟定在浙江大学出版社出版。

尤其是尼山书屋，作为国际品牌，它整合国内外资源，根据线上线下共同推进的路径，以"走出去"变"走进去"为根本点，依托尼山书系、尼山国际讲坛、尼山国际出版、尼山国际展演和尼山国际教育，不断探索打造优秀传统文化传播发展新模式。尼山书屋以图书为纽带，架起了一座文化交流的桥梁，成为展示山东形象、介绍中国文化和齐鲁特色文化的一个重要窗口。2013年7月，马耳他中国文化中心"尼山书屋"正式揭牌，至2019年底，海外"尼山书屋"已在马耳他、俄罗斯、波兰、美国、英国、意大利、阿根廷、澳大利亚等国家设立了30多所。

（二）制定《曲阜优秀传统文化传承发展示范区建设规划》

2018年1月3日山东省人民政府办公厅印发了《曲阜优秀传统文化传承发展示范区建设规划》（以下简称《规划》）。包括序言在内，《规划》一共分为九大部分。

第一部分首先分析了建设曲阜中华优秀传统文化传承发展示范区

的重大意义，指出这主要表现为"四个有利于"，即有利于培育和弘扬社会主义核心价值观、有利于推进中华文化繁荣发展、有利于坚定文化自信和实现中华民族伟大复兴的中国梦、有利于增强国家文化软实力；然后揭示了建设示范区的基础优势，这就是历史文化积淀丰厚、科教人才优势突出、邹鲁之风深入人心、文化产业特色明显和中华文明生机盎然；随后客观指明了建设示范区存在的不足和面临的各种挑战：对传统文化系统保护修复投入不足，对以儒家文化为核心的优秀传统文化阐发诠释有待加强，资源创新整合薄弱，文化"走出去"本土化能力需要提高，文化与经济缺乏深度融合，文化引领转型发展的动力亟待增强。

第二部分涉及三方面的内容。其一是提出了建设示范区的总体要求。围绕指导思想，《规划》强调要深入贯彻习近平总书记视察山东的重要讲话、重要指示批示精神，牢牢把握"四个讲清楚"；深入挖掘阐发儒家优秀传统文化的博大内涵，以实现中华优秀传统文化创造性转化、创新性发展为主要任务；大力倡树传统美德和时代新风，大力传播中国精神和中国智慧，弘扬跨越时空、超越国度、富有永恒魅力、具有当代价值的儒家文化精神，建成国家优秀传统文化传承发展示范区。其二是提出了"五条基本原则"，即坚持传承创新、坚持引领风尚、坚持系统保护、坚持开放包容和坚持融合发展。其三是指明了要结合文化强国建设和国家记忆工程实施等方面的战略要求，把示范区发展定位为儒家文化挖掘阐发基地、全国道德礼仪首善之区、国家记忆工程先行区、全国文化经济融合发展示范区、引领国际儒学研究创新中心和世界文明交流互鉴高地。其四是分别确立了示范区2020年和2030年的发展目标，强调到2030年示范区儒家优秀传统文化创造性转化、创新性发展实现重大突破，文化推动发展的潜力充分释放，建成具有国际影响力的首善之区和世界东方精神家园，构筑起符合国际惯例和国别特征、具有中华文化特色的传播体系。

第三部分规划了示范区的空间布局。在序言中,《规划》阐明了示范区包括核心区、协作区和联动区三大块,核心区包括曲阜、邹城、泗水3个市(县),协作区涵盖周边具有相同或相近历史人文资源的区域,联动区包括山东全省其他具有相同或相近文化资源的富集区。谈到"优化空间布局"时,《规划》提出要按照重点突破、融合互动、整体推进的原则,集中力量加快提升核心区的引领示范地位,推动协作区与核心区对接融合,建设一批联动示范基地,形成核心引领、协作支撑、联动辐射的发展格局。一是提升核心区。《规划》强调按照轴带贯通、片区并进的思路,着眼于文脉的有效整合和高端提升,加快构筑孔孟文化轴;着眼于水脉的梳理挖掘和自然天成,加快打造泗河文明带;着眼于历史文化精神空间的再现重构和展示体验,加快打造各具特色的"九大片区"(曲阜古城区、曲阜新区、尼山片区、九龙山片区、邹县古城区、孟子湖新区、大峄山片区、泗水始祖文化片区和曲阜文化国际慢城),形成"一轴、一带、九大片区"的文化圣地整体框架,打造内涵丰富、功能完备、独具魅力、充满活力、令人神往的精神文化家园。二是壮大协作区。所谓协作区,是指核心区之外的济宁其他县市区,北到泰安、莱芜、淄博,南到枣庄,东到临沂,西到菏泽、聊城的山东省中南部地区。《规划》指出协作区要重点打造历史文脉、运河文化两大走廊,构筑核心区与协作区对接融合载体;依托孔孟文化轴,南北双向延伸,贯通泰山及大汶口文化遗址组团、寿丘始祖文化区遗址组团、九龙山文化遗址组团、峄山野店及邾国故城遗址组团、滕州北辛遗址组团和微山伏羲遗址组团,构筑起由北起泰山、南至微山湖,贯通始祖文化、大汶口文化、龙山文化、儒家文化等历史文脉的轴线,形成中华民族早期起源与历史传承的、完整的时空展示长廊。

第四部分是建立健全保护体系。这一部分又分为三个方面。一是依法加大保护力度。《规划》提出了"四个加强",即加强文物资源调查、加强文物资源分级分类保护、加强遗址组团式保护和加强历史文化名城名街名镇名村保护。二是实施科学修复工程。主要是开展文物修复需求摸底普查、因地制宜推进系统修复、强化修复技艺支撑和材料保障。三是加强典籍文献整理收藏。重点是实施三大工程，这就是实施儒家典籍文献收集工程、儒家典籍文献整理编纂工程和典籍文献标准化和信息化工程。

第五部分是建立健全传承弘扬创新体系。《规划》强调坚持研究、阐发、保护、传承相结合，统筹推进首善之区建设、传承高地构筑、创新中心打造，形成相互促进、共同发展的新格局，为此应做好以下工作。一是加大对齐鲁优秀传统文化的挖掘阐发力度。注重发挥其对中华文明延续发展和国家民族和合一体、对社会治理和科技进步、对个人道德修养和品行锤炼、对世界文明交流交融的重要作用；规划建设国家文化公园，使之成为中华文化重要标识，把示范区建设成为中华文明的集中展示区和实际体验区。二是引领社会文明新风尚。《规划》强调坚持使儒家优秀传统文化融入现实生活，使其成为涵养社会主义核心价值观的重要源泉，大力推动儒学的生活化、民俗化，倡导邹鲁之风，建设首善之区。具体来说，就是实施"六进"（进学校、进家庭、进机关、进社区、进村庄、进企业）行动计划、"书香社会建设"行动计划、"人人争做友好使者"行动计划和建设国家干部政德教育基地。三是加快完善传承体系。《规划》指出要着力构建五大体系，即优秀传统文化教育体系、书院体系、文学艺术创作体系、现代传播体系和非物质文化遗产传承体系。四是提高儒学研究创新能力。《规划》强调加快推进研究机构整合提升，大力培养引进高端人才，探索以平台为支撑、集成海内外儒学研究创新资源的有效途径；建设高层次研究机构，加快打造世界儒学研究交流中心；建设高层次人才队伍，打造全球性儒学人才高地；建设高层次协同创新平台，提升儒学人才、学科、科研三位一体创新能力，促进创新组织由个体封闭向流动开放转变、儒学研究由区域资源价值向全球资源价值转化，打造集成全球创新资源的儒学研究平台。

第六部分是提高儒家文化国际影响力。《规划》指出要大力开展儒家文化中外交流合作，以保持世界儒学传播充分话语权。一是打造世界儒学交流合作高端平台，高水平举办世界儒学大会、尼山世界文明论坛和孔子文化节。二是打造国际儒家文化体验目的地，推进孔子学院总部体验基地建设，加快建设孔子博物馆，打造世界儒家文化修学中心，营造儒风儒韵浓厚文化氛围。三是加快走出去传播中国精神，提高孔子学院走出去本土化发展水平，大力推动尼山世界文明论坛加快走向全球，创新儒家文化走出去模式。

第七部分是推动文化经济深度融合。《规划》强调要充分发挥文化底蕴深厚、产业基础良好的优势，大力实施"文化+"战略，创新文化产业发展模式，打造转型发展新引擎。一是建设独具魅力的文化产业发展高地，着力打造"一圣地四基地"，这就是世界儒家文化旅游圣地、国际儒学教育培训基地、儒道健康养生养老基地、儒艺创意文化产业基地和儒韵民风节庆会展基地。二是提升文化园区建设水平，优化示范区产业园区布局和功能定位，创新园区建设管理服务模式和合作机制，提高园区集聚要素资源、集聚创新功能、集聚高端产业的能力，建设主导产业优势明显、专业化分工协作联动、支撑服务保障有力的专业化园区。三是打响全球知名文化品牌，实施品牌培育工程，加大品牌保护力度，提高品牌运营水平。

第八部分是建设生态文化魅力家园。《规划》着力讲了"三个打造"。一方面是打造儒家生态文化体验基地。为此要突出儒意儒风儒韵特色，坚持整体性与原真性并重，统筹推进古城内历史街巷、传统肌理、水系格局、景观风貌的保护开发和梳理整合，具体而言就是要建设儒意城镇、儒风乡村和儒韵山水。另一方面是打造国家级生态文明示范区。这一设想旨在凸显为历史文化遗产保护提供良好生态支撑的功能。再一方面是打造区域空间治理体系先行区。《规划》强调必须坚持统一规划、统筹利用、一体推进，以核心区为单元，统筹推进示范区文脉、山脉、水脉的开发利用。

第九部分是强化支撑保障。这一部分主要从三个层面作了展开。其一是提高基础设施支撑能力，要求做到完善交通网络、健全信息体系、强化能源保障、提高水利支撑和统筹市政设施。其二是完善政策保障体系。《规划》强调加快完善产业政策、土地政策、财税政策、投融资政策、开放政策、人才政策，为示范区建设创造良好的政策环境，并且提出建立部省联席会议制度、加大省文化产业发展专项资金对示范区建设的支持力度、积极争取"丝路基金"支持等举措。其三是健全协调推进机制。《规划》提出要创新示范区管理体制，设立省级示范区建设工作领导小组；完善规划落实机制，各市（县）要建立相应的组织领导和工作推进服务机构；健全考核评价机制，引导示范区不断改善和优化文化发展环境，树立国内示范区典型范例和良好品牌，把规划执行情况作为科学发展绩效考核的重要内容；广泛动员和凝聚全社会力量，创新社会参与机制，形成政府、市场、社会协同推进的良好格局，营造示范区建设的强大合力。

毫无疑问，《规划》既具有较强的全局性，也具有较高的前瞻性，它是山东省落实习近平总书记关于弘扬中华优秀传统文化讲话精神的重要举措，为示范区创建提供了可供遵循的时间表和路线图，指明了行动的方向和任务，进而为示范区"曲阜模式"的形成奠定了良好基础。正是在《规划》的指引和激励下，2019年9月6日中国孔子博物馆在曲阜正式开馆，从2018年开始尼山世界文明论坛连续三次在尼山圣境举办；2018年中央广播电视总台中秋晚会也首次走进孔孟之乡，在尼山举行，由此充分体现了对中华传统文化和儒家文明的弘扬与尊崇，彰显了中国优秀传统文化传承、发展、弘扬的国际化、时尚化特点。

随着时间的推移、条件的改变和认识的完善，示范区在山东省委、省人民政府的领导与支持下，秉承融合发展的理念，弘扬创新精神，在依照《曲阜优秀传统文化传承发展示范区建设规划》进行建设的同时，在传承发展中华优秀传统文化方面也做出了新的探索，推出了一些新的战略性举措。第一，把"尼山世界文明论坛"和"孔子文化节"加以整合，以前者带动后者，打造"南有博鳌，北有尼山"的国际知名论坛品牌。第二，由教育部、山东省人民政府和相关教育研究机构牵头筹建了尼山世界儒学中心，构建起一个全球儒学研究实体平台。中心总部设在曲阜尼山，将在国内外建设若干分支机构，逐步形成一个中心、多个分中心的格局。中心致力于深入挖掘、阐发儒家思想，引领国际儒学研究与发展的方向和潮流，构筑世界儒学研究高地和学术交流重镇。第三，在洙泗湖所在地制定了尼山片区规划，规建尼山世界儒学中心和中国教师博物馆。尼山片区规划的战略定位是世界儒学中心、中华优秀传统文化"两创"先行区、世界文明交流互鉴高地和文化创意产业集聚区，以便最终创建研究型的孔子大学。

第二章

"曲阜模式"的基本内涵

曲阜模式的内涵是丰富多样的,可以根据不同标准、从不同角度加以提炼、概括。结合曲阜示范区传承发展中华优秀传统文化的客观实际,可以将其概括为融合和创新两大方面。

一 "曲阜模式"的深刻内涵:融合与创新

需要说明的是,曲阜模式的内涵可以分为不同的层次。从总体上说,根据示范区传承发展中华优秀传统文化的现实,它体现为融合和创新。此外,下面所要阐明的基本经验,诸如营造传承发展浓厚氛围、传承创新有机结合、实施文化融合发展战略、建立健全传承发展机制、创立创新传承发展载体和强化传承发展保障措施等同样也是曲阜模式的重要内容。这里我们将着重阐述融合和创新两大方面的内涵。

(一)融合

融合原义是指熔成或如熔化那样融成一体。《现代汉语词典》把"融合"解释为"几种不同的事物合为一体"[①]。而传统文化融合是指

[①] 中国社会科学院语言研究所词典编辑室编《现代汉语词典》,商务印书馆2016年版,第1107页。

通过筛选不同特质的传统文化要素，借助于相互间的接触、交流、沟通，进而相互吸收、渗透，经过调适整合，不仅融入其他文化要素之中，从而创造一种新的文化形态、文化类型，也融入经济、政治、法律、道德等社会实际生活各个领域之中。文化的多元性融合发展已成为当今世界和中国文化发展的新趋势，它充分体现了传统文化系统所蕴含的学术思想、理想信念、道德品格、价值取向、思维方式、行为习惯等同当代社会各个领域的相互渗透、相互延伸、相互交叉、相互联结的动态性发展过程。在某种意义上，"融合"即是"综合"。《现代汉语词典》解释说"综合"既指把分析过的对象或现象各个部分、各属性联合成一个统一的整体，也指不同性质、不同组合在一起。[①]传统文化的综合不仅是指把自身的各种要素有机融汇在一起，更是指将传统文化的要素与当代社会的政治、经济、文化、社会（狭义的社会，包括社会关系、社会组织、社会群体、社会生活等）、生态等领域结合在一起。

积极推进传统文化与教育、管理、科技、旅游和城乡建设等社会各个领域的融合发展，是加快转变文化发展方式、促进文化发展转型升级的有效途径，也是丰富文化建设内涵、增强文化整体实力和竞争力的创新举措。它不但能够充分发挥文化载体、表现形式和传播手段的功能，还能把传统文化所蕴含的精神价值通过更加广泛的途径和容易接受的方式传递给公众，拓宽其影响力和辐射力。现实表明，"曲阜模式"所蕴含的融合内涵十分丰富，主要包括：第一，优秀传统文化与公共文化、文化产业、旅游产业、城镇化建设等的融合；第二，传统文化与当地政治建设、社会治理、生态文明建设、社会养老服务等的融合；第三，传统文化与当代文化要素的融合；第四，中外文化

---

① 参见中国社会科学院语言研究所词典编辑室编《现代汉语词典》，商务印书馆2016年版，第1743页。

的融合。示范区在传承发展优秀传统文化的实践中，尤其注重推动中外文化的有机融合，在文化对外交流中坚持以传统文化为基础，吸收、消化、借鉴一切有益的外来文化营养。

（二）创新

如前所述，创新是指突破现有常规事物而产生新事物、新思想的活动，以实现内容、性能、结构、形式、手段和外部特征等的变革。创新本质上是对旧有的观念、体制等进行革命性扬弃的过程，也是解放思想、锐意进取，研究新情况、解决新问题、求得新发展的过程。文化创新倡导传统文化新的理念，吸取新的实践经验、新的思想认识而向前突破，变革束缚传统文化发展的旧有体制，不断创造新的文化范式。而中华传统文化的创新性发展，根本上就是指按照时代的新进步、新进展，对它加以补充、拓展、完善，进行加工、改造、优化、重组，赋予它新的特质、新的内涵和新的形式。

对中国传统文化，固然应当要注重传承、保护、吸收和弘扬，但是决不能故步自封、泥古不化，更不能宣扬文化复古主义，而是必须坚持与时俱进，进行大胆创新，致力于推动它的创新性发展。这是因为，文化是最需要创新的领域，文化发展的历史逻辑一再证明，创新是一个民族文化进步的灵魂，是一个国家文化兴旺发达的不竭动力和重要源泉。文化创新的力度、广度和深度，不仅是衡量中国文化是否具有优势的重要尺度，也是打造中华文化新优势的重要手段；只有致力于创新，才能在文化建设和文化竞争中做到人无我有、人有我优，才能在文化发展中始终保持超前的姿态和领先的位置，才能不断开创中国文化创造活力持续迸发的新局面。创新是知识经济时代的显著标志，是适应信息化和经济全球化的客观要求。习近平总书记十分重视创新，在不同场合反复强调创新的重要性，并明确表示要"守正创新、开拓创新，大胆探索自己未来发展之路"。

创新是中华民族最深沉的民族禀赋，即使是我们的古圣先贤，也十分提倡文化的变革。从"舜明于庶物""使益掌火"，到"禹疏九河""后稷教民稼穑，树艺五谷"，再到"契为司徒，教以人伦"，每一样文化创制都是中华先民对大自然的改造，都是伟大的文化创造，都是人类的文明进步。《礼记》论及圣人的治道时，鲜明地提出了圣人的文化变革使命。① 与《礼记》相同，董仲舒也极力倡导新王要履行推动文化改制的责任。尽管他强调春秋排列的顺序是先质而后文，力主大纲、人伦、道理、政治、教化、习俗、文义等不能改，但其主张新王必须致力于"徙居处、更称号、改正朔、易服色"之类的文化改革。②

进入新时代，核心区广大干部群众深刻认识到，创新是保障传统文化兴旺发达的不竭动力，也是推动优秀传统文化永葆活力的先导力量和源泉，更是建设打造优秀传统文化"两创"先行区的题中应有之义；唯有进行传统文化的推陈出新创新，才能开辟核心区传统文化的新境界和新局面；只有通过传统文化，才能保证它能够应对新的各种挑战，为示范区的社会全面发展提供不竭的动力和重要条件，才能达到"古为今用、洋为中用"的目的，才能使中华民族最基本的文化基因与当代文化相适应、与现代社会相协调，保持民族性，体现时代性；只有鼓励大胆探索和勇于创新，着眼于世界文化发展的前沿，把握世界文化发展的方向，在博采众长，对其他地区和国家的文化进行借鉴、吸收和学习的同时，致力于传统文化的自主创新，才能不断增强核心区文化的吸引力和感召力。

正是基于以上认识，核心区广大干部群众秉承中华民族一贯推崇

---

① 参见《礼记·大传》，（汉）郑玄注，（唐）孔颖达疏：《礼记正义（中）》，龚抗云整理，王文锦审定，朱学勤主编：《十三经注疏》，北京大学出版社1999年版，第1001页。

② 参见张世亮、钟肇鹏、周桂钿译注《春秋繁露·楚庄王》，中华书局2012年版，第20—21页。

的创新精神，坚持以"两创"方针为指导，在传承发展中华优秀传统文化的伟大实践中，既对中华优秀传统文化加以补充、拓展、完善，加工改造、优化重组，赋予它新的特质，又不断探索出新的途径、新的方法、新的手段、新的机制，从而积累了许多新的宝贵经验，为与时代同步的曲阜模式增添了丰富多彩的内涵。

二 "曲阜模式"提出的基本依据

把融合和创新概括为"曲阜模式"，并不是自封的，而是具有深厚的依据。早在20世纪80年代，北京大学著名中国哲学史家张岱年教授就提出了辩证的"综合创造"论。[①] 前已指出，"综合"一定意义上就是"融合"，而张岱年所讲的"创造"实际上也包含着"创新"的意涵。可以讲，"综合创造"论为我们把融合和创新概括为"曲阜模式"的主要内涵提供了坚实的学理支撑。尤为重要的是，由融合与创新两大内涵构成的"曲阜模式"，不仅鲜明地体现了"两创"方针，还处处彰显了2015年党中央提出来的创新、协调、绿色、开放、共享的五大发展理念。与此同时，以融合创新为核心要义的"曲阜模式"之所以能够成立，还在于它具有厚实而宽广的依据，这里我们着重分析它的政策依据、现实依据和社会依据。

（一）政策依据

早在2013年，山东省政府工作报告就首次提出了加快建设"曲阜文化经济特区"，强调以文化为主题，打造文化经济融合发展创新示范区。国家"十三五"规划纲要明确要求"实施国家记忆工程，

[①] 参见张岱年、程宜山《中国文化之争》，中国人民大学出版社2006年版，第326页。

推进山东曲阜优秀传统文化传承发展示范区建设"。《山东省传承发展中华优秀传统文化工作方案》讲到建设"两区三带"五大文化区域时指出，曲阜优秀传统文化传承发展示范区要以建成具有国际影响力的首善之区和世界东方精神家园为目标，依托规划区内富集的文化遗产资源，按照重点突破、融合互动、整体推进原则，提升曲阜、邹城、泗水核心区引领示范地位，发挥面向全省的辐射带动作用，形成核心引领、协作支撑、联动发展格局。显而易见，该方案把"融合"作为曲阜优秀传统文化传承发展示范区应当遵循的一项重要原则。

2018年1月9日发布的《曲阜优秀传统文化传承发展示范区建设规划》，同样鲜明地凸显了"融合"与"创新"两大主题。

就"融合"而言，《曲阜优秀传统文化传承发展示范区建设规划》凸显了"融合"的理念，它主张坚持开放包容和融合发展的基本原则，大力实施"文化+"战略，以文化发展催生新模式、创造新供给、壮大新业态，使"孔孟故里"成为全球知名的整体文化品牌，全面提升文化引领转型发展的能力。它强调注重建设全国文化经济融合发展示范区的战略定位，在更高层次上打造享誉国内外、彰显儒家文化永恒魅力的旅游休闲圣地、教育培训基地、健康养生福地和文化创意高地。

就"创新"而言，《曲阜优秀传统文化传承发展示范区建设规划》充分彰显了创新精神。一是指明要坚持传承创新的基本原则，把挖掘阐发和传承创新优秀传统文化作为示范区建设的重要责任，扬弃继承、转化创新，不复古泥古，不简单否定，不断补充、拓展、完善，赋予新的时代内涵和现代表达方式。二是提出建设组织引领国际儒学研究创新中心，指出要充分发挥儒家思想发源地、儒学科教人才富集的突出优势，以"建设世界儒学研究交流中心、组织引领国际儒学研究"为目标，整合集成国内外儒家文化科教资源，着力加强儒学文化协同创新平台建设，组织实施一批重大理论创新工程，保持在儒家文化圈的主动权，提升儒学传承创新的国际话语权。三是着眼于曲阜优秀传统文化传承发展示范区建设的重大任务，强调建立健全传承弘扬创新体系，统筹推进首善之区建设、传承高地构筑、创新中心打造，形成相互促进、共同发展的新格局。四是在谈到提高示范区儒家文化的国际影响力时，它提出要搭建平台、创新模式、畅通渠道，以更加开放的胸襟、更加包容的心态、更加宽广的视角大力开展儒家文化中外交流合作，保持世界儒学传播充分话语权，增强中华文明影响力和文化软实力；创新儒家文化走出去模式，注重培育市场化、民间化、专业化的传播主体，促进民心相通，向世界主动传播中国的价值理念与文化精髓，加快邹鲁文化城市联盟建设。从传承创新的基本原则到建设引领国际儒学研究的创新中心，从建立健全传承弘扬创新体系到提出要"创新模式"，《曲阜优秀传统文化传承发展示范区建设规划》无不体现了"创新"的精神和气魄，这些为我们把"创新"确定为"曲阜模式"的核心内容增添了政策根基。

（二）现实依据

从实际来看，示范区的各项传承发展优秀传统文化的建树无不体现了"融合"与"创新"的特质。拿曲阜来说，它强力推进的文旅融合，既促进了传统文化发展，也推动了旅游业的兴盛。孔子研究院的孔子学院总部体验基地，每年选拔100多名汉语桥国际学生体验古礼、篆刻、茶道等十多个项目。曲阜举办干部政德教育培训班，2019年以传统文化讲解与实地体验相结合的方式，曲阜研学旅行突破150万人次。2013年以来，曲阜市着眼于加快推进儒家优秀传统文化创造性转化、创新性发展，践行"百姓儒学"理念，传播普及优秀传统文化；践行"核心价值"理念，传承弘扬儒家思想传统美德；践行"融合发展"理念，繁荣发展儒家特色文化产业；践行"法德兼治"理念，做好传统文化与社会治理结合文章，形成了具有典型意义的

"曲阜市模式"。2018年年初,曲阜市被列为全国首批50个新时代文明实践试点县,它运用"讲、评、帮、乐、庆"五种形式在全市范围内广泛开展文明实践活动,包括志愿服务项目设置、教育培训教案编写、活动内容都将传播儒家优秀传统文化作为重要着力点,使儒家优秀传统文化为新时代文明实践中心建设注入内生动力、成为"铸魂强农"的"主阵地"。

尤其值得指出的是,人们不仅直接提到过"曲阜模式",还从不同角度、不同层面涉及与"曲阜模式"相关的说法。曲阜市人民政府办公室在网上发布新闻指出:曲阜市推进优秀传统文化深度融入基层党建、构建"四位一体"乡村治理新模式,入选全国基层党建创新优秀案例。山东传媒网则转发了刘新红、姜会银撰写的《曲阜:坚持文旅融合走出传统文化保护传承与繁荣复兴新模式》署名文章。夏璐撰写了《文化遗产保护利用与传承发展的"邹城模式"》一文,它指出近年来邹城市坚持"让文物活起来"理念,从传承中华优秀传统文化、弘扬社会主义核心价值观、建设公共文博服务体系、保护传承城镇历史文脉、推进文物旅游融合发展的大局出发,树立整合意识、创新意识、融合意识、品牌意识,着力提升文物保护水平,推进文化遗产活态利用、创新发展,形成了文化遗产保护利用与传承发展的"邹城模式"。[①] 2014年6月山东省政府办公厅印发了《山东省县域经济科学发展试点方案》,泗水被确定为试点县。据《泗水招商服务平台》载,截至2016年10月,泗水县重点围绕生态文明开展试点,贯彻主体功能区理念,大力发展生态经济、绿色经济,创造了生态文明建设的先进经验,形成了可推广、可复制的生态文明与县域经济互动发展的"泗水模式"。泗水把生态文明与社会治理相结合,打造创新

---

① 参见夏璐《文化遗产保护利用与传承发展的"邹城模式"》,《中国文物报》2016年8月22日。

管理幸福和谐引领地,其"德法并举"典型经验得到山东省政法委的肯定和推广,山东省改革办把泗水县"弘扬优秀儒家传统文化,推进法德相济社会治理新路子"的经验做法作为地方典型改革案例上报中央改革办。

(三) 社会依据

1. 融合创新成就获得了社会的广泛好评

曲阜、邹城、泗水推行的干部政德教育工作被评为2015—2016年度山东省组织工作创新奖,中办《秘书工作》、中央电视台《新闻联播》、新华社、光明日报等媒体均对干部政德教育工作进行了深度报道。曲阜、邹城等地创新性地开展儒家文化特色监狱创建工作,当地一些监狱实施的"学儒育新、学儒强警"活动,不仅为示范区"打造弘扬优秀传统文化首善之区"作出了应有的贡献,得到各级领导好评,被济宁市委确定为政德教育现场教学点,也为儒家文化的社会化实践和社会管理模式创新提供了成功范式,2014年荣获山东省政府首届文化创新奖。

核心区注重发挥儒家文化的教化、引领功能,践行"法德兼治"理念,健全自治、法治、德治、群治相结合的多元化乡村治理体系,得到社会多方的认可。曲阜"和为贵"社会治理品牌化建设经验做法受到中央政法委、司法部、山东省委政法委高度重视,《长安杂志》《大众日报》等媒体予以报道。曲阜先后被授予"全国法治市创建活动先进单位""全国法治宣传教育先进市""山东省社会治安综合治理先进集体""全省十九大安保维稳工作先进县市区""全省信访工作先进单位"等荣誉称号。曲阜创新推出的"党支部+乐和家园"基层社会治理新模式,推进了农村基层社会治理现代化,被中宣部确定为全国100个基层思想政治工作先进典型。

曲阜全面开展传统文化示范工程建设,以青少年群体为重点,深度挖掘优秀传统文化优势，着力在规划设计、载体建设、实践涵育、特色引领四个方面做好教育传承普及文章。2019年曲阜"立足优秀传统文化优势做好教育传承"入选山东省教育厅"2019年度全省基础教育改革典型案例"，这也是曲阜继课后服务工作入选"山东省教育综合改革和制度创新十大典型案例"后又一项教育工作被省教育厅评为经验典型。

2. 融合创新经验受到了新闻媒体的普遍关注

曲阜市探索推行"党建+儒家文化"，构建起过硬支部为引领、尚德党员为带动、全民共建为支撑、乐和家园为载体的"四位一体"乡村治理模式。它不仅在2020年入选全国基层党建创新案例，还被人民网和中国共产党新闻网大张旗鼓地宣传报道。济宁新闻客户端报道了曲阜的"儒源小镇·春秋耕读"文化体验园创建的"农业+文化+旅游"模式，2019年11月3日出版的《经济日报》介绍了济宁文化养老新模式。2019年12月26日的《大众日报》发表了由郑行超、梅花、郑莹莹、纪冉冉合作撰写的专题文章《让优秀传统文化"两创"落地生根——曲阜文化建设示范区推动优秀传统文化创造性转化、创新性发展纪实》，分别从让优秀传统文化"新起来"、让优秀传统文化"兴起来"和让优秀传统文化"活起来"三个方面讲述了示范区是如何推动优秀传统文化"两创"的。该文介绍了示范区在优秀传统文化传承发展领域的一些融合与创新的做法，指明示范区启动了"儒家五圣丛书"编纂出版项目，以孔子、孟子、颜子、曾子、子思子"儒家五圣"之功业、学说、贡献为主题，以典雅又大众化的文风进行叙述，使读者于轻松、愉悦的阅读中了解"圣"何以为圣，更好地将优秀传统文化的理念精髓融入现实社会生活之中；支持鼓励"文化+互联网"新模式，大力推动发展文创产业，围绕"三孔""四孟"和孔子博物馆馆藏文物等文化遗产，促进以孔子为IP进行衍生品的创意设计和开发；"文化+"的创新路径让曲阜印章搭上了互联网快车，带来的不仅是经济效益的增长，也唤起人们对其所蕴含的"诚信"文化的认知。①

由赵秋丽、李志臣撰写的《写在习近平总书记考察曲阜五周年之际》更是直接指明了以曲阜、邹城和泗水为代表的山东，在秉承中华传统文化的智慧之光、守护好中华民族的精神血脉、推进国家治理体系和治理能力现代化进程中实现传统文化与现代社会的有效对接等方面进行了积极的探索和实践，并形成了一系列模式创新。该文对三个层面的问题进行了解答：一是如何服务"以文化人"的时代任务——努力实现传统文化的"创造性转化、创新性发展"。该文指出，泗水县尼山脚下一个很普通的小山村——北东野村，村里的儒学讲堂用故事教育了乡亲孝道文化，使得村里不孝顺媳妇对婆婆变孝顺了，婆媳纷争的现象已经没有了，以邻为壑乱倒垃圾的少了，孝亲模范越来越多，助人为乐成为村民的新风尚；对传统文化照搬照抄、拿来就用肯定行不通，最科学的传承方式就是处理好继承和创造性发展的关系，重点做好创造性转化和创新性发展，使传统文化在继承中发展，在发展中继承，并与现实文化相融相通，共同服务以文化人的时代任务，使传统文化的优秀价值理念、道德精髓与当今社会发展需要相契合，通过现代化的传播手段让优秀传统文化在民众心里落地生根，为民族复兴提供坚实的文化支撑；发挥优秀传统农耕文化教化群众、淳化民风的作用，深入挖掘优秀传统农耕文化蕴含的道德规范，谋划推进新时代文明实践中心。二是如何守护优秀传统文化这轮"皎月"——打造多元、立体的文化传承体系。文章强调山东依托尼山世界文明论坛和世界儒学大会等国际性重大活动，创造国际化儒学研究与交流机会；曲阜优秀传统文化传承发展示范区建设规划编制完成，

---

① 参见郑行超、梅花、郑莹莹、纪冉冉《让优秀传统文化"两创"落地生根——曲阜文化建设示范区推动优秀传统文化创造性转化、创新性发展纪实》，《大众日报》2019年12月26日。

孔子博物馆、尼山圣境等重点项目加快推进。三是如何面对"世界怎么了 我们怎么办"的时代之问——努力构建人类命运共同体。该文指出尼山世界文明论坛是以弘扬中华优秀文化、促进中外交流、推动建设人类命运共同体为目的的国际思想文化对话交流平台,对促进世界不同文明之间的交流互鉴、推动建设和谐世界发挥了重要作用;论坛围绕"同命同运,相融相通:文明的相融与人类命运共同体"等主题,聆听世界不同声音,共话人类共同命运;困扰全球的普遍难题和诸多挑战期待着中国智慧和中国方案,中华文化"天人合一""和而不同""厚德载物"等理念与情怀的当代实践迫切需要更多的路径探索、模式创新。[①]

三 "曲阜模式"的主要体现

以融合与创新为核心内容的"曲阜模式",表现在曲阜示范区所在的核心区优秀传统文化传承发展的各个领域和各个层面,呈现出多样化、社会化、现代化的发展态势。

(一)融合的主要体现

融合是一种思维方式,是一种文化发展观,跨界融合是实现传统文化创新发展的有效途径和手段。正是在"两创"语境下,曲阜核心区适应创新发展的新需求,积极实施传统文化+战略,从八大方面推进传统文化与其他相关要素资源的深度融合——传统文化+文化产业、传统文化+旅游产业、传统文化+城镇化建设、传统文化+政德

---

① 参见赵秋丽、李志臣《写在习近平总书记考察曲阜五周年之际》,《光明日报》2018年11月25日。

教育、传统文化+社会治理、传统文化+基层党建、传统文化+当代文化和传统文化+外来文化,造就了活力十足的传统文化发展繁荣局面,为实现本区域社会经济创新发展培育了新动能。

1. 传统文化+文化产业

以文化创意赋能优秀传统文化,是推动中华文化创造性转化和创新性发展、使中国梦和社会主义核心价值观更加深入人心的重要途径,是推动中华文化走向世界、提升国家文化软实力的重要渠道,是丰富人民群众精神文化生活、满足多样化消费需求的重要手段,对推动优秀传统文化与当代文化相适应、与现代社会相协调,推陈出新、以文化人具有极为重要的意义。

曲阜市践行"融合发展"理念,重点挖掘文化遗产、节庆赛事、修学研习、乡村儒学、养生文化、民俗文化、名人文化等优秀传统文化资源进行创意开发,繁荣发展教育培训、会展演艺、文物复仿、古玩交易、园林古建、孔府菜餐饮等儒家特色产业。如今全市有各类文化企业1000多家,儒源儒家文化体验基地、吃亏是福孔子学苑等一批专业培训机构加快发展。曲阜积极实施乡村传统工艺振兴计划,培育有地域特色的传统工艺产品,开发民间艺术、民俗表演项目,提升产品附加值和品牌知名度,成功打造传统手工艺纪念品基地+互联网销售模式。以印章篆刻为特色产业的林前村获评"中国淘宝村","孔府印阁"产品远销日本、韩国、新加坡等,年销售印章达400多万枚,提供就业岗位700多个,实现年销售额过1亿元,成为传统文化转化创新的典型。

邹城市以重点项目建设为抓手,强化载体建设,同时突出项目带动,全力推进孔孟研学文创园区项目、孟子故里文旅融合发展中心建设和"京东·邹城文旅"平台建设。与京东合作,由京东开发了系列孟子、孟母文创产品,2020年5月24日母亲节当天在京东商城开设了"邹城文旅旗舰馆",并开展了"孟子故里谢母恩"促销活动,致力于与京东实现深度合作，实施智慧文旅和开发"一部手机游邹城"平台。

2. 传统文化+旅游产业

随着经济的快速发展，人们的生活追求越来越高，对旅游业来说，人们已不满足于看山、看水、看景，而是追求更高层次的文化品位。传统文化资源富集的地区，在文旅融合发展方面，有着得天独厚的优势。曲阜、邹城、泗水正是依托传统文化资源优势，实施文化兴旅战略，以传统文化丰富提升旅游内涵质量，以旅游扩大传统文化传播消费，促进文化与旅游的资源整合、业态融合，大力发展参与式、体验式特色文化旅游；按照"东文西武、南水北佛、中古运河"的文化旅游发展格局，全力打造孔孟文化圣地之旅、始祖文化寻根之旅和运河之都体验之旅。

曲阜、邹城、泗水三地支持演艺进景区，重点打造《祭孔乐舞》《金声玉振》《菩提东行》《邹鲁礼乐》等精品驻场演艺剧目和非遗项目展演，丰富旅游内容，延长游客逗留时间，拉伸产业链条。致力于培育文化康养品牌，推出"孔孟养生"体验课、孔府孟府食疗养生等产品，开展以药膳养生、保健按摩、中医知识修学等为主要内容的中医药健康文化旅游活动。围绕休闲体验、会展节庆、农耕文化等主题，拓展整合农业休闲、体验、教育、文化传承等功能，建设一批具有历史、地域、民族特点的特色旅游村镇和乡村旅游示范村，有序发展新型乡村旅游休闲产品。打造邹城上九山古村落、上磨石民俗村，曲阜市纸坊桑皮纸专业村，泗水县王家庄民俗村、宋家沟画家村等一批特色村，开发具有地方特色的精品民俗活动、农事体验、名人观瞻等文化体验项目。

邹城市创新"旅游+传统文化"发展模式，聚焦"文旅融合""文旅共兴"，整合孟庙孟府孟林、子思书院、博物馆、明鲁王陵景区资源，增强研学游与企业、学校的联系，以研学游路线为主要推广点,加大研学游项目推广力度,切实增加景区收入,扩大研学游品牌知名度。在"两孟"景区持续开展邹鲁礼乐文化交流展演展示活动,打响以"教子有方·游学邹城"为主题的"孟子修学游"文化旅游品牌,推出"孟府生活起居体验之旅""教子有方亲子之旅"等全新旅游产品,有机融入"开笔礼""成人礼"等传统文化体验项目,打造礼乐文化体验休闲的知名目的地,实现向国学体验式旅游的升级。坚持项目带动战略,推进建设孟子研究院一体化①、孟子大剧院提升改造、民俗村落小镇等一批重点文化旅游项目。依托国家优秀传统文化传承发展示范区"两创"园区,搭建优秀传统文化传承发展平台,探索传统文化创造性转化、创新性发展的新模式,助推产业转型升级、新旧动能转换。

曲阜市坚持文旅融合战略,2016 年入选首批国家全域旅游示范区创建单位,2019 年荣膺首批国家全域旅游示范区。曲阜市牢记习近平总书记"弘扬优秀传统文化,建设首善之区"的殷切期望,紧紧围绕"文旅强市"战略部署,促进文化、旅游深度融合,以传统文化的创新发展支撑旅游业转型升级,走出了传统文化保护传承与繁荣复兴新模式。一是理顺体制机制,强化政策保障。曲阜市推进"1 + 1 + N"统筹联动机制,出台了实施推进全域旅游发展的政策文件,编制了《曲阜市全域旅游发展总体规划》。二是提升公共服务,完善供给体系。曲阜构建了曲阜游客集散中心、高铁旅游服务中心和咨询服务点的服务体系,建设了旅游大数据中心;以文化传承创新发展为引

---

① 2013 年,邹城成立了以研究孟子思想、弘扬传统文化、助推国学传播为宗旨的孟子研究院,2016 年起经上级批准孟子研究院先后升格为市属、省属正处级全额事业单位,目前孟子研究院整合到尼山世界儒学中心。邹城积极实施孟子研究院一体化建设工程,项目占地 381 亩,总建筑面积 8.7 万平方米,总投资约 6.8 亿元。它以孟学研究与应用为主线,立足以学立业、致力学术研究领域有重大影响和知行合一、实现服务地方经济社会文化发展有重大贡献两大定位,突出学术研究、文化交流、普及传承、转化创新和平台建设五大重点,着力打造成为儒学研究的文化高地、人才高地和道德高地。

领，建设了尼山圣境、文化国际慢城、孔子博物馆等文旅项目，推出国家级非物质文化遗产孔府菜和以曲阜三宝为主的旅游商品；建设了阙里宾舍、铭座杏坛和东方儒家等一批文化主题酒店，成功打造"政德、师德、青少年和儒商"四大文化教育培训基地。三是坚守文保红线，加速文旅融合。曲阜利用全域旅游创建契机提升格局、拓宽视野，在更广阔的空间进行文化活化、文创策划和旅游开发，持续推进鲁国故城大遗址保护、"三孔"景区彩绘修复、文物景区消防改造，严格保护"老三孔"（孔庙、孔府和孔林），积极培育"新三孔"（尼山圣境、孔子博物馆、孔子研究院），拓展文化旅游体验空间。四是依托儒学文化优势，重点开发研学旅游。曲阜成立了孔子研学旅游联盟，推出了曲阜研学旅游标准，发展研学机构 20 多家。在曲阜发起成立中国研学旅游推广联盟，颁布了《中国研学旅游推广联盟章程》。10 多年来，曲阜累计接待研学游团队 21 万个，研学游客超过 700 万人次。五是挖掘推出开城仪式、祭孔表演、孔府大戏、开笔礼、成人礼等，推出国家艺术基金重点资助项目"金声玉振"文化演艺，成功打造传统手工艺旅游纪念品基地+互联网销售模式，以印章篆刻为特色产业的林前村获评"中国淘宝村"。六是优化生态环境，共创文明旅游。持续推进自然环境保护和生态环境修复，塑造了"绿韵礼义圣城，生态福地曲阜"品牌，在全国率先倡导发起了"美德游客"评选活动，塑造了"礼待四方、德传天下"特色鲜明的曲阜文明旅游品牌形象。七是创新营销渠道，推进全民共享，集中打造"东方圣城"品牌。

曲阜儒源小镇依据国家乡村振兴战略，按照"农业+文化+旅游"的发展定位，建成集现代农业种植、农业科普实验、农耕知识教学、农耕文化体验、农耕观光旅游于一体的农耕文化园区——"儒源小镇·春秋耕读"文化体验园，创新"农业+文化+旅游"模式，在全国树立起创新型农业文化品牌。儒源小镇秉承耕读文化体验宗旨，力求呈现现代农业文明与千年农耕文化实景，创造农耕文化体验与国学教育融合新模式。它让游人在农耕文化体验中事稼穑、知辛苦，磨炼意志，以立性命；让学生在国学学习中读诗书、知礼仪，修身养性，以立高德。

3. 传统文化＋城镇化建设

历史文化是一座城市的灵魂，历史文化遗产是不可再生、不可替代的宝贵资源，每个人应当像爱惜自己的生命一样保护好城市历史文化遗产。核心区尤其是曲阜市，在推进城镇化建设中，始终把优秀传统文化融入其中，创造了传统文化＋城镇化建设的模式。

第一，保护城市文化遗产。自2018年以来，曲阜利用全域旅游创建契机，按照国家和省"十三五"文化发展纲要、齐鲁文化传承创新示范工程等统一部署，积极做好文物保护和文化资源挖掘，如前所述，持续推进鲁国故城大遗址保护、"三孔"景区彩绘修复、文物景区消防改造，严格保护"老三孔"、积极培育"新三孔"，积极打造国家记忆工程先行区，孔子博物馆、孔子学院总部体验基地、世界儒学文献资料收藏中心建成使用，中国教师博物馆预展馆完成建设。

第二，开展乡镇文化遗产保护。传统村落、传统建筑、农家院落是乡村整体价值的缩影，是乡村社会结构、文化结构得以存在的前提。曲阜、邹城、泗水三地坚持城乡互动，推进城乡文化一体化发展，会同有关部门对城市尤其是历史文化名城、村镇、街区进行规划控制和引导，坚持分类指导、突出重点、加强基础，实现由注重抢救性保护向抢救性与预防性保护并重的转变，由注重文物本体保护向文物本体与周边环境、文化生态的整体保护转变。深入实施"乡村记忆工程"，全面保护乡村文化遗产，实施传统文化村落、传统民居保护项目，保护乡村原有建筑风貌和村落格局，建设乡村（社区）博物馆。此外，核心区还按照国家文物局要求，实施全国重点文物保护单位和省级文物保护单位集中成片传统村落保护工程。

第三，在新型城镇化建设中传承发展优秀传统文化。习近平总书记强调在促进城乡一体化发展中要注意保留村庄原始风貌，慎砍树、不填湖、少拆房，尽可能在原有村镇形态上改善居民生活条件。新型城镇化的建设不一定要整村拆迁、另起炉灶，完全可以在保留乡土特色的同时赋予其现代功能，使村镇兼具实用与审美，成为形神兼备的美丽家园。曲阜市全面贯彻落实乡村振兴战略，打造具有儒风特色的乡村振兴"曲阜样板"。在新型城镇化过程中，曲阜把优秀传统文化融入其中，形成带有浓郁地域文化特征的人文特色城市文化。依托文化创意创新理念，服务美丽乡村、乡村记忆及县以下历史文化展示工程，打造若干"乡村记忆"乡镇、博物馆、村落、民居。走特色化的城镇化之路，深入挖掘区域内的自然、生态、文化、景观、民俗等资源，积极统筹区域内传统文化传承、文化内涵阐发、文化风貌建设，发挥区域内传统产业优势，以特色文旅小镇建设运营带动周边生产、生活、生态空间的全面优化。实施乡村文化产业精品工程，鼓励乡镇、农村充分挖掘特色文化资源，引导利用古民居、古遗址、古村落、古街区发展文化产业项目，重点培育圣地尼山小镇、上九记忆小镇、圣水峪国学小镇、南阳运河古镇等一批特色突出的文化小镇。对原有文化空间进行文化活化、文创策划，以九仙山、石门山两山为重点，实施村庄改造、慢道建设、河道治理等八大工程。大力培植发展传承和体验儒家文化的特色庄园经济、家庭农场和"农家乐"，提升完善"百姓儒学+乡村游"模式，构建慢生态、慢生活、慢旅游、慢交通四大系统，打造了中国第一个文化国际慢城。

4. 传统文化+政德教育

优秀传统文化蕴含着极为丰富的中华美德资源，它们是社会主义核心价值观的文化根基和精神血脉，因而在政治建设和道德建设中必须充分发挥传统文化的道德教化作用。2013年以来，核心区深入贯彻落实习近平总书记视察曲阜的重要讲话精神，充分发挥传统文化资源富集的优势，积极探索运用优秀传统文化教育培训干部的方法途径，打造了独具特色的干部政德教育体系。

济宁干部政德教育基地以弘扬中华优秀传统文化为主线，着力培育提升干部为政之德，是山东省委组织部重点打造的干部教育培训特色基地之一。基地建设按照"一院多区"的整体布局，在曲阜市规划建设了济宁干部政德教育学院，在邹城市打造了以孟子研究院为中心的儒家文化研修区，在泗水县、嘉祥县开发了尼山圣源书院等儒家文化体验区。基地坚持优秀传统文化创造性转化、创新性发展的"两创"方针，把传统文化中修身、齐家、治国、平天下的理念融入对党员干部的教育当中，着力将其中蕴含的治国理政智慧转化提升为滋养干部为政之德的思想源泉，科学安排教学内容、优化培训体系，初步形成课堂教学、现场教学、体验教学、礼乐教学"四位一体"的教学体系，并针对实际，组合形成短、中、长期不同教学模块，以满足不同班次培训需求。中国浦东干部学院、上海政法学院还多次安排斐济、越南、上合组织成员国以及非洲多国的高层领导干部培训班到曲阜、邹城、泗水开展优秀传统文化体验式培训，国家行政学院、中国浦东干部学院、原山东行政学院分别设立了现场教学点、教学研究基地和政德教育基地。政德教育基地这种现代执政理念加传统文化的教学模式，吸引了全国各地300多个班次、1.7万多名党员干部在这里接受培训。

核心区还创新性地开展儒家文化特色监狱创建工作。自2010年起，孔子研究院、曲阜师范大学以及多家儒家研究机构与济宁监狱、运河监狱、任城监狱、滕州监狱、微湖监狱等监狱单位携手共建，持续开展了"学儒家经典 育道德新人"系列活动，通过儒学经典诵读、国学讲座、礼乐文化操习等系列活动，培养服刑人员树立正确的世界观、人生观和价值观。通过"学儒育新"活动，服刑人员在儒家文化的洗礼中，坚定了"做有德好人，做有用之人"的价值观念和人生愿望，实现了从"要我改"到"我要改"，由"外发型"到"内发型"的根本转变，逐步走上了知廉耻、明是非、戒恶习、发善端、尊法治的归正之路。

5. 传统文化+社会治理

曲阜、邹城和泗水致力于挖掘和发挥优秀传统文化的社会教化与社会治道功能，做好传统文化与社会治理有机衔接的大文章，据此提高自身社会治理体系与治理能力的现代化水平。

一是弘扬文明实践新风尚。曲阜在全省率先开展了新时代文明实践中心活动，建立县—镇—村三级覆盖的新时代文明实践中心（站）；整合党员活动室、"孔子学堂""人人彬彬有礼教育学校"、尼山书屋等现有基层服务资源，打通理论宣讲、文化服务、教育服务、科技服务、法律服务、卫生服务、体育服务等阵地，以新时代文明实践中心为载体，构建具有儒家文化特色的公共治理体系。精心实施优秀传统文化"六进"工作，用优秀传统文化涵育乡风、家风、民风，努力走好乡村文明振兴之路。坚持定期更新"四德榜"榜单，实现"善行义举四德榜"全覆盖、常态化、制度化。邹城则形成了"邹鲁红笛"村村响和钢山街道后八村的"村民夜校"、鲍店煤矿"1156暖心志愿服务"、唐村镇"兴村说唱团"等一批具有鲜明地域特色、可复制可推广的文明实践活动品牌。泗水积极打造入学讲堂文化惠民品牌，已建成302个高标准乡村儒学讲堂，强力打造儒孝文化体验馆、儒孝文化展馆和洙泗学堂三大教育基地，深受广大群众欢迎。

二是深化"和为贵"调解室品牌化建设。曲阜坚持弘扬优秀传统文化推进社会治理创新，继承和发扬"礼之用，和为贵"等儒家思想精髓，提升457个行政村"和为贵"调解室，引导群众通过非诉讼途径化解矛盾纠纷，借助将儒家传统文化精髓与当代社会价值相结合，实现"法德一体"，走出了一条具有时代特征和曲阜特色的"儒学治乡"之路。与此同时，曲阜推行"全民修身""全民守法"两项教育实践活动，借鉴党员干部群众路线教育实践活动的模式和经验，在城乡居民中广泛深入开展修礼、修德、修身和学法、遵法、守法教育活动，为和谐善治凝聚了精神动力。

三是创新推出"党支部+乐和家园"基层社会治理新模式。这一模式以乐和节庆、乐和义工、乐和调解、乐和基金、乐和剧场、乐和微家、乐和赛事、乐和代办等为内容，用丰富的村民集体活动和新型的为民服务办法，将自治、法治和德治的内涵诠释出来。曲阜市采取"党委领导、政府主导、村民主体、社会参与"的模式，通过设立社工站，建立互助会和联席会，设立"一网、两站、三院、十个理事会"，坚持"四议两公开一监督"基本制度。通过加强党的全面领导、植入优秀传统文化要素，开展"读、耕、居、养、礼、乐"六项活动，弘扬真善美、传播正能量，从而改善了村风民风，推进了农村基层社会治理现代化。2019年以来，曲阜全市50%以上的镇街实现"零上访"，85%的镇街实现"零事故"，91%以上的村庄实现"零发案"，可防性案件下降了47%。通过"和为贵"调解分流，法院全年收案数同比下降3.3%，其中家事纠纷案件下降24%，案件受理数连续三年稳定在6000件以下，是济宁市案件受理数最低的县市区，基本实现了"小事不出村居、大事不出镇街、矛盾不上交、能调则不诉"的目标。

6. 传统文化+基层党建

为推动中华优秀传统文化创造性转化、创新性发展，汲取优秀传统文化中的管党治党智慧，2018年以来曲阜市探索推进优秀传统文化深度融入基层党建工作，充分发挥党支部的战斗堡垒和党员的先锋模范作用，探索推行"党建+儒家文化"模式，构建了过硬党支部为引领、尚德党员为带动、全民共建为支撑、乐和家园为载体的"四位一体"乡村治理模式，创新了村级社会治理体系，打造出了基层党建示范区、党员划片定岗联户、村级"小微权力（公共服务）"清单等一批有影响力、有生命力的党建品牌。

"党建+儒家文化"的主要做法是：以"党支部+乐和家园"为载体，推进优秀传统文化深度融入过硬支部建设。"党支部+乐和家园"由"一网、两站、三院、十个理事会"四部分组成。"一网"即村级综合服务管理单元，主要是在实行的党员划片定岗联户、政法综治部门实行网格化的基础上，进一步细化工作网格，在网格内着力发挥党员、社工、"五老"、村民代表和志愿者等"五大员"的作用，由他们担任网格长，就近联系农户，发挥与群众朝夕相处的优势，常态化开展相关主题活动，帮助解决实际困难和问题。"两站"即新时代文明实践站和志愿者服务站，新时代文明实践站核心是加强党的基本政策宣传，把广大群众紧紧凝聚在党的周围；志愿者服务站是党员和志愿者开展志愿服务活动的主阵地，通过开展党员志愿服务，助力"党支部+乐和家园"建设。"三院"即文化大院、乡村书院、文明庭院，是"党支部+乐和家园"开展活动的空间。"十个理事会"即协商议事理事会、民事调解理事会、守望互助理事会、党员群众教育理事会、产业发展理事会、文化节庆理事会、关心下一代理事会、婚丧嫁娶理事会和环境卫生理事会。"党支部+乐和家园"在镇（街道）党（工）委、村党组织的领导下开展工作，由村党组织书记担任"乐和家园"总理事长，统筹协调"乐和家园"各理事会，接受镇（街道）政府（办事处）的监督管理和村民委员会的监督指导。曲阜市的"党建+儒家文化"模式取得了较为明显的多方面工作成效：村级党组织核心领导地位凸显，组织力显著增强；党员服务意识提升，先锋模范作用充分发挥；构建了化解农村矛盾的有效机制，农村社会更加和谐稳定。一句话，它通过加强党的全面领导，融入优秀传统文化，创新了村级社会治理模式。

7. 传统文化+当代文化

在新的时代背景下，包括儒家思想在内的中华优秀传统文化要更好地延续下去、获得新的生命力，就必须顺应时代、向前展望，在保持自身特质、优长的同时，突破自身局限，扬弃那些不合时宜的内容，以科学的方式方法校正发展方向，以开放的胸襟吸收人类优秀文明成果；必须坚持把马克思主义基本原理同具体实际、同优秀文化传统相结合，鉴别、传承、发展中华优秀传统文化，由此不断开创中华文化现代化的新生面、新特质、新形态。

核心区大力推动中华优秀传统文化与现实文化相融相通，抓好四个方面的结合融入，激发了中华优秀传统文化的时代活力。

一是融入国民教育。核心区努力把中华优秀传统文化教育贯穿于国民教育始终，贯穿于启蒙教育、基础教育、职业教育、高等教育、继续教育各领域，进入课堂教学和教材体系，提升青少年的传统文化涵养。把知识教育和文化熏陶结合起来，推动戏曲、书法、武术等进校园，让青少年在中华优秀传统文化的沐浴中成长。加强中华优秀传统文化的社会普及，发挥博物馆、文化馆、图书馆等文化场所作用，广泛开展"经典诵读"等实践活动，为人们传习中华优秀传统文化创造便利条件。曲阜、泗水、邹城创造性地实施乡村儒学和社区儒学推进计划，创新推进"图书馆＋书院"模式，全面推进经典诵读、礼仪教育在中小学推开。

二是融入道德建设。核心区深入挖掘中华优秀传统文化中的道德教化资源，进行合乎时代精神的阐发运用，使之成为涵养主流价值、涵育美德善行的重要源泉。大力弘扬中华传统美德，将其纳入思想道德建设和精神文明创建全过程；深入实施公民道德建设工程，广泛开展爱国主义教育，不断深化孝老爱亲教育、诚信教育、勤劳节俭教育，培养传承优良家风校训、企业精神、新乡贤文化，培育积极健康的社会风尚。在泗水，以颜炳罡、赵法生为代表的专家团队通过事例和道理结合的方式开设乡村儒学课堂，讲授《论语》《弟子规》《孝经》等儒家经典，每月授课两次，农忙时也不间断，一年举办20多次，每次开课都有三四百人来听。

三是融入文化创造。核心区珍视先人创造的宝贵遗产，加强对中华诗词、书法绘画、音乐舞蹈、曲艺杂技等传统文学艺术的扶持，着力振兴传统戏曲，积极发展民族民间文化，重现中华优秀传统文化的魅力。核心区广大文化工作者善于从传统文化中提炼题材、激发灵感、汲取养分，创作更多体现中华文化精髓、反映中国人审美追求、传播当代中国价值观念的优秀作品，使当代文艺创作具有更加鲜明的中国风格。在当代，文化创意以其内涵溢出，经由设计、制造融入产业内核，成为产业核心竞争力的灵魂；创意设计服务与制造业的融合不仅解决了产品外观和美学问题，更是在日常生活审美化中引领一种生产方式、一种生活品质，从而成就了"诗意的中国""文化自信的中国"。核心区通过挖掘儒家文化资源，创作山东梆子大型新编历史剧《孟母》，入选国家艺术基金资助项目；《孟母教子》《〈论语〉名句》两部原创动漫作品被国家汉办列为全球孔子学院指定辅助教材；《梦回三迁路》成功入选第九届中国儿童戏剧节，获优秀剧目奖。实施优秀传统文化六进普及工程，打造了"儒学原乡·文化圣地"品牌，建成达标儒学讲堂3016处，开展普及推广活动10924场。《中华优秀传统文化传承弘扬"六融六促"模式》《礼乐文化传承与文旅融合演艺产品创编》等项目入选山东省文化创新奖。

四是融入生产生活。文化的生命力在于生活。核心区强化实践养成，注重把传承中华优秀传统文化贯穿融入人们生产生活各个方面，与法律法规、节日庆典、礼仪规范、民风民俗相衔接，与文艺体育、旅游休闲、饮食医药、服装服饰相结合，让传统文化内涵更好地融入生活场景。充分挖掘整理传统文化资源，从历史的传承中汲取营养，将传统文化融入婚丧嫁娶中，融入衣食住行中，融入节庆活动中。经常性组织开展群众喜闻乐见、具有浓郁传统特色的文化活动，组织开展柳琴戏、花鼓、皮影戏、唢呐、剪纸等民间民俗文化活动。积极开发陶瓷、土布印染、皮影戏、剪纸、字画奇石和戏曲、杂技、花灯、龙舟、舞狮舞龙等民间艺术和民俗表演项目,在满足和丰富广大农民群众精神文化生活过程中实现传统文化的有效保护。

五是融入公共文化服务体系建设。推广图书馆+书院、孔子学堂、尼山书院国学公开课等公共文化服务模式,建成全国首个"孔子图书馆"和首批省级公共文化服务体系示范区。

8. 传统文化+外来文化

习近平总书记强调指出:"文明因交流而多彩,文明因互鉴而丰富,对各国人民创造的优秀文明成果,都应该采取学习借鉴的态度,都应该积极吸纳其中的有益成分。要坚持从本国本民族实际出发,坚持取长补短、择善而从,讲求兼收并蓄,在不断汲取各种文明养分中丰富和发展中华文化。"[①] 这些论述为人类文明的健康发展指明了前进方向,成为中国引领时代潮流和人类文明进步的鲜明旗帜。它深刻表明,优秀传统文化的创造性转化和创新性发展,离不开借鉴吸收人类文明的共同成果,离不开文化的开放交流,离不开文化的"请进来"与"走出去";推动中华优秀传统文化的"两创",再现丰富多彩的中华文明新华章,就不能自我设限、自我封闭、自说自话,而必须以更大的气魄、更宽的眼界,构建世界不同文明开放、对话、交往和互鉴的大格局。

遵循习近平新时代中国特色社会主义思想包含的科学人类文明观,核心区积极助推文明交流互鉴,精心构建政府主导、多方参与的中国传统文化交流合作体系,扩大对外传统文化交流的规模、层次、效益,切实增强中华文化的国际认同,充分彰显了"两创"的国际眼光和世界情怀。曲阜、邹城和泗水充分发挥资源优势,创新传播方

---

① 中共中央宣传部:《习近平总书记系列重要讲话读本》,学习出版社、人民出版社2016年版,第204页。

式，把打造展示中华文明的重要窗口作为文化建设的重要目标，构建了全方位、多层次、宽领域的对外文化传播格局。

核心区致力于讲好山东故事，打造提升"孔子故乡·中国山东"品牌，在不同国家和地区开展"山东文化周""孔子文化周""孔子文化展""齐鲁文化丝路行"等系列活动。加强与"一带一路"沿线国家的文化交流与合作，发挥好孔子学院总部体验基地平台作用，参与实施"孔子走进东盟工程"，利用"海上丝绸之路"沿途国家的孔子学院实施孔子家乡山东特色文化产品展等一批文化交流合作项目。组织曲阜"祭孔乐舞团"赴韩国仁川参加"中韩经济文化友好交流年系列活动"，举办"旅韩华侨华人祭孔大典"。在香港举办"《玉虹楼法帖》港澳巡展·香港首展"，在台湾举办"汉画像石上的孔子与鲁礼文化拓片展"，推进两岸优秀传统文化交流。曲阜市杂技团与日本POP马戏团、美国黑熊马戏团合作，在日本、美国多个城市进行巡演。

全面提升拓展文化交流平台与渠道，助力"孔子故乡·中国山东"品牌打造，依托孔子研究院等研究机构和高等院校建设尼山世界儒学研究中心，组织和推动海内外学习、研究、传播孔子儒学活动，创新尼山世界文明论坛、世界儒学大会举办方式，举办海外尼山论坛、海外尼山讲堂、中韩儒学对话会等一大批享誉中外的文化活动，不断扩大孔子文化品牌的世界影响力。其中，国际孔子文化节被评为"中国最具国际影响力的十大节庆活动"。

在曲阜举办的尼山世界文明论坛，以开展世界不同文明对话为主题，以弘扬中华优秀文化、促进中外交流、推动建设人类命运共同体为目的，至今已经连续举办六届，对促进世界不同文明之间的交流互鉴、推动建设和谐世界发挥了重要作用。通过不断的价值对话与沟通，与会专家在许多重要问题上取得共识，尼山论坛正引领着人类文明对话的持续深入与和谐发展。目前，尼山论坛已成为继达沃斯论坛、博鳌论坛后全球知名的"世界思想哲学论坛"。在习近平总书记"文明互鉴"方针的指引下，核心区紧密依托"走出去"和"请进来"展现双向文化交流、文化传播通道，有力提升了中国优秀传统文化的国际传播力和影响力，促进了儒家文化与各种异质文化之间的吸收、融合、移植与创新、发展，为中华优秀传统文化的"两创"营造了良好的国际环境。

（二）创新的主要体现

正如前述，创新是指突破现有常规事物而产生新事物、新思想的活动，以实现内容、性能、结构、形式、手段和外部特征等的变革。中国文化的繁荣发展离不开传承，同样也离不开创新。基于此，曲阜示范区的曲阜、邹城、泗水，紧密围绕中华优秀传统的传承发展这一时代课题，深入贯彻"创新"的新发展理念，大胆进行了一系列传统文化创新。

1. 文化观念创新

文化变革，核心是文化的观念变革、文化价值观创新。先进的文化理念是经济发展、社会进步最重要的动力之一，文化的转化创新一个重要方面就是抛弃传统的、过时的文化旧观念，树立新的适应形势发展需要的文化观念。

习近平总书记2013年11月28日在"曲阜讲话"中强调，要在去粗取精、去伪存真的基础上，采取兼收并蓄的态度，坚持古为今用、推陈出新的方法，有鉴别地加以对待，有扬弃地予以继承；对适合于调节任何时代社会关系和鼓励人们向上向善的内容，要结合时代条件加以继承和发扬，赋予其新的含义；对存在合理内核又具有旧时代要素的内容要取其精华、去其糟粕，对明显不符合当今时代要求的内容要加以扬弃。他在纪念孔子诞辰2565年国际学术研讨会暨国际儒学联合会第五届会员大会上指出："传统文化在其形成和发展过程中，不可避免会受到当时人们的认识水平、时代条件、社会制度的局限性的制约和影响，因而也不可避免会存在陈旧过时或已成为糟粕性的东西。这就要求人们在学习、研究、应用传统文化时坚持古为今用、推陈出新，结合新的实践和时代要求进行正确取舍，而不能一股脑儿都拿到今天来照套照用。"①

在习近平总书记讲话精神的指导和鼓舞下，核心区广大干部群众对传统文化不再信守以往把传统文化视为包袱、看成现代化的障碍的老观念，也不再把孔子叫作"孔老二"，而是秉持客观、科学、礼敬的态度，坚信传统文化是宝贵的财富，对传统文化既不复古泥古，也不简单否定，而是注重取其精华、去其糟粕，扬弃继承、转化创新。今天，不论是在"孔孟故里"，抑或是在泗水之滨，尊重传统、保护文化资源、热爱收藏已经蔚然成风。一直以来，中国共产党反复强调中国共产党从成立之日起，既是中国先进文化的积极引领者和践行者，又是中华优秀传统文化的忠实传承者和弘扬者。我们欣喜地看到，在曲阜优秀传统文化示范区这片广袤的大地上，涌现出了一批又一批优秀传统文化的"守护者""传承者""探路者"和"先行者"。他们坚持"古为今用、守正开新"等理念，展现出强烈的传统文化自信与自觉，不遗余力地传承、拓展、完善、创新文化传统，赋予它们以新的时代内涵和现代表现形式，使之成为当今的"五大建设"服务。

当今，核心区广大干部群众已经牢固树立了关于传统文化的崭新观念，优秀传统文化日益深入人心，传统文化是宝贵的资源、是有益的财富、是可用的资本等思想观念得到了广泛的接受与认同。举例来说，曲阜市小雪街道武家村一家张姓村民，其父辈在给孩子起名时融

---

① 《习近平在纪念孔子诞辰2565年国际学术研讨会暨国际儒学联合会第五届会员大会上的讲话》，人民出版社2014年版，第11页。

入了传统要素,希望用这样淳朴的方式教育子女做人的道理。张家有堂兄弟10人,名字的最后一个字连起来就是"仁义礼智信,温良恭俭让"。朴实、孝顺、厚道、真实成为张万让家的家风家训,而忠厚传家、诚实守信、知足常乐则是村民武怀祥家提倡的家风家训。作为一座因孔子而扬名的东方圣城,曲阜市坚持以传承和弘扬儒家传统文化作为新时代文明实践着力点,开展了"母子传承国学"志愿服务项目,将儒家传统文化融入家庭教育中。目前,曲阜"母子传承国学"教育活动已覆盖曲阜各街道,13支300余人的志愿服务队伍活跃在曲阜的城市乡间。曲阜市许多农村开展了"相约黎明"孝老爱亲志愿服务活动,石门山镇西焦沟村从2018年下半年起,利用闲置房屋,通过建立孝老爱亲基金会,由村委扶持、社会捐助、留守老人子女自觉缴纳伙食费等形式筹集资金,办起了"幸福食堂"。

尤为重要的是,示范区广大干部群众坚持与时俱进,适应文化建设对象、内容、形势和环境的新变化,全方位地推进传统文化发展理念的创新,大大激发了社会各方面的优秀传统文化创新活力。在传统文化发展愿景方面,示范区结合文化强国建设和国家记忆工程实施等方面的战略要求,科学确定示范区的发展定位,强调全面提升对中华优秀传统文化传承发展的引领示范作用,提出了儒家文化挖掘阐发基地、全国道德礼仪首善之区、国家记忆工程先行区、全国文化经济融合发展示范区、组织引领国际儒学研究创新中心和世界文明交流互鉴高地的战略定位。曲阜市先是提出了"东方圣城"的理念,接着凸显建设"经济文化特区"的目标定位,最后确定了"优秀传统文化示范区"的战略构想。邹城强化"四孟"文化遗产开发保护力度,实施"四孟"文化遗产保护工程和子思祠、子思书院、孟母祠遗址等恢复展示工程,加快推进孟子博物馆和石刻博物馆建设,加强历史文化街区的保护开发,深刻挖掘阐发孟子思想的时代价值,致力于建设东方礼乐文化中心和孟子文化传承创新区。泗水突出"文明摇篮、圣源泗水"主题，以泗河为主体空间，加大对两岸历史文化资源挖掘、保护和整合的力度，力图构筑起文明探源、圣源寻踪、感悟历史、沐浴文化的生态长廊。

2. 文化手段创新

中国传统文化手段创新，既包括中国传统文化生产手段创新、运营手段创新、传播手段创新，又包括推广手段创新、宣传手段创新、消费手段创新等，不一而足。在新的历史时期，曲阜示范区的核心区在传承发展优秀传统文化过程中，重视科技手段的运用，不断创新传统文化样式，丰富和完善本土传统文化表现形式、品种风格和载体技巧，并广泛运用新媒体进行文化的营销传播。

互联网时代，全球正在进行新一轮的科技革命，互联网的创新成果不断涌现，与各领域的融合发展前景广阔，也为传统文化资源的保护和传承提供了科技的条件。基于此，一方面，核心区注重利用现代科技手段促进对传统工艺文化的保护，通过数字化方式对非物质文化遗产的文字、图片、视频等进行保护，达到传统保护方式所无法达到的展示和传播效果。另一方面，运用现代科技促进传统文化产业转型升级，赋能传统文化，利用虚拟现实、人机交互、沉浸体验、仿真机械等高新技术传承、展现传统戏剧和曲艺、民间文学、传统手工技艺等非遗项目，使其实现"活态传承"。核心区积极搭建互联网+平台，开展在线交流、智慧体验、文化交流、情感沟通等服务，促进优秀传统文化的交流与传播。

核心区重视利用文化资源进行文创产品的开发，重视互联网及数字技术的应用。通过政府引导、社会参与、市场调节的方式和思路，利用文化资源提供更为多元化的文化产品与服务。一些博物馆、非遗传承机构等文化文物单位开始改变以往的静态展陈方式，探索通过新媒体、人工智能、小程序、游戏、音乐等形式，"让收藏在禁宫里的文物、陈列在广阔大地上的遗产、书写在古籍里的文字都活起来"。

曲阜打造文化电商平台，提升文化产品流通和供给效能，积极发展连锁经营、物流配送、电子商务等现代文化产品流通组织和流通方式。通过电商"平台+商家"的O2O模式，推动优秀文化产品走向市场。通过电商销售平台，曲阜一家由家庭小作坊演变成的企业，实现了日发货3000余单、日销售1万余枚印章、年销售额破4000余万元的文化产业奇迹。

互联网尤其是微博、微信等社交媒体的出现，重新定义了信息传播方式，成为影响舆论格局的重要力量。传统文化的创造性转化和创新性发展应广泛利用社交新媒体，进行营销推广。核心区与腾讯新闻、今日头条、抖音、去哪儿网、12306等新媒体合作，采取旅游软文、短视频、攻略和有奖答题等方式，在PC和手机APP端口，面向京津冀、长三角和中部地区重点客源城市，开展精准营销。

曲阜示范区的核心区策划制作了52期文化传播微视频"孔子故里、邹鲁微视"，以微视频形式记录优秀传统文化。自2018年7月1日发布第一辑以来，宣传覆盖面不断扩大，吸引了社会各界的广泛关注。组织制作以"孔子归来"为题材的10集二维动漫，每集通过8分钟至10分钟动漫的形式，以社会热点、社会新闻和儒家文化相关故事为素材进行创作，将孔子文化精神和价值体系移植到当代社会，取得了宣传普及国学经典、传承中华优秀传统文化，弘扬主旋律、激发正能量的良好效果。

邹城2020年按照疫情防控的新形势和新要求，坚持线上线下互动，创新母亲文化节举办形式，依托新媒体平台运营中华母亲节微博、设立热搜话题、开通网络直播，与新浪微博联合开展"云祭祀"活动，广泛进行宣传造势。与京东智联云合作，举办2020孟子故里母亲节IP、文创产品发布会，打响孟母教子文化品牌。

3. 文化内容创新

文化的核心是内容，文化创新的关键在于文化内容的创新。中国传统文化丰富的内容凝结着中华先民智慧，是我们的先人在长期的历史发展过程中所创造的宝贵财富。但是时势和条件毕竟不同了，传统中有些变得陈旧过时了，因而要使之为我所用，就必须立足于本土文化、根据时代的需要、结合现实生活带来的新变化和新感受，大胆进行创新，实现创造性转化和创新性发展。而要实现传统文化内容创新，就必须深耕文化内容，既要继承民族优秀文化传统，同时也要借鉴世界其他国家的优秀文明成果，以新的时代内涵来提升文化产品的高度，注重内容的原创性和独特性，彰显民族特色和时代特色。只有如此，文化才能获得持久的生命力。同时要根据时代与实践的特点和需要强化传统文化内容的创新，无论是继承还是创新传统文化，都要突出实践标准，看能不能解决今天中国的问题和需求，能不能回应时代的课题和挑战，能不能转化为国家富强、民族振兴、人民幸福的有益精神财富。

在"内容为王"的新时代背景下，中华优秀传统文化要更好地延续下去，就必须深入挖掘提炼中国传统文化中的有益成分，取其精华，去其糟粕，吐故纳新，进一步丰富和完善传统中国文化中的思想、学术、道德、宗教、科技、文艺、习俗、制度、文物等各种各样的内容，使之具有更加鲜明的中国特色，不断创造出新的具有时代气息的文化内涵。

党的十八大以来，曲阜、邹城坚持推陈出新，对传统文化的内容进行创造、转换、重组，精心打造了许多新的文化样态、新的中国文化学术品牌、新的研究成果，提出了"新孔学""新孟学"等。

曲阜市配合支持曲阜师范大学、孔子研究院、济宁干部政德教育学院等高校和教研机构，加强儒家文化研究阐发，在儒家文化研究、传承与发展实践、儒家文化在社会治理体系中的应用与探索等方面推出了一批理论成果。

核心区面向海内外选聘儒学研究高端人才，他们出版发表儒学研究论著论文75部（篇）；启动《儒学五圣》编纂和"四书"解读工程，组织出版《转化与发展——走进新时代的中华优秀传统文化》《孟子文献集成》《孟府档案》等一批具有重大理论价值和现实意义的成果，创新启动了《论语》《孟子》《中庸》《大学》"四书"解读工程。

邹城市依托孟子研究院，突出孟子思想、邹鲁文化、母教文化、始祖文化等文脉主线，全面深化文化挖掘研究，既推出了一批实实在在的文化研究书籍——《孟子文献集成》《孟府档案全编》《汉总录邹城卷》等，也推出了一批创造性转化、创新性发展的"创意点子"。精选孟子仁政、民本、义利等思想精华，融入干部政德教育，擦亮了"气养浩然·行守规矩"政德教育品牌。同时，将研究成果全面融入孟子研学游、邹东深呼吸、礼乐文化传播等文化旅游产业发展壮大之中，推出一批可转换、可运用的研究成果，儒家文化的品牌价值日益凸显。

4. 文化机制创新

机制是指有机体的构造、功能和相互关系，泛指一个机构或组织部分之间相互作用的过程和方式，它以一定的运作方式使系统的各个部分协调运行。制度通常是指由行为主体所建立的调整主体之间社会关系的具有正式或非正式性的规范体系，按照性质和范围它总体上可分为根本制度、基本制度与具体规章制度三个基本层次。机制重在事物内部各部分的机理，即横向相互关系；体制指的是有关组织形式的制度，是机关、单位在机制设置、领导隶属关系和管理权限划分等方面的体系、规制、方法、形式等的总称，限于上下之间层级关系。机制从属于制度，对制度的实施和完善具有反作用，它通过制度系统内部组成要素按照一定方式的相互作用实现其特定的功能。从广义上讲，制度、体制和机制都属于制度范畴。总之，制度制约体制与机制，体制与机制又推动制度的巩固与发展。

传统文化机制是指传统文化运行、传承、保护、经营、开发、发展等活动的组织结构、行为秩序和准则，主要包括传统文化管理机制、经营机制、运行机制、传承机制、保护机制、开发机制、发展机制等，以及与之相配套的组织领导机制、评价考核机制、约束控制机制、竞争激励机制、投入保障机制、工作运行机制和人才保障机制等。

曲阜、邹城、泗水不断探索、完善传统文化体制机制，为激发传统文化创新活力提供了重要保障。

（1）组织领导机制创新。2015年，济宁市规划成立了曲阜文化建设示范区，示范区内有曲阜、邹城两座国家历史文化名城，济宁市人民政府建立了曲阜文化建设示范区推进办公室。曲阜市成立了优秀传统文化传承发展工作领导小组，由市委、市政府主要领导任组长，主要职责是理顺相关工作体制机制，研究解决文化传承、产业发展、文化体制改革等重大问题；增设优秀传统文化传承发展办公室，统筹协调推进相关工作。

（2）工作运行机制创新。随着群众文化需求日益强烈，过去单一的文化产品供给模式已远远不能满足文化的时代需求。邹城市积极探索文化体制改革，寻求更为有效的文化产品供给模式，其倾心打造的"孟子乡音"文化惠民演出活动，大胆进行运行机制创新。该活动由政府购买文化服务，参演团体公开竞标，演出内容群众选定，演出效果群众评，有效地调动了政府、文艺演出团体和群众等各方面的积极性，缓解了文化产品供需之间的矛盾。曲阜市推进实施《曲阜市优秀传统文化传承发展工作方案》，制定出台了配档表，明晰目标责任。根据《曲阜优秀传统文化传承发展示范区建设规划》，曲阜市确定了一批优先推进的重点文化工程和项目，纳入全市"五个一"重点工程，由市级领导牵头包保、推进实施。

（3）人才支撑机制创新。核心区面向海内外选聘23位儒学研究高端人才，组建12个高端学术团队；与北京大学合作建设中国传统文化教育实践基地，与曲阜师范大学联合举办"儒学国际传播人才研修班"；投资5000万元的世界儒学文献资料收藏中心建成使用，曲阜师范大学在山东高校中成立了首家国学院，济宁学院成立了儒学与地域文化研究传播中心。邹城市加快儒学普及推广，实施"儒学民间普及推广人才支持计划"，特聘乡村儒学高级讲师33人，招募乡村儒学志愿讲师270余人。曲阜市依托曲阜师范大学相关学科专长和资源优势，强化志愿服务队伍专业化指导，健全区、镇、村三级培训体系；通过设置固定培训场所，编写培训教材，整合培训师资力量，采取专题培训、特色课程、座谈交流、参观考察等形式开展培训；通过区校联动，为新时代文明实践中心试点工作提供强有力的智力支持。

5. 文化品牌创新

所谓传统文化品牌创新，实质就是赋予传统文化品牌要素以创造价值的新能力的行为，即通过技术、质量、商业模式和企业文化创新增强其生命力。传统文化品牌创新是核心区传统文化传承发展的重要组成部分，而"曲阜模式"本身就是示范区传统文化创造性转化和创新性发展的重要品牌。

核心区十分注重传统文化品牌创新。邹城上九山村上榜全国乡村旅游重点村，以文旅项目为核心的泗水龙湾湖示范区被评为"乡村振兴齐鲁样板省级示范区"，纳入省政府联系点。曲阜市打造了"国学经典研学游"和"跟着孔子去游学"等研学旅游品牌，研学旅游产业集群入选山东省"十强"产业"雁阵形"集群。曲阜自2018年10月启动志愿服务项目建设以来，涌现出了一批特色品牌志愿服务项目："流动党校+"志愿服务项目，通过成立镇街党校、企业党校和村（社区）党校，变"上学"为"送学"，解决了基层党员群众集中培训难组织、培训形式单一等问题；母子传承国学志愿服务项目，将儒家优秀传统文化成功融入家庭教育之中；"睦邻劝和"志愿服务项目，在人民调解工作中注重融入儒家优秀传统文化思想，实现人民调解从纠纷"化解的了"向"化解的好"转变，2019 年来共调解矛盾纠纷 627 次，成功率达到 98.1%。

核心区不断创新城市传统文化品牌，影响力显著增强。持续在北京、江苏、浙江等重要客源地省份举办文化旅游推介会，组织企业参加国家级、省级文博会。孔子文化节期间成功举办 2019 中国（济宁）文化旅游国际推广大会，充分借助高铁媒体的独特优势，宣传推广文化旅游品牌形象，冠名"游读济宁·体验圣地"高铁品牌专列。开展腾讯 APP "答题赢门票"活动，参与人次曝光量 1.3 亿次，参与人数 500 万人次。"游读济宁"头条旅行季话题阅读量预计 5000 万次，抖音挑战赛播放量 2 亿次。

第三章

"曲阜模式"的优势与基础

我们之所以要提出"曲阜模式",或者说"曲阜模式"之所以能够立得住脚,其根本原因就在于曲阜示范区有着自身诸多独特的优势与基础,而这集中表现在三大层面,即优秀传统文化资源丰厚独特、优秀传统文化保护传承更富活力和优秀传统文化各项社会保障有力。

一 优秀传统文化资源丰厚独特

曲阜示范区的曲阜、邹城和泗水文脉绵长,文化底蕴深厚,拥有世界上独一无二的丰富传统文化资源,既有历史文化资源、名人文化资源,也有众多民间文化资源。它是中华文明的发祥地、儒家文化的发源地,也是物质文化遗产的富集地、非物质文化遗产的聚集地,还是自然文化资源的丰饶地。优秀的中华文化积淀着中华民族最深沉的精神追求,是中华民族的突出优势,也是中国特色社会主义植根的文化沃土。历史悠久、得天独厚、博大精深的区域传统文化资源,为曲阜模式的形成和发展奠定了深广的历史基础。

(一)中华文明的发祥地

曲阜核心区是中华文明的重要发祥地之一。中国的早期文明经历了旧石器时代和新石器时代,而山东则依此形成了后李文化、北辛文化、大汶口文化和龙山文化的文明脉络,人们会发现这些早期文明绝大多数发生在曲阜及其周边地区。

传说中的上古伏羲、炎帝、黄帝、少昊都曾于曲阜一带活动。据古籍记载,在四五千年前,这里即是炎帝神农氏营都聚居的"大庭氏之墟"。大约公元前二十七世纪末叶,中华民族的人文初祖轩辕黄帝诞生于曲阜寿丘。继黄帝之后,少昊曾在曲阜营建都城。中国古史相传的"三皇五帝"之中,有四人曾在曲阜留下了活动的踪迹,他们开创了中华古代发达的文明。公元前1066年,西周武王伐纣灭商,武王将其胞弟、王国宰辅周公旦封于故奄地曲阜,立国为"鲁"。

邹城历史悠久,有着三千多年的历史,1994年获批第三批国家历史文化名城。早在距今8000年前后的北辛文化时期,这里就有先民劳动、繁衍和生息。城南6公里处现存有大汶口文化和龙山文化遗址——野店遗址。夏代,这里属《禹贡》所称九州中的"徐州"之域,商代属奄国。西周初期,周克商灭奄,封颛顼之后陆终第五子晏安之苗裔侠于此,国号"邾",又称"邾娄",附庸于鲁国。战国中期,"邾"改称为"邹",战国末期,邹国为楚所灭,古邾国历时700多年。

泗水县文明源远流长,有文字记载的历史可追溯到远古年代。泗水是古代东夷族聚居之地,是东夷文化的摇篮之一。据古史记载,伏羲、神农、黄帝、唐尧、虞舜、皋陶、大禹等出生或活动的地点大都在今天的曲阜和泗水一带。《左传》曰:"鲁有大庭氏之库,泗有居龙之宫",《通鉴外记》云:"太昊命大庭为居龙氏",《炎黄氏族文化考》载:"曲阜有大庭氏之库、壤地相接,尤为可证知居龙氏即在泗水一带……今泗水治东南十五里有居龙山即此"。泗河流域的考古已发现大量的大汶口文化和龙山文化遗址,证明了祖先确曾在泗河流域创造过古代文明。泗水的天齐庙遗址出土的陶器有泥质、加砂两种,

第三章 "曲阜模式"的优势与基础　57

多呈灰色,以绳纹和素面为主,有鼎、鬲、豆、盆、罐等残器,石器有石斧、石锛、石镰等,其中出土的部分鹿角属于龙山文化和商周文化古遗址。泗水县地灵人杰、人才辈出,远古时期涌现出很多名人志士。据考证,伏羲出生在泗水县泉林、华村一带。他聪慧过人,根据天地万物的变化,发明创造了八卦、文字,结束了中国"结绳记事"的历史;并且,伏羲结绳为网,用来捕鸟打猎,并教会了人们渔猎的方法;同时他发明了瑟,创作了《驾辨》曲子,这些都标志着中华文明的开端。

以上曲阜示范区的核心区璀璨的古代文明是早期中华文明起源与发展繁衍的系统展现,它们为曲阜优秀传统文化传承发展示范区建设提供了丰硕的文化资源,也为"曲阜模式"的构造奠定了良好的基础。对它们的开发利用正是曲阜文化示范区的重要内容,也是曲阜模式集中呈现的良好根基。

(二) 儒家文化的发源地

核心区最大的文化优势即是它是儒家文化的发源地。如果说儒家的核心思想理念渊源于虞、夏、商、西周时代的文化的话,那么在人类文明的轴心期春秋战国时期形成了中国历史上第一个思想文化的高峰。周公被封于鲁地,而儒家的一系列圣人孔子、孟子、颜回、曾子、子思等都曾出生或生活在曲阜。邹城得山水之灵气,仰圣哲之光辉,有着"孔孟桑梓之邦,文化发祥之地"的美誉。它是中国历史上著名的思想家、教育家孔子和孟子"双圣"的诞生地,而"孟子故里"更是让邹城扬名海内外。泗水也是儒家学说的重要发祥地之一,是至圣先师孔子的出生地,是先贤仲子的故里;儒家"五圣"(至圣孔子、亚圣孟子、复圣颜子、宗圣曾子、和圣柳下惠)以及墨子、仲子、孔鲤等众多的先贤都曾生长、活动在泗河流域,与泗水结下了不解之缘。为了祭祀先贤仲子,泗水建有仲庙。

核心区的传统文化优势，不仅体现在它是儒家文化的发源地、儒家文化资源丰厚，还在于儒家文化在中华文明史上占有极为突出的地位，产生了巨大的影响，在于儒家文化可利用价值突出，具有重要的历史价值、文化价值、道德价值、政治价值、经济价值和科学价值等。

1. 儒家文化是齐鲁文化的核心

山东大地上，齐鲁文化璀璨夺目，汉代之前是中华文明的中心之一。当代山东文化是历史上的齐鲁文化的传承和发展，而齐鲁文化则是齐文化与鲁文化有机融合的统一体。其中，儒家文化正是齐鲁文化融合的典型形态与核心要义。儒家思想经过孔子及其后学的积极恪守、弘扬与传布，流传广泛，深入人心，深深影响了齐鲁文化，使齐鲁文化不断拓展，走出了独特的发展道路，展现出与众不同的超越地域的魅力。在经过由秦到汉初80余年几代儒者的努力下，齐鲁大地的儒家学派发展成为当时最具实力与最富生机的学派。在汉武帝"罢黜百家、独尊儒术"政策下，齐鲁文化实现了由地域文化到主流文化的转变，相伴而来的是儒家思想由区域政治文化发展成为中国古代主流政治制度思想，并在以后两千多年的历史发展进程中发挥着巨大的作用。在政治大一统的两汉时期，儒家思想逐步得到统治者认同，并得到广大后儒、循吏、贤哲的发扬与应用，产生了积极而有效的社会功用，并由此上升为官方统治思想。汉武之际，儒学由支流走向主流。

儒学作为中华文化核心地位的确立，当然不是一蹴而就的，而是逐渐形成的。在齐鲁刚建国及春秋战国前期，儒学不过为齐鲁地区诸子百家之一，它虽为显学，但尚未成为核心，那时齐鲁文化作为两个相对立的系统走着自己的发展之路，各学派之间虽存在一定的相互吸收和相互渗透，但主要表现为相互斗争和相互对立。至战国末期，齐鲁文化逐渐融合，各家各派思想你中有我、我中有你，至两汉经学，干脆连派别也难分了，众家均以儒学为核心统称为经学。

2. 儒家文化是中华文化的主干

众所周知，孔子（前551年—前479年）是中国古代著名的思想家、教育家、政治家，是儒家学派的始祖，被联合国教科文组织评为"世界十大思想家"之首。他一生修《诗》《书》，定《礼》《乐》，序《周易》，作《春秋》。相传孔子有弟子三千、贤人七十二。他被尊奉为"天纵之圣""天之木铎"，被后世统治者尊为孔圣人、至圣、至圣先师、大成至圣文宣王先师、万世师表。孟子（约前372年—前289年）是战国时期的哲学家、思想家、政治家和教育家，是先秦时期孔子之后儒家学派最杰出的代表人物，与孔子并称"孔孟"，两人共同开创了影响深远的"孔孟之道"。颜回（前521年—前481年）被尊称复圣颜子，春秋末期鲁国思想家、孔门七十二贤之首。他配享孔子、祀以太牢，被追赠兖国公，陪祭于孔庙。曾子（前505年—前435年），名参，春秋末年思想家，孔子晚年弟子之一，儒家学派的重要代表人物，七十二贤之一。据称，曾子参与编制了《论语》，撰写了《大学》《孝经》《曾子十篇》等儒家经典。他被后世尊为"宗圣"，成为配享孔庙的"四配"之一，仅次于"复圣"颜渊。

自先秦诸子百家生成以来，儒家就同道家、墨家、名家、法家、阴阳家等各家各派进行思想交锋和竞争，互相争取为君王所用。汉代"独尊儒术"以后，到东汉中国又引入了佛教，在道家基础上又生成了本土化的道教，这两种宗教在魏晋南北朝隋唐时期香火旺盛，成为封建皇帝、士大夫和民众广泛尊奉的对象，以致造成"儒门淡泊、收拾不住"的局面。宋明理学虽然统治中国达八百多年，并出现了儒释道三教会通、三教合一，可佛道仍极大地影响着中国人的精神世界。但是，这些并没有从根本上影响儒家文化是中国文化的主导者。汉武帝之后，法家文化只是以隐文化的方式发挥作用，封建统治者以儒家作为官方意识形态，但实际奉行的都是"阳儒阴法"，不过，从此以后，法家作为一个完整的思想体系开始中绝了。可以与儒家一争高下的是外来佛教文化和本土道教文化。无疑，魏晋玄学、南北朝佛学在思想文化领域占据一定的优势地位，道教文化也发挥着重要作用。到了隋唐，出现了儒佛道三足鼎立的文化态势。即便如此，佛道也只是个人信仰，而不是官方统治者的为政之道，儒家文化尽管出现了漫长衰落期，但还是处于正统地位，并未退出官方意识形态。尽管隋唐时期封建士大夫同佛教有过接触，但其过快的发展也引发了他们的不满，导致唐武宗的灭佛运动，使佛教遭到毁灭性的打击，继五代十国以后，佛教再难有盛唐时期的鼎盛气象。唐朝极力推崇道教，但它主要在上层社会流行，在民间的影响远不如佛教大。到了宋元明清时期，佛道的创造性再也不如前，发展处于停滞状态，佛道由盛转衰，而儒学开始走向复兴，并孕育发展出宋明理学，重新成为思想文化界的主流。宋明理学一方面接过了唐代后期的儒学觉醒的余绪，另一方面则致力于对佛老思想进行吸收、消化、熔铸和改造，在坚持承继先秦儒家的道统（纲常伦理）的基础上，以精致化的哲学思辨，创造性地发展出宋明理学，自南宋以后直到明清时期，新儒学成为官方统治思想，并借助于程朱理学、陆王心学、清代朴学而在中华文化中独占主导位置。

儒家文化蕴含着各种文化精神，成为中华民族基本的集体记忆，成为影响中华民族国民品性、众趋人格、道德信仰、人生哲学等的最重要的文化传统。通过教化和熏陶，以及不言之教，儒家文化发展成为中华民族精神赖以生成、发展和完善的主要文化资源。在中国文化发展的不同历史阶段，儒家文化逐渐上升为中国文化的主流，并长期居于正统地位。

儒家文化之所以作为一种区域性文化能够成为中华文化的主体，作为生长于邹鲁之地的地域性知识之所以能够脱颖而出一跃成为中华文化的核心，主要有以下几方面的原因：一是它具有济世匡民、以民为本和礼治教化的特质。二是后世儒学经过一定的修改、完善而把固有的淑世主义精神、人道主义情怀、民主主义思想和德治主义发挥到极致，以此赢得了统治者的青睐。儒学适合治世而不大适合乱世。在地方割据、诸侯争霸的社会情势下，儒学必然是"曲高和寡"。孔孟周游列国而处处碰壁，即是明证。经过汉初的自我改造、自我充实和发展提高，儒学改变了迂阔、高远之弱点，逐渐得到了汉代统治者的认同。三是儒学作为中华文化的象征而成为中国内陆文明的代表，这使之具有极其深厚的社会基础，易于为封建王朝所接受。儒家文化植根于传统中国单一小农经济的生产方式和生活方式之中，立足于宗法社会、家族制度和血缘亲情之上，具有浓厚的等级名分观念、礼治主义、亲情主义、等序之爱、泛孝主义等特质，这些使得它不光受到普通民众的认可，也迎合了维护封建专制集权和等差秩序的统治需要，有助于把分散的个体小农整合到专制统治秩序之中，保证国家的长治久安。这些赋予了儒学以巨大的向心力和号召力，使之上升为中华文化的主体和正宗。

3. 儒家文化产生了巨大的影响

儒学自创立之始，作为一种特殊的文化形态，对中国社会和世界文化产生了极为广泛而深远的影响。

（1）文化影响。首先是对其他学术文化的影响。且不说先秦时期法墨弟子许多是从儒家分离出来的，即便是佛老为了迎合中国宗法制下广大民众的需要，也吸收了儒家的一些伦理观念如"孝"，东汉以后的儒道会通、三教合一即是明证。南北朝、隋唐时期儒释道三教合一、三教并举蔚为潮流。一些佛教高僧在对佛经的翻译和研习过程中为了使佛教立足于中国社会而致力于"会通儒学"，形成了"附儒""会儒"现象。其次是儒学自身学术体系发达。且不论儒学自身在长期历史发展过程中形成了先秦儒学、两汉经学、宋明理学和清代朴学这些在中国学术思想史上占有重要地位的儒学学术体系，而且正是通过对儒家经典的解读,使中国古代发展出了蔚为大观的子学、经学传承体系。就儒家学术的当代发展而言,即使是在西学的强烈冲击下,也仍然出现了儒学的第三期发展,并生成了现代新儒学乃至后现代儒学思潮。再次是儒学对中国教育的影响。孔子是伟大的教育家,他不仅开创了中国私学的传统,还提出了丰富的教育思想如有教无类、因材施教、循序渐进、博学以文、德艺兼备等,因而在中国封建社会被尊为"至圣先师"。而儒学经典几千年来一直是学生学习的主要科目,以致许多人皓首穷经,"一心只读圣贤书,两耳不闻窗外事",直到科举取消以前,苦读"四书五经"是中国人获取功名利禄的主要门径。另外,像明清以来日渐兴盛的各种蒙学读物和家书,也表明儒学对中国社会人文教育的影响是佛道所无可比拟的。

(2)政治影响。从一开始,儒学就讲究经世致用,倡导为政以德,致力于为统治者提供"南面之术"或为政之道,从而对中国政治发展产生了多种重大影响。首先是上升为官方意识形态。自汉武帝独尊儒术以后,儒学就成为官方统治哲学,即使是在唐代受到佛教文化的冲击而出现了衰落,但儒学直到有清一代仍未丧失其主流意识形态的地位。每一个封建王朝取得天下之后,一般会奉行德主刑辅的治国方略,而儒家不仅力倡德法兼具、以德为本的治统,同时它的核心正是各种纲常伦理,这两点正是历代君主愿意利用儒学以为其政权作合法性和合理性辩护的原因。其次是儒学在制度化的同时制度[①]也儒学化。尽管儒学同政治建制之间存在着理想与现实的分野,两者之间保持着一定的紧张关系,但借助于儒家的政治参与和统治者的尊崇,儒学逐渐实现建制化,尤其是儒学成为传统中国选官制度的重要考核科目和内容。再次是儒学在与政权结合的同时,也对封建专制主义作了批判和限制。孔子作《春秋》,孟子提出"民贵君轻"论、诛一夫

[①] 参见干春松《制度儒学》,世纪出版集团2006年版。

论，董仲舒宣传"天人感应"，这些均对封建君主起到了一定的威慑和限定作用，历代儒家以其井田制、等级分权制、封建制等社会理想对现实政治中的私有制、郡县制、君主专制集权制在一定程度上进行了批判乃至谴责。而受过儒家教育的士大夫进一步推动了儒学的政治化和政治的儒学化。最后是以儒治国成为中国传统社会的主要治国方式。不可否认，佛道也对中国政治产生了很大作用，甚至出现了某种政教合一的现象，但从总体上说，即使中国封建帝王推崇佛道（如唐代时期），但更多的是从个人信仰考虑问题，而不是也不可能将其当作统治术来看待。在某种意义上，儒学同佛道的竞争乃至冲突，主要是为了争夺人心和话语权，是为了巩固自身官方正统地位。即使在汉初道家"无为而治"得到统治者的普遍欢迎之际，儒家对于政治控制和政治管理的价值也并未被完全抹杀。汉武帝即位后，把儒家经学正式确定为官学，强调以礼治国、以孝治国。其后历代王朝除少数之外，均采纳了以儒治国的政治策略。

（3）社会影响。儒学的根本宗旨就是建立一个仁民爱物、礼义有度、人主忠信、各安其位、老安少怀、等差有序的理想社会，借助于政治推行、人文教化、个人修养、言传身教等社会化方式，而对中国传统社会发挥着社会控制、社会整合、社会导向等作用，促进了中国社会的文明进化。首先，它对中国社会关系起到了极大的调节作用。孔孟儒学所倡导的仁者爱人、隆礼重礼、忠恕而行、见利思义、贵和尚中等伦常规范，推动了中国社会关系的和谐发展，建构了为世人所向往的礼治秩序和人情社会，使中国以"礼仪之邦"闻名于世。儒家力主的"三纲五常"更是为传统中国人待人处世提供了行为准则，尤其在儒家伦理中心主义的范导下，传统中国形成了梁漱溟所称的伦理本位社会。其次，儒家文化深刻地改变了中国人的日常生活。它不仅使中国人在平常生活中注重各种礼仪、礼节和礼数，例如婚礼、丧礼、葬礼、乡党之礼等，讲究尊卑、长幼、上下的等差秩序，讲究修身齐家，以家为本，孝亲为大，重视血缘亲情，也造就了中国人"慎终追远"的敬祖风习和祭祖传统，同时还促成了中国人守望相助、礼尚往来的民风民习，而且也在很大程度上铸造了中国人崇尚正义、好勇正直、感恩报德等风尚①。再次，儒学有力地推动了国际社会中外文化的交流。自汉代起，儒家文化就开始向朝鲜、日本等国传播，在唐代达到高潮。同时，儒学也向越南等东南亚国家和地区输出，以致形成了儒教文化圈。虽然现代化之后儒家文化受到极大冲击，日渐走向衰落，但从总体上说，特别是在现代化之前，中国周边邻国外来文化还是儒家文化影响最大。自15世纪，"东学西渐"就开始了，16世纪传教士利玛窦在中国本土对儒家经典"四书"进行翻译，并向西方介绍儒学。十七八世纪，欧洲国家掀起了以孔子哲学为代表的"中国文化热"。② 在西方汉学家中，治儒者远多于治道者。应当说，儒家文化相对于中国其他传统文化，在国外的传播最广、影响最大。

站在新时代的高度，习近平总书记深刻指明了儒家文化的重要历史地位和时代价值。他说："孔子创立的儒家学说以及在此基础上发展起来的儒家思想，对中华文明产生了深刻影响，是中国传统文化的重要组成部分。儒家思想同中华民族形成和发展过程中所产生的其他思想文化一道，记载了中华民族自古以来在建设家园的奋斗中开展的精神活动、进行的理性思维、创造的文化成果，反映了中华民族的精神追求，是中华民族生生不息、发展壮大的重要滋养。"③

---

① 刘厚琴指出，汉代独尊儒术、以经治国对汉代形成复仇之风、归隐之风、谦让之风和报恩之风起到了推波助澜的作用，参见刘厚琴《儒学与汉代社会》，齐鲁书社2002年版。
② 参见姜林祥《儒学在国外的传播与影响》，齐鲁书社2004年版。
③ 《习近平在纪念孔子诞辰2565年国际学术研讨会暨国际儒学联合会第五届会员大会上的讲话》，人民出版社2014年版，第4页。

（三）物质文化遗产的聚集地

按联合国《保护世界文化和自然遗产公约》对物质文化遗产的界定，它包括以下三大部分：一是文物。从历史、艺术或科学角度看，具有突出、普遍价值的建筑物、雕刻和绘画，具有考古意义的成分或结构，它是铭文、洞穴、住处及各类文物的综合体。二是建筑群。从历史、艺术或科学角度看，因其建筑的形式、同一性及其在景观中的地位，具有突出、普遍价值的单独或相互联系的建筑群。三是遗址。从历史、美学、人种学或人类学角度看，具有突出、普遍价值的人造工程或人与自然的共同杰作以及考古遗址地带。

文物是历史文化的见证，凝聚着民族的记忆，是传承优秀传统文化、推动当代经济社会发展的重要资源和载体。作为中华文明的重要发祥地之一，核心区拥有丰富的文物资源，文物分布既系统又完备，而在国家历史文化名城系统之中，曲阜、邹城赫然在列。

1. 曲阜文物资源

曲阜被赞誉为世界上的三大圣城之一，与耶路撒冷齐名，而孔府、孔庙、孔林则被联合国教科文组织列入世界文化遗产名录之中。曲阜市重要文化遗址众多，文物保护单位大致如下。

（1）国家级重点文物保护单位 13 处

一是 1961 年第一批 3 处：曲阜鲁国故城、孔庙及孔府、孔林。

二是 2001 年第五批 2 处：颜庙、汉鲁王墓。

三是 2006 年第六批 1 处：尼山孔庙及书院。

四是 2013 年第七批 5 处：防山墓群、周公庙、孟母林墓群、西夏侯遗址、景灵宫碑。

五是 2019 年第八批 2 处：少昊陵及景灵宫遗址、曲阜师范学校旧址。

（2）山东省级文物保护单位 53 处

一是 1977 年第一批 4 处：韦家墓群、朱总司令召开军事会议会址、安丘王墓群、姜村古墓。

二是1992年第二批2处：梁公林墓群、洙泗书院。

三是2006年第三批9处：石门寺建筑群、东颜林、曲阜明故城城楼、四基山观音庙、仙源县故城、少昊陵遗址、九仙山建筑群、林放墓、九龙山摩崖造像石刻。

四是2013年第四批30处：陵南遗址、董大城古城址、杨辛庄遗址、宣村遗址、前瓦遗址、马家遗址、白村遗址、宋家窑址、万柳庄遗址、小南庄遗址、息陬窑址、东野林、孔继涑墓群、武文昌墓、北阁山玉皇阁、凫村古村落、慎修堂、保安古桥、迎坤桥、南夏宋古井、姓氏源流序碑、大峪西渡槽、小雪影剧院、尼山水库水利设施、梁公林提水站、曲阜师范学院旧址、红旗闸、孔家村泗河桥、姚村火车站、南雪遗址。

五是2015年第五批8处：坡里遗址、九龙山遗址、章枣遗址、马庄遗址、孔广森故居、四府故址、西五府故址、曲阜县衙。

（3）济宁市级文物保护单位11处

一是1985年第一批1处：果庄遗址。

二是2001年第三批1处：明故城。

三是2012年第四批4处：崔家屯鲁公桥、五四青年洞、曲阜革命烈士陵园、明德中学旧址。

四是2016年第五批5处：北十府、文昌祠、修治洙河碑（附泉池）、颜翰博府、吴村火车站。

（4）曲阜市级文物保护单位131处

其中，1986年第一批50处，2010年第二批81处，三普文物点：国务院核定文物点825处，向兖州移交5处，向邹城移交1处，现有819处。

一是1986年第一批50处：西庄石佛像、东大岭化石遗址、河夹店窑址、夏庄遗址、屈家村窑址、屈家林遗址、屈家林桧树、韦家祠堂、韦家庄遗址、公孙丑墓、东郭遗址、西郭遗址、苑庄遗址、十二府故址、古泮池（附文昌祠）、有若墓、五泉庄古墓、西颜林古墓群、重修全真观碑刻、嫚山石经幢、东魏庄遗址、夫子洞遗址、尼山水库遗址、南辛石桥、彭庄玉皇庙、张氏祖茔碑、八里庙遗址、古柳村遗址、孔村窑厂遗址、霍家村遗址、刘家村遗址、宫氏祖茔碑、瓦窑头遗址、西林西遗址、张温林墓群、陈庄遗址、横沟泉化石遗址、王庄西岭遗址、地道遗址、凤凰城址、春秋书院旧址、齐家林遗址、店北头遗址、凫村遗址、南兴埠遗址、彭家村遗址、巨野王墓群、孙家林遗址、纸坊户祠堂、西孔村遗址。

二是 2010 年第二批 81 处：大庙窑址、凤阳慈母碑、丁家庄革命委员会旧址、河夹店城址、后夏庄娃娃庙、中共曲阜市第一个农村党支部诞生地旧址、林程店孔氏祠堂、黄土崖古禅台、石泉庄玉皇庙、董庄中村东风三级提水站、马庄窑址、胜天渠一级提水站、尚家园墓群、尚家园窑址、尚家庄遗址、四清池、无粮庄遗址、品重乡邦碑、南刘家村遗址、池涯吴氏民居、南关三官庙、黄连山寨址、大王庄遗址、东鲁源刘氏民居、甘辛庄古墓、西魏庄古墓、西大峪古墓、孔道第一学校旧址、后孔遗址、小孔家村遗址、北张阳天齐庙、毕家村告示碑、东野村遗址、方家村遗址、宫家村遗址、韩家铺华佗庙、汉下汉墓群、汉下重修颜氏家祠谱序、西林西义井、西泗滨遗址、夏家村友谊楼、徐家村遗址、张家村遗址、陈庄供销社、褚魏村遗址、车站村圣帝殿、急公好义碑、前黄堂遗址、峪西孔氏家祠、东终吉南遗址、侯家山墓群、管勾山采石场遗址、管勾山山神庙、镇静楼、中元疃赵氏支派碑、中元疃遗址、彭家村陈氏故宅、前西庄遗址、北雪遗址、北雪主席台、小花山汉墓群、陈家寨拦河坝、春亭遗址、岗子遗址、纪家村遗址、兴隆桥遗址、于家村遗址、张家村遗址、郑家庄遗址、周家村遗址、河口古桥碑刻、大元善士毕君碑、杜家林石兽、夏宋石人、榆柏萝树、大峪石人、孔广森墓群、宰予墓、河套窑址、果庄观音庙碑、红庙观音庙碑。

迄今为止，曲阜全市拥有国家文物保护单位的数量居山东全省第1位，尼山孔庙古建筑群修缮工程被评为首届全国十佳文物保护工程，而且曲阜是全省唯一一个拥有2家国家考古遗址公园（鲁国故城、南旺分水枢纽国家考古遗址公园）的县级市。尤其是孔府、孔庙、孔林（"三孔"）已经被列入世界文化遗产，"三孔"保存的文物有金元明清各代建筑1300余间，两汉以来历代碑刻石雕6万余块，古树3万多株，库存各种文件10万多件，孔府明清档案约30万件。这些大批历史遗址、遗迹、遗物保存至今，为研究儒家文化提供了可资借鉴的珍贵资料。而在曲阜市的尼山片区内，许多物质文化遗产无不汇聚于此。它分布有夫子洞村省级历史文化名村——颜母庄、宋家山头、圣源村等特色文化村，尼山书院、孔庙、颜母祠、尼山水库大坝、东鲁源刘氏民居、洙泗胡遗址等文保单位以及昌平乡碑等23处一般文物点。

2. 邹城文物资源

据第三次全国不可移动文物普查统计，邹城市共有各类不可移动文物517处，包括古遗址175处、古墓葬107处、古建筑132处、石窟寺石刻33处、近现代史迹69处、其他类1处。截至2019年，全市共有各级文物保护单位95处，包括全国重点8处、省级35处、市级12处、县级40处。经第一次全国可移动文物普查，邹城共登录国有文物收藏单位13家、文物藏品总数达121917件（套）。目前全市珍贵文物共计256件（套），其中一级文物38件（套）、二级文物76件（套）、三级文物142件（套）。邹城市文物数量位列山东地市乃至全省前列，文物类型丰富、品级较高，显示了独特的地理人文特色。

邹城各级文物保护单位名单（共计95处）如下。

（1）国家级重点文物保护单位

一是1988年第三批2处：孟庙、孟府和孟林（2006年孟林并入）、铁山、岗山摩崖石刻（2006年峄山和葛山摩崖并入）。

二是2001年第五批1处：汉鲁王墓（邹城部分）。

三是2006年第六批2处：邾国故城、明鲁王墓。

四是2013年第七批2处：野店遗址、重兴塔。

五是2019年第八批1处：凫山羲皇庙遗址。

（2）山东省级文物保护单位

一是1992年第二批1处：漆女城遗址。

二是2006年第三批2处：孟母三迁祠、凤凰山石窟造像。

三是2013年第四批23处：白莲教起义旧址、斗鸡台遗址、后峪遗址、寿峰寺遗址、灰城子遗址、城子窝遗址、城前遗址、栖驾峪遗址、万章墓、刘宝墓群、东深井民居、尹沟古桥、高李李氏民居、龙山玉皇殿、庙东石拱桥、颜母祠、巷里清真寺、大园戏楼、孔子孟子诞生圣地碑、朱山庄扬水站、双庆扬水站、水河渡槽、茹岚石棚。

四是2015年第五批8处：尼山区抗日烈士纪念碑、乌林答将军墓、凰翥文昌阁、上九山建筑群、峄山建筑群、越峰建筑群、土旺防空洞、桑庄渡槽。

（3）济宁市级文物保护单位

一是1985年第一批1处：黄山十八罗汉洞造像。

二是2001年第三批1处：西丁遗址。

三是2012年第四批1处：徐辟祠。

四是2016年第五批9处：独山庄遗址、马山头遗址、庙东墓群、王看九女筑坟、谢庄古墓、潘氏家祠及家族墓地、昌平山玉皇庙、西参沟大屋窑、时枣行大屋窑。

（4）邹城市级文物保护单位

一是1978年第一批10处：晚照寺遗址、北凫山山顶遗址、簸箕掌遗址、庙东遗址、乌龟寺遗址、陶城遗址、羊皮遗址、南宫适墓、兴泉庄汉墓群、鲁府柴炭山刻石。

二是 1995 年第二批 8 处：护驾山遗址、苗山庄遗址、岳庄遗址、西柳遗址、孟母断机处遗址、王屈汉墓群、小石石拱桥、陈清松墓碑。

三是 2017 年第五批 22 处：白马厂遗址、张氏家族墓地、西山头汉墓群、顾氏家祠、杜氏家祠、东寨石拱桥、盛氏民居、吕公堂、独山庄古井、周氏民居、秦氏家祠、羊绪前火神庙、康桃古井群、马王庙、五宝庵山碑刻群、鲁南人民抗日游击总队旧址、桃园烈士纪念碑、东颜庄主席台、仙桥主席台、黑风口渡槽、宋山扬水站、尚庄渡槽。

作为国家历史文化名城，"一经传家"的西汉父子丞相韦贤、韦玄成，"凿壁偷光"的西汉经学家匡衡，"建安七子"之一的王粲，魏晋名医、医学名著《脉经》的作者王叔和等等，都是邹城这块土地培养出来的大贤巨擘。孔子、秦始皇、司马迁、李白、杜甫、苏轼、赵孟頫、乾隆帝等也曾到过邹城，留下诸多诗词文赋，尤其值得一提的是，邹城拥有直接体现孟子思想文化、建于北宋年间的孟府、孟庙、孟林、孟母林古建筑群，被称为"中国书法艺术瑰宝"的北周时期的铁山、岗山、葛山、尖山"四山"摩崖石刻，江北最大的地下皇家宫殿明代荒王陵，"孔子登东山而小鲁、登泰山而小天下"中提到的东山——峄山。

3. 泗水文物资源

据统计，泗水有全国重点文物保护单位 2 处，山东省文物保护单位 12 处，济宁市文物保护单位 24 处，泗水县文物保护单位 75 处，共计 113 处，具体如下。

（1）国家级重点文物保护单位 2 处

一是 2006 年第六批 1 处：卞桥。

二是 2019 年第八批 1 处：卞国故城遗址。

（2）山东省文物保护单位 12 处

一是 1992 年第二批 1 处：明代鲁惠王、鲁端王、鲁恭王墓。

二是 2006 年第三批 2 处：尹家城遗址、天齐庙遗址。

三是 2013 年第四批 4 处：泗水仲庙、泗水泉林、苗馆桥、换新天渡槽。

四是 2015 年第五批 5 处：卞一遗址、愚公渡槽、中共曲泗工作委员会旧址暨钱杰东烈士故居、邓家庄主席台、回龙桥。

（3）济宁市级文物保护单位 24 处

一是 1986 年第二批 6 处：演马坡遗址、小朱家村遗址、寺台遗址、星村遗址、小城子遗址、鲍王坟（包括徐家楼墓群）。

二是 2001 年第三批 4 处：安山寺（包括罗汉洞）、北百顶遗址、故县城子顶遗址、大泉瓷窑址。

三是 2012 年第四批 9 处：故县杨氏古民居、苏家大院、乔氏宅院、历山西北遗址、涝家庄墓群、南陈庄墓群、李家庙墓群、龙门山灵光寺碑刻、西朱阁楼。

四是 2016 年第五批 5 处：驸马井古井、周蓝田故居、李家庙东墓群、马家村墓群、岳岭墓群。

（4）泗水县级文物保护单位 75 处

一是 2003 年第一批 9 处：西洼遗址、尧王坟遗址、相公店墓群、林泉墓群、贾家庄墓群、汉舒墓群、辛庄墓群、戈山墓群、大李白清真寺。

二是 2009 年第二批 36 处：温家庄遗址、五里庙遗址、尖山玄帝庙遗址、趿庄钓鱼台遗址、查山寺庙遗址、城子顶遗址、伏羲庙遗址、王母庙遗址、石漏墓群、西故安墓群、张家庄墓群、东阿王墓、戈山前墓群、鲍王庄墓群、北孙徐墓群、大王家庄石桥、刘氏古民居、清真寺、王氏宗祠、云集桥、吴氏古民居、王氏古民居、水泉古民居、乔氏古民居、庠厂玉皇庙、长峰观、碧霞元君庙、五里庙珍珠泉碑刻、鲁舒碑刻、修理林路记事碑、中国共产党泗水县第一个党支部诞生地纪念碑、马家峪节孝碑、马泉碑刻、普峪口传统民居、西故安抗日纪念地、戈山人民抗日纪念塔。

三是 2013 年第三批 30 处：王阜庄遗址、李家庙遗址、疋庄南遗址、三角湾遗址、郭家铺遗址、东琴柏遗址、中里仁遗址、郝家村遗址、大白沟遗址、仓上遗址、中册遗址、石缝泉墓群、辛庄西南墓群、天齐庙墓群、利新庄墓群、南崇义墓群、蒲山墓群、西仲墓群、安驾峪墓群、北三教墓群、胡家庄东南墓群、柘东墓群、穆家庄墓群、乔家村乔氏客栈、石古洞善士朱永清修路四年碑、集善桥碑志、恩荣敕褒节孝碑、东仲都重修仲都关王庙记、中共泗水县委始建会址、争光渡槽。

泗水历史文化资源丰厚，除了东夷文化、圣源文化和民俗风情文化之外，还包括帝王文化、泉文化和佛教文化。就帝王文化而言，据南巡《盛典》载，1684 年康熙帝东巡到曲阜朝圣，曾来泗水泉林驻跸，观泉赋诗并撰《泉林记》一文，乾隆帝南巡、东巡共 9 次来泉林。就泉文化而言，泗水泉水资源得天独厚，有"名泉七十二，大泉数十，小泉多如牛毛"之美誉。诸泉当中流量最大的是泉林泉群，它拥有诸多文物古迹和历史传说。《尚书》和《禹贡》中提到过陪尾山，《山东通志》《山东运河备览》都列之为"山东诸泉之冠"，北魏地理学家郦道元在《水经注》中誉之为"海岱名川"。泉林古迹有赑屃碑、石舫、御桥、古银杏树、子在川上处、古卞桥、古卞城遗址等，名泉有红石泉、珍珠泉、响水泉、黑虎泉、趵突泉、双睛泉、淘米泉等。就佛教文化而言，泗水历史上佛教文化圣地有两处。一是中册镇龙门山的灵光寺。始建于东汉孝明帝永平三年，因达摩神光圣僧来此讲法，佛现灵光而命名，列中国最早的"白马寺"之后，堪称中国第二古刹，是泗水历史上最早也是规模最大的寺院。二是安山寺。始建于唐代贞观二十三年（649 年），原名安山涌泉寺，后改为安山寺。2003 年在原址上按照原貌进行修复，修复一新的安山寺建有山门、天王殿、大雄宝殿、伽蓝殿、祖师殿、华佗殿、禅房等 20 余间，存有历代碑碣 20 余块，景区内有被誉为植物界中的活化石、有着"大熊猫"之称的千年银杏树两棵（雌雄异株）。

上述包括各种文化遗址、遗迹、遗物和文物在内的丰富多样的物质文化遗产，是曲阜中华优秀传统文化示范区的核心区赖以设立的历史依托，也是曲阜模式顺利崛起不可替代的重要历史资源优势。

（四）非物质文化遗产的富集地

曲阜核心区不仅传统物质文化遗产发达，同时蕴藏着丰富多彩的非物质文化遗产。根据联合国教科文组织《保护非物质文化遗产公约》的定义，非物质文化遗产（intangible cultural heritage）指被各群体、团体有时为个人所视为其文化遗产的各种实践、表演、表现形式、知识体系和技能及其有关的工具、实物、工艺品和文化场所。换句话说，非物质文化遗产是指各种以非物质形态存在的，与群众生活密切相关、世代相承的传统文化表现形式，包括口头传统、传统表演艺术、传统手工艺技能、民俗活动、礼仪与节庆、有关自然界和宇宙的民间传统知识和实践等，以及与上述传统文化表现形式相关的文化空间。它是以人为本的活态文化遗产，强调的是以人为核心的技艺、经验、精神，其特点是活态流变。

1. 曲阜市非物质文化遗产

曲阜市各级非物质文化遗产名录

项目级别	项目类别	项目名称
国家级 （5 项）	民俗	祭孔大典
	传统美术	曲阜楷木雕刻
	民间文学	鲁班传说
	传统技艺	孔府菜烹饪技艺
		琉璃烧制技艺

续表

项目级别	项目类别	项目名称
山东省级 （16项）	民间文学	鲁班传说
		孔子诞生传说
		孟母教子传说
		颜子传说
	传统美术	曲阜楷木雕刻
	民俗	祭孔大典
	传统音乐	箫韶乐舞
	传统技艺	孔府菜烹饪技艺
		曲阜尼山砚制作技艺
		曲阜琉璃瓦制作技艺
		大庄绢花制作技艺
		桑皮纸制作技艺
		孔府家酒传统酿造技艺
		徐弓坊弓箭制作技艺
		曲阜扶兴和毛笔制作技艺
		拓片制作技艺
济宁市级 （40项）	民间文学	孟母教子传说
		鲁班传说
		孔子诞生传说
		颜子传说
		张姥姥传说
		鲁壁藏书的传说
		孔子作春秋的传说
		孔尚任的传说
	传统美术	曲阜楷木雕刻
		面塑
		东夏侯石雕
	传统音乐	箫韶乐舞
	民俗	祭孔大典
		九仙山庙会

续表

项目级别	项目类别	项目名称
济宁市级 （40 项）	民俗	始祖文化
		孔子世家谱
		孔府婚俗
		周制婚礼
		阙里食礼
	传统医药	袁氏正骨
	传统技艺	孔府家酒酿造技艺
		孔府菜烹饪技艺
		熏豆腐制作技艺
		桑皮纸制作技艺
		琉璃瓦制作工艺
		大庄绢花制作工艺
		尼山砚制作技艺
		孔宴香油制作技艺
		福临布老虎制作技艺
		扶兴和毛笔制作技艺
		徐弓坊弓箭制作技艺
		闻春礼烧鸡制作技艺
		鲁班技艺
		古籍印刷技艺
		曲阜孔府煎饼制作技艺
		曲阜羊肉泡粥制作技艺
		仲尼古琴制作技艺
		古建油漆彩绘
		古旧家具修复技艺
		拓片制作技艺
曲阜市级 （145 项）	民俗	祭孔大典
		孔子世家谱
		孔府婚俗礼仪
		民间婚俗

续表

项目级别	项目类别	项目名称
曲阜市级 （145项）	民俗	生育习俗
		二月二习俗
		春节习俗
		孔府丧葬礼仪
		民间丧葬习俗
		民宅建设习俗
		九仙山庙会
		至圣林门会
		始祖文化
		尼山庙会
		回族婚嫁习俗
		周制婚礼
		阙里食礼
		孔府宴起菜仪式
		儒家礼仪
	民间文学	鲁班传说
		孔子诞生传说
		孔子传说
		孟母教子传说
		颜子传说
		张姥姥的传说
		《论语》
		三皇五帝与曲阜的传说
		古泮池的传说
		洗脸盆的传说
		东野氏的由来
		景灵宫的传说
		洙泗书院的传说
		刘邦与汉夏的传说
		万人愁的传说

续表

项目级别	项目类别	项目名称
曲阜市级 （145项）	民间文学	犁铧店的传说
		孔广森的传说
		桂馥的传说
		昌平山的传说
		朱家林的传说
		公孙墓的传说
		孔子作《春秋》
		坐缸坟的故事
		炉山炼丹炉的传说
		防山五鼠洞传说
		孔府佃户村名的由来
		孔尚任传说
		柳下惠的传说
		玉虹楼的传说
		崇圣府的传说
		黑狐精的传说
		九龙山的传说
		驻跸的传说
		乌龙潭的故事
		二郎担山攆太阳
		茄山金谷的传说
		夒相圃的传说
		三贤村的传说
		九女坟的传说
		五泉庄的传说
		"韦编三绝"的传说
		两观台的传说
		六代含饴的故事
		"大道亭"的传说
		仁义胡同的传说

续表

项目级别	项目类别	项目名称
曲阜市级 （145项）	民间文学	鲁壁藏书的传说
		防山传说
	传统戏剧	山东梆子
	传统音乐	箫韶乐舞
		民间鼓吹乐
		渔鼓
		编席谣
	传统美术	古建工艺
		防山陶艺
		曲阜楷木雕刻
		东夏侯石雕刻
		古建彩绘艺术
		民间泥塑
		曲阜民间剪纸
		福临布老虎
		面塑
		花鸟字
		五谷画
		尼山门帘
		曲阜炭雕炭画
		尼山石雕
		孔府金石篆刻
		葫芦透雕
		糖画
		中国书法
		曲阜石雕
	曲艺	柳子戏
		山东琴书
		山东快书

续表

项目级别	项目类别	项目名称
曲阜市级 （145项）	传统体育、游艺与杂技	斗蟋
		民间武术
	传统医药	袁家村接骨
		衡庙烧伤疗法
		孔氏天麻面瘫丸
		段氏太极丹养生文化
		曲阜孔氏烧伤疗法
	传统技艺	大庄琉璃瓦制作技艺
		大庄绢花制作工艺
		孔府家酒酿造工艺
		熏豆腐制作工艺
		孔宴香油制作工艺
		席编工艺
		民间扎纸
		民间刺绣
		尼山砚制作技艺
		孔府菜烹饪技艺
		万成公糕点制作技艺
		孔府煎饼制作技艺
		张记煎包制作技艺
		羊肉泡粥制作技艺
		桑皮纸制作技艺
		鲁班技艺
		扶兴和制笔工艺
		闻春礼烧鸡制作技艺
		粉皮、粉丝制作技艺
		柿饼制作技艺
		养蚕技艺
		吊炉烧饼卷制作技艺
		曲阜徐弓坊弓箭制作技艺

续表

项目级别	项目类别	项目名称
曲阜市级 （145 项）	传统技艺	孔府家纺制作技艺
		曲阜宫灯制作技艺
		曲阜徽子制作技艺
		香薰阁香薰
		古建油漆彩绘
		传统酒容器制作技艺
		古旧家具修复技艺
		孔府糕点制作技艺
		仿古青砖瓦烧制技艺
		曲阜面食摊烙技艺
		曲阜扎染
		锔瓷技艺
		龙鳞卷
		儒衣汉服制作技艺
		"三孔"古建营造技艺
	传统舞蹈	高跷
		旱船
		舞龙
		舞狮
		二鬼斗
		腰鼓
		大头娃娃

说明：曲阜市非物质文化遗产一共有民俗 19 项、民间文学 47 项、传统技艺 38 项、传统美术 19 项、传统音乐 4 项、传统戏剧 1 项、曲艺 3 项、传统舞蹈 7 项、传统体育，游艺与杂技 2 项和传统医药 5 项，其中，《拓片制作技艺》《古籍印刷技艺》《仲尼古琴制作技艺》没有列入曲阜市（县）级（145 项）项目名录之中。

2. 邹城市非物质文化遗产

据统计，截至 2019 年，邹城市现有各级非物质文化遗产代表性项目 164 项，其中国家级 3 项、省级 10 项、济宁市级 41 项、邹城市级 162 项，国家级传承人 1 人、省级 5 人、济宁市级 29 人、邹城市级 150 人。经过多年的非物质文化遗产保护普查、申报工作，辖区内非物质文化遗产保护取得了阶段性成果，建立了四级名录保护体系，保护传承工作呈现积极健康、稳步发展的良好态势。具体见下表。

邹城各级非物质文化遗产名录

项目级别	项目类别	项目名称
国家级 （3 项）	传统音乐	唢呐艺术（邹城平派鼓吹乐）
	民间文学	孟母教子传说
	传统舞蹈	阴阳板
山东省级 （10 项）	民间文学	孟母教子传说
	传统音乐	平派鼓吹乐
		软弓京胡
	传统舞蹈	阴阳板
		火虎
		尚寨竹马
	曲艺	山头花鼓
		鼓儿词（石门小鼓）
	民俗	峄山会
		祭孟大典
济宁市级 （41 项）	民间文学	孟母教子传说
		峄山传说
		滚磨成亲的故事
		漆女的传说
		匡衡的传说
		铁山传说
	传统音乐	邹城平派吹打乐
		峄山道乐
		夯歌
		软弓京胡
		峄阳古琴

续表

项目级别	项目类别	项目名称
济宁市级（41项）	传统舞蹈	阴阳板
		尚寨竹马
		火虎
		邹城舞龙舞狮
		二仙斗
	曲艺	山头花鼓
		石门小鼓
	民俗	峄山会
		孟氏家谱
		祭孟大典
		邹鲁礼乐
		伏羲庙会
	传统戏剧	柳子戏
		柳琴戏
	传统技艺	吹糖人
		太平糙纸
		泥咕咕
		拓片制作技艺
	传统体育、游艺与杂技	鲁南民间游戏
		打铁花
		腹语
		落地梅花拳
	传统美术	剪纸
		核雕
		丝绢烙画
		面塑
		泥塑
	传统手工技艺	木雕
		姜糖制作技艺
		郭里土陶

续表

项目级别	项目类别	项目名称
邹城市级 （111项）	民间文学	凤凰山传说
		万章误失登云鞋传说
		普阳山吕布点将台传说
		穆桂英大破天门阵传说
		玉皇山戏楼传说
		孟庙天震井传说
		孟庙飙风的传说
		铁山的传说
		孟母教子传说
		漆女的传说
		扳倒井的传说
		凿壁偷光的传说
		羲皇庙的传说
		邹城谚语
		邹城民间方言
		邹城成语故事
		峄山的传说
		峄山会的传说
		峄山梁祝的传说
		烟庄的传说
		王尔鉴巧谏雍正帝的传说
		锯树留邻的故事
		吃了和尚饿死狼的传说
		邹城歌谣
		秦始皇一步登天的传说
		柳下惠的传说
		鲁荒王的故事
		孟子柏林的传说
		"神医"王叔和
		钢山的传说

续表

项目级别	项目类别	项目名称
邹城市级 （111项）	民间文学	尼山区抗日民歌
		中心店的传说
		羲皇井里拔杉条的传说
	传统音乐	哭五更
		卖饺子
		莲花调
		邹城民歌
		锔大缸
		夯歌
		峄山道乐
		平派鼓吹乐
		下调驻云飞
		大开门
		五六五
		下调黄莺
		夜看人
		一江风
		十样景
		集贤宾
		朝天子
		庆贺令
		迭断桥
		倒开门
		哭五更
		峄阳古琴
		古琴艺术（古琴弹奏艺术）
		传统祭祀雅乐
	传统舞蹈	舞龙舞狮
		阴阳板
		二仙斗

续表

项目级别	项目类别	项目名称
邹城市级 （111项）	传统舞蹈	火虎
		尚寨竹马
	曲艺	石门小鼓
		山头花鼓
		山东大鼓
		平阳琴书
		渔鼓
		小鼓书
	传统体育、游艺与杂技	民间游戏
		打铁花
		火龙灯
		独杆桥
		落地梅花拳
		腹语
		查拳
	民俗	孟氏家谱
		五宝庵山的传说及戏楼庙会
		邹东乡宴
		邹鲁礼乐
		祭孟大典
		祭祀伏羲女娲大典
		伏羲庙会
	传统戏剧	柳子戏
		柳琴戏
		石门小鼓（小鼓书）
	传统美术	布屑画
		剪布艺术画

续表

项目级别	项目类别	项目名称
邹城市级 （111项）	传统美术	手绘葫芦
		传拓技艺
		剪纸
		桃木雕刻技艺
		峄山民间泥塑
		九龙山柏雕
		丝绢烙画
		凫山核雕
		潘式剪纸
		石墙常式指书
		大黄林桃木雕刻
		揭画
	传统技艺	吹糖人
		孙记黄庙香油
		太平糙纸
		香城风箱
		生肖糖画
		民间插花
		上九山刻石
		油灯焊接技艺
		笼屉制作技艺
		药香制作技艺
		民间编织技艺（草编、篾编、柳编）
		萝卜灯制作技艺
		传统陶艺制作技艺（郭里土陶、西田泥咕咕）
		泥面塑制作技艺（泥塑、面塑）
		传统地方食品制作技艺（回民徽子、姜糖制作技艺、小磨香油制作技艺、猪肉卤制技艺、花式面点、传统单饼制作技艺）
		民间刺绣

续表

项目级别	项目类别	项目名称
邹城市级 （111 项）	传统医药	传统中医术（传统捋筋正骨术、眼部推拿按摩、一指禅推拿、艾条制作技艺）

3. 泗水县非物质文化遗产

据统计，截至 2019 年，泗水有各级非物质文化遗产代表性项目 46 项，其中省级 4 项、济宁市级 17 项、泗水县级 46 项，传承人省级 1 人、济宁市级 8 人、泗水县级 24 人。具体见下表。

泗水县各级非物质文化遗产名录

项目级别	项目类别	项目名称
山东省级 （4 项）	传统技艺	柘砚制作技艺
		柘沟民间制陶工艺
	传统音乐	泗水民歌
	传统美术	泗水民间剪纸
济宁市级 （17 项）	民间文学	泗水舜的传说
		卞庄子刺虎的传说
		仲子传说
		泗水泉林传说
		泗水泗河传说
		华胥的传说
	民俗	泗水宴请习俗
	民间手工艺	泉林御蛋制作技艺
	传统技艺	毛家刀制作技艺
		杨柳粉皮制作工艺
		柘沟民间制陶工艺
		泗水豆腐皮加工技艺
		泉林谭家酱鸡制作技艺
	传统戏剧	泗水柳琴戏

续表

项目级别	项目类别	项目名称
济宁市级 （17项）	传统美术	泗水核雕
		泗水民间泥塑
	传统医药	崔氏正骨
泗水县级 （46项）	民间文学	泉林传说
		仲子传说
		泗河传说
		凤仙山的传说
		卞庄子刺虎的传说
		舜的传说
		华胥的传说
		泗水的传说
		尧的传说
		金庄的传说
	传统音乐	泗水民歌
		泗水民间吹打乐
	传统美术	泗水民间剪纸
		泗水核雕
		泗水民间泥塑
	传统技艺	柘砚制作技艺
		杨柳粉皮制作技艺
		泉林御蛋制作技艺
		柘沟民间制陶工艺
		毛家刀制作技艺
		泗水豆腐皮加工技艺
		泗水大锅饼加工技艺
		"小脚"花生米加工技艺
		泗水煎饼加工技艺
		泗水民间刺绣
		柘沟刘氏制陶技艺
		泗水小磨香油制作技艺

续表

项目级别	项目类别	项目名称
泗水县级 （46项）	传统技艺	泗水粉条制作技艺
		柘沟芝麻大烧饼制作技艺
		泗水熟肴制作技艺
		泗水桃木工艺制作技艺
		打夹棍
		儒陶制作技艺
		泗水砭石制作技艺
		土陶柴烧技艺
		泗水柳编制作技艺
		泉林谭家酱鸡制作技艺
		泗水木雕制作技艺
		严氏泥塑制作技艺
		泗水香包制作技艺
	传统戏剧	泗水柳琴戏
	民俗	泗水宴请习俗
	曲艺	渔鼓
		二喜摔跤
	传统医药	崔氏膏药
		崔氏正骨

综上所述，曲阜示范区的核心区具有历史悠久、博大精深、特色鲜明的中华优秀传统文化宝藏。在当今，它们作为一种文化资源和文化资本，越来越成为当代文化凝聚力、创造力、竞争力和吸引力的重要依托和源泉。这主要表现在：一是成为发展旅游、观光、休闲、求知的人文资源，二是成为文化贸易、文化招商、节庆会展等的载体资源，三是成为增加文化产品文化含量、提高文化产品知名度的品牌资源，四是成为作为吸引文化消费者的重要变量容纳于精神文化产品、提高其附加值的要素资源，五是成为致力文化创意设计、思想理论创

新，激发文化创造活力和灵感的智慧资源。

二 优秀传统文化保护传承充满活力

遵照习近平总书记关于用好齐鲁文化资源丰富的优势、加强对中华优秀传统文化挖掘和阐发的重要指示，作为儒家文化发源地、中华文明发祥地，曲阜优秀传统文化传承发展示范区积极肩负起传承与发展中华优秀传统文化的重任，努力把传统文化资源潜在优势转化为现实优势，着力构建弘扬优秀传统文化的高地，建设全国文化遗产保护利用示范区和先行区，为此进行了一系列具有开创意义、全局意义、长远意义的融合创新实践探索，从而为"曲阜模式"的形成奠定了良好的基础。

（一）搭建多种优秀传统文化保护传承平台

1. 搭建儒学研究平台，保持话语权

曲阜优秀传统文化传承发展核心区致力于打造一个世界文化交流中心的形象，希望以此来影响世界儒学研究的方向变化，为我国在国际上争夺更多的儒学研究话语权。核心区强化相关的儒学研究课题，增强与中国人民大学、清华大学、山东大学、中国社会科学院等国内外儒学研究机构的交流与合作，全面而系统地汲取传统文化的精髓，提升了儒学研究的现实水平，进一步突出了曲阜优秀传统文化传承发展示范区在儒学研究与阐发中的重要地位，努力做到在本领域有权威、在国内有地位、在国际上有影响。

2019年8月25日，由国家教育部、山东省委省政府和相关教育研究机构牵头筹建的尼山世界儒学中心在尼山圣境揭牌成立。尼山世界儒学中心作为政府主导、民间参与的学术机构，是一个全球儒学研究传播实体平台。它采取共建共享共赢的新机制、新模式,以曲阜尼山为中心,在国内外建设若干分支机构,形成了"一个中心、多个分中心"的格局。可以说,尼山世界儒学中心的成立为深入贯彻落实习近平总书记的重要讲话批示精神,进一步坚定文化自信,加强儒家思想的研究阐发,传承弘扬中华民族精神与核心价值观,再现儒学与中华文化辉煌,开建了一个极其重要的阵地,具有鲜明而重大的象征意义。

2. 搭建国学教育平台,育人于无声

广义的国学是指中国古代的文化和学术,包括中国古代的历史、哲学、地理、政治、经济乃至文学、艺术、科技、法律、道德、书画、音乐、术数、医学、星相、建筑等,实质上是指中国传统文化;狭义的国学则是指中国古代思想学说,包括儒家思想、道家思想、兵家思想、法家思想、墨家思想,等等。21世纪以来,如同全国许多地方一样,曲阜、邹城和泗水也掀起了一股股国学热,优秀传统文化的传承和发展具有深厚的群众基础。

核心区充分利用广大群众对国学的热爱,坚持发展国学教育,以达到以文化人、以文育人的目的。为抓住人民群众这个最广泛的群体,它依托"六进"普及等工程,开展"百姓儒学节""诵中华经典、学道德模范、做有德之人"、传承弘扬优秀家风家训、弘扬优秀传统文化主题月等活动,营造了继承和弘扬优秀传统文化的浓厚氛围。

曲阜依托"儒学原乡·文化圣地"这一品牌传承载体,开展国学普及活动。在做好"一个舞台"(市民大舞台)周末公益文化惠民演出和"一批精品"(传统文艺精品)打造的同时,重点做好"一个书院""图书馆+尼山书院"模式和"一个讲堂"乡村(社区)儒学讲堂的打造提升。

3. 搭建对外传播平台,扬声海内外

核心区积极面对"构建人类命运共同体"这一时代课题,当好优秀传统文化的"守护者""传承者",当好"两创"方针的"探路者""先行者",使得优秀传统文化的国际影响日益广泛深远。

一方面,举办一系列国际性的重要节庆会议活动,以此扩大中国优秀传统文化的交流与影响。

早在1989年,山东省人民政府与联合国教科文组织就联合举办了中国曲阜国际孔子文化节。国际孔子文化节的前身是孔子诞辰故里游,该活动主要是以纪念孔子、弘扬民族优秀文化为主题,达到纪念先哲、交流文化、发展旅游、促进开放、繁荣经济、增进友谊的目的,融文化、教育、旅游、学术、经贸、科技活动于一体,文化特色显著,活动精彩纷呈,每年吸引百万儒客信众前来研习与旅游。国际孔子文化节后发展为由文化和旅游部、教育部、山东省人民政府联合主办,济宁市人民政府、曲阜市人民政府联合承办。

世界儒学大会是在孔子故里曲阜举办的、由中华人民共和国文化部和山东省人民政府主办的世界性儒学盛会,旨在为传承和弘扬中国优秀传统文化搭建一个国际化的儒学研究与交流高端平台。世界儒学大会融国际性的文化论坛、高规格的学术盛会和权威性的政府行为于一体,倾力创建儒学研究、交流、合作的国际化平台。为筹备好世界儒学大会,2007年9月27日召开了世界儒学大会发起国际会议,会上审议并通过了《世界儒学大会发起宣言》和《世界儒学大会章程》。截至2017年,曲阜已经连续举办了八届世界儒学大会,成为凝聚世界儒学研究专家智慧、集结全球儒学研究最新成果、促进孔子文化品牌战略发展的重要文化平台。

尼山世界文明论坛是全国人大常委会原副委员长、中华文化标志城专家咨询委员会主任许嘉璐倡议发起的,以开展世界不同文明对话为主题,以弘扬中华文化、促进中外文化交流、推动建设和谐世界为目的,以学术性与民间性、国际性与开放性相结合为特色的国际文化学术交流活动。首届尼山世界文明论坛于2010年9月在曲阜尼山举办，2020年9月27日至28日第六届尼山世界文明论坛与国际孔子文化节一体举办。尼山论坛与孔子文化节相衔接，由文化和旅游部、教育部、山东省人民政府共同主办，尼山论坛理事会和济宁市人民政府承办。这不仅实现了两大会议品牌的强强联合，也极大地提升了国际孔子文化节的档次。尼山世界文明论坛有力地推进了儒学国际化的研究交流与合作，促进了人类社会和平、和谐发展。

另一方面，设立传统文化奖项，宣扬儒家文化精神，推动中国文化对外交往，提高中华传统文化的知名度。

2005年10月经联合国教科文组织第33届大会批准，正式决定从2006年起设立"联合国教科文组织孔子教育奖"。这一奖项由山东省人民政府和济宁市人民政府共同发起，得到国家教育部、国家旅游局、中国联合国教科文组织全国委员会及有关部门的大力支持和帮助，成为联合国教科文组织设立的首个以中国人名字命名的国际大奖。2006年，为表彰在经济建设和社会事业发展中做出突出贡献的外国专家，济宁市政府设立了"孔子友谊奖"。2009年，由中国文化部和山东省人民政府共同设立了孔子文化奖，每年评选一届次，每次评选团体、个人若干名，主要表彰奖励对全球儒学研究和孔子文化传播方面作出突出贡献的团体、个人和非政府组织。它是中国文化部的最高奖项之一，已成为世界儒学研究领域最具知名度和影响力的奖项之一。

正是借助于上述各种传统文化对外交流传播平台和传统文化奖项，核心区已成为世界儒学研究传播交流中心、全球多元文明对话交流重要平台、各国了解和体验中国传统文化的重要窗口。

4. 搭建展示体验平台，文化强起来

曲阜实施"龙头带动"战略，全力推进尼山圣境、孔子博物馆、孔子学院总部体验基地三个龙头项目，当前三个项目已经高标准完工。孔子博物馆建成后，70余万件文物在此展出，成为与"三孔"

相呼应的重要儒家思想体验中心，而尼山圣境未来将成为世界级人文旅游目的地。依托孔子学院总部体验基地，举办孔子学院总部理事会、全球孔子学院院长高峰论坛、国际中学生儒学辩论大会等系列活动，迄今已有来自110多个国家的孔子学院院长、师生来基地体验儒家文化。

邹城坚持文脉延续，丰富完善文物展示载体。按照文物永续利用的发展理念，恢复提升文物原有功能，重塑文物应有内涵价值，全面扭转文物被动保护局面，主动发挥文物有形承载记忆、延续传递文脉的作用。恢复提升重要文化节点，启动孟子文化遗产礼制空间营造工程，增强孟子思想空间观感和体验价值。完成子思祠、子思书院、孟母祠地面附着物清理工程，全面启动复建恢复工程和古河道治理工程。启动原宪故里、子莫故里、南宫适墓、子张祠等儒家文化节点的恢复提升，着力构建"斯文在兹"的儒家文化展示载体体系。优化提升博物馆建设，建设孟子博物馆，专题陈列、研究和保护利用孟子文化资源；建设邹城石刻博物馆，保护收藏各类古石刻，研究展示石刻文化；启动邾国故城遗址博物馆、明鲁王遗址博物馆等遗址类博物馆，鼓励金刚山酒博物馆、毛泽东像章纪念馆等行业、民办博物馆建设，形成特色鲜明、布局合理的邹城博物馆聚落。有机更新古城历史街区，按照原模原样恢复、有根有据重建、有脉有络创新的理念，邀请中国美术学院、浙江大学开展历史街区业态规划和"三街一区"修建性详细规划。投资约3亿元，基本完成古护城河因利河治理工程，打造护城河水系景观。完成庙前街、岗山路等部分街区的基础设施建设、立面改造和环境整治，焕发古城活力。① 此外，邹城还创新"旅游+文化"发展模式，聚焦"文旅融合""文旅共兴"，打响以"教

---

① 参见夏璐《文化遗产保护利用与传承发展的"邹城模式"》，《中国文物报》2016年8月22日。

子有方　游学邹城"为主题的"孟子修学游"文化旅游品牌，推出"孟府生活起居体验之旅""教子有方亲子之旅"等全新旅游产品，有机融入"开笔礼""成人礼"等传统文化体验项目，实现向国学体验式旅游的升级。

（二）占领优秀传统文化保护传承制高点

以曲阜、邹城和泗水为核心的示范区从国家文化战略工程的高度来谋划优秀传统文化传承发展，努力打造"三大高地"，即公民道德建设高地、优秀传统文化传承发展新高地和世界文明交流互鉴高地，抢占优秀传统文化保护传承制高点。

1. 传承传统美德，打造公民道德建设高地

核心区积极弘扬践行社会主义核心价值观，传承弘扬传统美德，全力打造公民道德建设高地和中华优秀传统文化传承发展新高地。

一是深化彬彬有礼道德城市建设。曲阜市以培育践行社会主义核心价值观为导向，确立"人人彬彬有礼　处处干干净净"的目标，筛选出"孝诚爱仁"四个主题，开展实施公民道德建设工程，完善提升了675所"彬彬有礼"教育学校和516个"廉洁道德讲堂"。实施"乡风文明"行动，突出抓好人居环境提升、"四德"建设提升、新农村新生活培训提升、移风易俗提升、平安村庄提升、文化惠民提升"六个提升"，服从、服务于乡村振兴战略发展。

二是开展新时代文明传习中心建设。曲阜市找准传承和弘扬中华优秀传统文化的突破口，坚持扎根基层、面向群众，突出"新时代、新思想、新农民、新生活"主题，突出思想强农，强化教育引导、实践养成、制度保障，推动全市上下进一步铸牢理想信念、坚守价值追求、坚定文化自信，大力推进乡村振兴，以"新时代文明传习中心"为新平台，为加快建设"东方圣城·首善之区"厚植道德根基、汇聚精神力量。

2. 推进传统文化融合创新，构建优秀传统文化传承发展新高地

核心区扎实推进国家大遗址"曲阜片区"文化遗产保护，重点推进"三孔"彩绘、鲁国故城、邾国故城、薛国故城等文物保护工程，统筹实施汶泗流域、薛河流域文化遗产综合保护利用。

近年来，邹城市坚持"让文物活起来"这一理念，着力提升文物保护水平，推进文化遗产活态利用、创新发展，形成了文化遗产保护利用与传承发展的"邹城模式"。

一是注重挖掘研究，用文物讲述邹鲁历史。深入研究和充分阐释各类文物的历史文化内涵，让文物"说话"，讲好邹鲁历史故事。用文物发掘梳理邹鲁历史发展脉络，开展"邹鲁历史探源"工程，深入推进国家大遗址保护"曲阜片区"南部片区邾国故城、明鲁王墓群、汉鲁王墓群等大遗址的考古勘探，扎实开展野店遗址、羲皇庙遗址、斗鸡台遗址、漆女城遗址、城前遗址等具有邹鲁文化源点意义的大遗址考古勘探和规划编制工作，系统梳理邹鲁历史源流和发展脉络。用文献研究阐发邹鲁文化内涵价值，协同孟子研究院，深入开展三孟古建筑、孟府档案、孟子世家谱、碑刻档案、府藏文物、孟子文献等文物的文化价值研究；加快《孟子文献集成》编纂，完成《孟府档案》（前编）出版，积极编撰邹鲁文化书系；召开孟子思想与邹鲁文明国际学术研讨会、邹鲁文化城市座谈会，用文物文献讲清楚儒家文化与邹鲁文化内涵外延的有机关系。用文物普查谱绘邹鲁文化脉络体系，结合第一次全国可移动文物普查，系统开展邾国陶文、石碑石刻等馆藏文物普查和整理研究，用文物谱绘邹鲁历史文脉；邀请浙江大学开展古城历史文化记忆发掘研究，系统梳理古城历史建筑、家族文化和城市肌理沿革，唤醒古城记忆；开展乡村文化遗产普查调研，对邹鲁大地保留的圣贤遗迹、传统民居、生活设施、名人故事等开展全面普查、搜集记录和整理研究。

二是推进整体保护，加快重点文保工程建设。整体推进孟子文化遗产、邹鲁文化遗产、乡土文化遗产的综合保护、科学保护，扎实推进孔孟文化遗产地世界银行项目建设，先后完成孟庙孟府安防工程、文化遗产解说标识系统工程、语音导览系统工程、古树保护工程，孟庙亚圣殿、承圣门、泰山气象门等古建筑修缮工程完工。加快推进石碑石刻保护、路面围墙保护设计招标，开展孟母三迁祠、孔子孟子诞生圣地碑、颜母祠、万章墓、徐辟祠等重点文保单位修缮工程。加快推进国家大遗址保护工程，启动邾国故城遗址公园建设，整治金水河故道环境，完成土城墙保护施工设计；推进明鲁王墓群大遗址保护，保护文物本体，开展陵园及水系环境整治，加快推进九龙山山体保护和生态环境恢复。着力保护古城历史街区风貌肌理，开展城区历史建筑现状调查，出台《优秀历史建筑保护办法》，对古城28处优秀历史建筑进行挂牌保护；保护孟母祠、子思祠和子思书院遗址等部分古城礼制空间；修缮保护重兴塔，铁山、岗山摩崖石刻，巷里清真寺等古城重点文保单位。深入实施"乡村记忆"工程，紧密结合美丽乡村建设，大力保护传承特色鲜明、独具魅力的乡村文化遗产。

三是有效合理利用，推动文化遗产活态传承。提升文物文化承载弘扬功能，突出孟庙、孟府礼制修学文化空间，着力打造孟子修学游基地，策划推出"成人礼""乡射礼""开笔礼"等儒家传统礼仪活动，全面恢复祭祀孟子、孟母大典；向邹城市民免费开放孟庙、孟府等文物景区，通过儒家传统文化在文物景区的"活态展示"，真正让文化遗产"活起来"。提升博物馆公共服务功能，发挥馆藏文物资源优势，提升博物馆展览陈列水平，配备电子书、触摸屏、三维展示等现代展陈设备，建设孟子公开课讲堂，开办政德教育、群众路线教育特展，完善博物馆青少年教育和公共服务功能，扎实做好免费开放工作。坚持"保用并重"，大力开展文物景点环境整治，着力提升旅游功能，建设精品旅游观光目的地。完成孟庙、孟府、孟林、孟母三迁祠、重兴塔等一批古建筑的维护整修，实施孟庙、孟府、孟林古树复壮保护工程、荒王陵地宫防渗工程等，有效改善了文物保护基础条件。采取恢复景观、成片整治、特色包装、形成风貌的办法，对传统街区实行成片整治，重现古城风韵。①

3. 注重基础设施建设，建设世界文明交流互鉴高地

孔子博物馆、孔子学院总部体验基地建设业已完成，加快打造世界儒家文化研学中心，推进齐鲁诸子展示馆建设，加强孔府档案文物保护与研究。为高标准打造世界儒学研究高地、更好开展国际性高端学术活动和对外文化交流活动，高标准打造世界儒家文化旅游圣地、国际儒学教育培训基地和文化创意产业基地，核心区加快推进尼山圣境建设，快速推进尼山世界文明论坛配套提升工程。目前，尼山会堂、尼山宾舍已经落成，尼山书院酒店二期建成运营，尼山圣境大学堂荣获中国建设工程"鲁班奖"。

（三）做好优秀传统文化结合大文章

核心区扎实推进优秀传统文化普及教育，深入实施乡村儒学和社区儒学推进计划，取得了较为显著的文化社会绩效。

1. 与群众文明素质提高相结合

一是实施文化惠民提升工程。曲阜着力利用优秀传统文化丰富群众文化生活，文化惠民活动常态化。以"儒润圣城"主题活动为主线，深入开展"新时代文明传习活动""千场演出惠民生""百场大戏进农村""人人唱村村演""乡村儒学""全民阅读""庄户剧团巡演""舞前一堂课国学经典诵读""非遗进校园""文艺辅导村村到""百姓儒学节文化活动大展演"等丰富多彩的文化惠民活动；连续举办"百姓儒学节"，超过33万人次参与朝圣祭孔，10万余人次进行

---

① 参见夏璐《文化遗产保护利用与传承发展的"邹城模式"》，《中国文物报》2016年8月22日。

经典诵读，52.8万人次参加文明礼仪大培训，吸引了广大市民的积极参与并得到了他们的广泛赞誉。邹城举办孟子大讲堂、孟母大讲堂公益讲座300余场，依据历代古籍创作编排了大型文化剧《礼乐复兴 邹鲁先行》，拍摄了电视纪录片《邹鲁礼乐》，有力地推动了邹鲁文化的大众化传播传承；常态化开展孟子公开课、"孟子乡音"系列文化惠民工程，在全社会形成了弘扬孟子思想、传承母教文化的浓厚氛围。

二是实施儒家文化普及工程，推动优秀传统文化深入基层。核心区普遍实施儒家文化进机关、进学校、进家庭、进乡村、进企业、进社区的"六进"工程，大力实施"乡村儒学""社区儒学"推进计划，实施儒学民间普及推广人才支持计划。到2020年年底，曲阜市建成达标"儒学讲堂"3016处，共有特聘乡村儒学高级讲师33人、乡村儒学志愿讲师400余人。通过做好典型引导、以点带面的传统文化与群众文化相结合的文章，以曲阜为中心的核心区塑造了一大批体现优秀传统文化特色的示范区、示范村、示范学校等在全国叫得响的"国家记忆"工程先进典型，党员干部带头学国学、用国学蔚然成风。

三是加快培训基地建设。曲阜市启动高标准干部政德教育后续工程和政德教育体验场馆建设，支持尼山世界文明论坛、世界儒学大会重大学术交流活动，全力办好国际孔子文化节，用儒家文化讲好"中国故事"，在职在岗机关干部得到了儒家文化全员轮训。

2. 与社会主义核心价值观建设相结合

核心区致力于将优秀传统文化融入培育和践行社会主义核心价值观之中，融入中小学德育课程体系之中，各中小学充分利用板报、橱窗文化墙等多种形式宣传优秀传统文化和社会主义核心价值观，组织开展"扣好人生第一粒扣子"等主题实践活动，让核心价值观入脑入心。曲阜市"立足优秀传统文化优势做好教育传承"活动入选全省基础教育改革典型案例，传承弘扬中华传统美德、"诚信曲阜"建设持续深化。实施"孔子故里好家风"培育工程，2.3万个家庭参与写家训、晒家风。2019年6月28日，全国政协召开"注重家庭家教家风建设"远程协商会议，曲阜市市民孔令绍作了汇报。曲阜市各级典型不断涌现，王鹏荣获第七届山东省道德模范和第七届全国道德模范提名奖，孔庆汉入选"中国好人榜"，11人入选"山东好人榜"，"济宁好人"数量位列济宁各县市区第一。

3. 与新时代文明实践中心建设相结合

曲阜2018年年初被列入全国首批50个新时代文明实践试点县，其新时代文明实践中心建设工作的创新与完善主要体现在以下四个方面。

一是建立工作体系。曲阜市把文明实践中心建设作为"一把手"工程，由市镇村三级书记亲自抓，成立由市委书记任主任的新时代文明实践中心和市委书记、市长任总队长的新时代文明实践志愿服务总队。精心制定实施意见和工作方案，构建了"1258"工作体系和"4554"工作路径，制定了新时代文明实践分中心（站）建设指导标准和考核办法，把试点工作纳入全市综合考核。建立工作联席会议制度，统筹协调部门单位各尽其职，形成工作合力。按照"项目引领，活动在先，因事找人，人随事走"的思路，由市文明实践中心办公室统一管理、培训志愿服务队伍，统一设计、组织志愿服务活动，实现群众点单、中心派单、志愿者接单，精准化、差异化开展服务。

二是盘活整合资源。整合党员活动室、孔子学堂、尼山书屋、"和为贵"调解室、公园广场等现有场所，市镇村三级建立健全了习近平新时代中国特色社会主义思想和社会主义核心价值观、新时代形势政策、新时代儒家文化、新时代文明风尚、新时代科技知识、新时代法律法规六大实践阵地。高标准建设了文明实践志愿服务中心和"志愿者之家"，同时将孔子博物馆作为展示传播儒家优秀传统文化、开展文明实践的重要阵地。整合公职人员、先进模范人物、乡土能人、社会热心人士等资源，市镇两级建立理论宣讲、政策宣传、文明传播、文化惠民、青少年教育关爱、科普、法律服务、健康服务八支文明实践志愿服务队和部分专业志愿服务队。村级结合实际成立关爱困难群体、生产帮扶、移风易俗、安全巡防、环境保护等志愿服务队伍。目前，全市志愿者达到72000余名。

三是项目化推动。曲阜围绕村民日常生活所需所困所急，依托实践站搞好群众需求摸底调查，根据调查结果在全市设计了52个优秀志愿服务项目对外发布。按照"一个志愿服务组织至少认领一个特色服务项目"的要求，由各志愿服务组织报送项目实施方案，每个镇街从项目推进库中至少认领20个项目并承接开展好活动。

四是突出儒家文化特色。首先，阵地建设坚持一村一主题。小雪街道前苗营村和后苗营村突出"德、法"二字，依托"和为贵"调解室和沿街"德法治村"文化墙打造，近十年来未发生一起涉法涉诉案件和上访事件，实现人人遵德守法；武家村突出"仁"字，结合家族祠堂、家风家训展馆、大街小巷儒家文化氛围建设，全村民风淳朴、尊老爱幼、仁者爱人思想蔚然成风。其次，活动开展注重儒家文化特色。志愿服务项目设置、教育培训教案编写、活动内容都将传播儒家优秀传统文化作为重要着力点。"母子传承国学"项目，将国学教育融入舞蹈在乡村推广；"儒学讲师培训"项目，培养从事儒家文化传播事业的师资队伍；"乐和义工"项目，探索以"党支部+优秀传统文化"为内涵的社会治理模式。活动内容上，精心开展《论语》精粹、孝悌之道讲座和启蒙礼、开笔礼、成人礼等1000余场次，以此教化人心。这一系列措施，使儒家优秀传统文化为新时代文明实践中心建设注入了内生动力，使文明实践中心成为"铸魂强农"的"主阵地"。

目前，曲阜市级文明实践志愿服务中心、12个镇级分中心、全市457个村级实践站、市级网上文明实践中心和"新时代文明实践中心"网站全部建成并运转良好，累计开展文明实践活动1.3万场次，中心建设实现工作运行机制化、阵地建设标准化、实践活动常态化。

在曲阜试点的基础上，包括邹城、泗水在内的济宁其他地区的文明实践活动逐渐推广开来。邹城制定指导标准，建立联席会议制度，成立志愿服务总队及16支专业队伍，打造市级新时代文明实践云平台，建成新时代文明实践中心14个、分中心156个、实践站3488个；推出"母子传承国学""小板凳红色宣讲队""蒲公英（端信）夜堂""乡土讲师团"等活动品牌。而整个济宁全市到2019年年底成立了志愿服务总队及16支专业队伍，建成新时代文明实践中心14个、分中心156个、实践站3488个，融思想引领、道德教化、文化传承等多种功能于一体的城乡基层综合平台覆盖全市镇街。

4. 与公共文化服务体系建设相结合

曲阜、邹城、泗水普遍推广图书馆+书院、孔子学堂、尼山书院国学公开课等公共文化服务模式。曲阜建成全国首个"孔子图书馆"和首批省级公共文化服务体系示范区，现已成为全国社会文化先进市；孔子博物馆正式开放，与尼山圣境、孔子研究院形成"新三孔"；积极开展"杏坛遗韵"非遗进景区、亚洲文明论坛媒体看山东、2019年"文化和自然遗产日"等系列活动，"非遗进村居进校园"达到26场次；深化"图书馆+书院""农家书屋+孔子学堂"等模式，建成镇村历史文化展馆30个，乡村儒学讲堂建设达标率超过60%，2019年开展各种文化活动5600场次。

5. 与文化产业发展相结合

核心区践行融合发展理念，深入推进文旅融合发展，加快推进文化旅游和文保项目建设，繁荣发展儒家特色文化产业。

作为核心区的中心，曲阜致力于多方面促进传统文化与文化产业发展有机结合。

一是加快一批基础性先导性重大文化项目建设。鲁国故城国家考古遗址公园、"三孔"彩绘及古建维修等重点项目加快推进。其中，孔子博物馆、尼山圣境已经建成开放，尼山书院酒店已投入运营，干部政德教育学院投入使用。

二是大力培育发展教育培训、会展演艺、文物复仿、古玩交易、园林古建、孔府菜餐饮等重点特色产业。曲阜全市到2019年有各类文化企业1000多家，儒源文化体验基地、吃亏是福孔子学苑等一批专业培训机构加快发展，"孔府印阁"产品远销日本、韩国、新加坡等，年销售印章可达400多万枚。

三是以"九仙山、石门山"两山为重点，实施村庄改造、慢道建设、河道治理等八大工程。大力培植发展传承和体验儒家文化的特色庄园经济、家庭农场和"农家乐"，提升完善"百姓儒学＋乡村游"模式，构建慢生态、慢生活、慢旅游、慢交通四大系统，打造了中国第一个文化国际慢城。

作为儒家文化的发源地之一，泗水县依托丰富的历史文化资源和厚重的文化底蕴，始终坚持"绿水青山就是金山银山"的发展理念，大力发展文化旅游产业，积极打造"生态文化旅游新高地"。以大力实施新旧动能转换重大工程为契机，精心策划了泗之源泉文化康养小镇、忘忧谷山地康养度假区、尹城湖生态旅游区、砭石养生小镇、凤仙山生态文化旅游区、儒陶文化艺术小镇、青龙山山地休闲运动公园、中华始祖文化园等一批呈现优秀传统文化特点的文化旅游项目，国学培训、陶石工艺品等重点文化业态实现较快发展，以尼山圣源书院为核心载体，在大众儒学普及、国学师资种子培训、国际儒学研究交流领域蹚出了一条传统文化与旅游有机融合的新路子。

邹城新时代以来一直致力于传统文化与文化产业的常态化结合，释放出发展新动能。邹城市委、市政府相继出台了《大力弘扬优秀传统文化加快文旅融合发展的若干政策》等系列政策，市财政每年列支3000万元文化旅游发展资金，业已形成了文化旅游、演艺娱乐、艺术培训、古玩书画等多业并举的文化产业发展格局。加快孟子湖文化产业园等重点文化园区建设，先后涌现出上九古村、邹鲁美术馆、绿鑫春生态庄园、梦想小镇文创园区等一批规模较大、较成型的文化产业项目，涵盖了文化设施、文化创意、文物保护、乡村旅游等领域。

6. 与社会治理相结合

在优秀传统文化与社会治理相结合方面，核心区做了多种有益的探索。

（1）开展"全民修身""全民守法"两项教育实践活动。曲阜借鉴党员干部群众路线教育实践活动的模式和经验，在城乡居民中广泛深入开展修礼、修德、修身和学法、遵法、守法教育活动，为和谐善治凝聚了精神动力。

（2）积极探索用儒家文化推进乡村振兴。如前所述，核心区充分发挥儒家文化的引领、教化、规制功能，健全自治、法治、德治、群治相结合的多元化乡村治理体系，以儒家文化推动乡村善治。

（3）大力推进"乐和家园"建设。曲阜采取"党委领导、政府主导、村民主体、社会参与"的模式，通过设立社工站，建立互助会和联席会，开展"读、耕、居、养、礼、乐"六项活动，弘扬真善美、传播正能量，改善了村风民风，推进了农村基层社会治理现代化。

（4）深化"和为贵"调解室品牌化建设。曲阜坚持弘扬优秀传统文化推进社会治理创新，继承和发扬"礼之用、和为贵"等儒家思想精髓，提升457个行政村"和为贵"调解室，引导群众通过非诉讼途径化解矛盾纠纷，通过将儒家传统文化精髓与当代社会价值相结合，实现"法德一体"，走出了一条具有时代特征和曲阜特色的"儒学治乡"新模式。

（5）强化干部政德教育。邹城将孟子的"治国理政"思想与当代国家治理思想相结合，高标准建设干部政德教育基地，精心打造精品现场教学点，全方位提升教育教学水平，形成30余堂政德教育专题精品课程，打响了"气养浩然·行守规矩"政德教育品牌，年接待各级各类政德教育班次2000余个，培训学员10万余人。

（6）打造廉德教育高地。邹城深入开展"遵规守纪大教育""树清廉家风、创最美家庭"主题活动，聘请专家成立"孟子思想对当今廉政建设的现实意义"课题研究组，制定出台《关于加强廉政文化教育示范基地建设的实施方案》，以"一点、两馆、一公园"为核心，设立孟府孟庙现场教学点，建设了廉政文化教育城区馆布展施工和护驾山馆、廉政文化主题公园，全力打造"邹鲁清风"廉政文化品牌。

（7）打造美德教育高地。邹城市建成孟子学堂、孟母讲习所360余处，新时代文明实践分中心、实践站实现全覆盖，通过"讲、评、帮、乐、庆"等多种形式，将传统文化传播至群众生产生活中，引导群众在参与实践中提高道德素养、培育文明乡风；成立"儒润邹城·公益联盟"，开通"志愿服务网上直通车"，每年开展敬老助残、捐资助学、清洁家园等各类公益活动300余次，20余万人次参与，形成了"儒润邹城·仁民爱物"美德教育品牌。

三 优秀传统文化传承发展保障有力

由曲阜、邹城和泗水组成的核心区各级党政部门深入学习习近平总书记关于传统文化的系列讲话以及重要指示，强化责任意识和职责担当，依托曲阜示范区传统文化资源，深入实施中华优秀传统文化传承发展工程，为"曲阜模式"的创建提供了强有力的支撑和保障，主要体现在优化了优秀传统文化传承发展的顶层设计、制定了传统文化传承发展各种规划、形成了优越的自然交通环境和构建了强有力的支撑保障体系。

（一）优化了优秀传统文化传承发展的顶层设计

每年山东省委工作要点、政府工作报告都突出弘扬优秀传统文化工作，并在"十三五"规划纲要中作出部署。2017年，山东省第十一次党代会进一步明确提出"推动优秀传统文化创造性转化、创新性发展，在中华文化繁荣兴盛进程中当好排头兵"的目标任务。2017年，在原有工作方案文本基础上，结合山东省传统文化工作实际，制定印发了《山东省传承发展中华优秀传统文化工作方案》，确定了"1558"的工作思路，提出到2025年基本形成山东省中华优秀传统文化传承发展体系、在中华优秀传统文化传承发展中当好排头兵的主要目标，为推动山东省中华优秀传统文化传承发展工作从更高站位上深化思想认识、从更宽视野上强化总体布局、从更广领域上切实付诸行动提供了重要遵循和具体路径。不论是山东省制定的"十三五"规划纲要，还是印发的《山东省传承发展中华优秀传统文化工作方案》，都把核心区的优秀传统文化传承发展作为重中之重加以凸显。2020年12月通过的《中共山东省委关于制定山东省国民经济和社会发展第十四个五年规划和2035年远景目标的建议》，提出"深入挖掘优秀文化资源，构建以优秀传统文化为根基、革命文化为标识、先进文化为引领的传承创新体系，推动中华传统美德融入现代生活，汇聚形成向上向善的力量。深化世界儒学研究和传播，扩大国际孔子文化节（尼山世界文明论坛）影响力，建设具有全球主导力的尼山世界儒学中心，推进中华优秀传统文化创造性转化、创新性发展的先行示范区建设"。

（二）制定了传统文化传承发展各种规划

前已述及，《曲阜优秀传统文化传承发展示范区建设规划》2018年已获通过。2021年2月7日，山东省人民政府批复了《邹城市历史文化名城保护规划》（以下简称《保护规划》），要求加大对孟庙、孟府等文物保护单位、历史文化名镇名村、历史建筑、古树名木等的保护力度，传承和弘扬各类非物质文化遗产；正确处理历史文化保护与经济社会发展之间的关系，认真组织实施《保护规划》，任何单位和个人不得随意修改、违规变更，并按照有关规定做好备案工作。

（三）形成了优越的自然交通环境

曲阜优秀传统文化传承发展示范区不但自然环境优越——规划核心区森林覆盖率达到 32.2%，湿地面积 228 万亩，而且交通、通讯四通八达，为传统文化的交流、人员的往来提供了极大的便利。

曲阜公路方面，104 国道（北京—福州）、京台（北京—台北）高速公路和 327 国道（山东菏泽—江苏连云港）、日兰高速公路（日照—兰考）在曲阜境内纵横交叉，日兰高速西与连霍高速公路相接，形成两纵三横公路网（两纵：京台高速、G104；三横：日兰高速、G327、崇文大道）。铁路方面，京沪高铁南北向贯通曲阜市境，并在曲阜市息陬镇设立中心站——京沪高铁曲阜东站。日兰高速铁路（鲁南高铁）在曲阜设曲阜东站和曲阜南站，在曲阜东站与京沪高铁实现互联互通。2019 年 11 月 26 日日兰高速铁路日照至曲阜段正式开通运营，菏泽到曲阜段目前正加快建设中，预计 2021 年年底建成。中国经济大动脉京沪（北京—上海）铁路在曲阜西北部掠过，新兖日（新乡—兖州—日照）铁路通过曲阜，并设曲阜火车站，向西与陇海线相连，直达中国西部、中亚、西亚与欧洲。航空方面，曲阜距离济南遥墙国际机场只有 160 公里，之间有高速公路（京台高速、济南机场高速）相连接，而到济宁曲阜机场则有专线公路相通，距离只有 80 公里，曲阜到济宁曲阜机场仅需 1 小时，到济南遥墙国际机场 1.5 小时，到徐州观音机场 1.5 小时。

尼山片区 40 公里圈层内分布有济宁新机场，20 公里圈层内高铁高速呈"双十字"格局（京沪高铁与日兰高铁十字枢纽、京台高速与日兰高速十字枢纽），快速交通枢纽设施集中丰富，设有京台高速、日兰高速 8 个出入口，京沪高铁曲阜东站、日兰高铁曲阜南站和泗水南站 3 个高铁站。目前正在推进尼山世界文明论坛配套提升工程枢纽连接线建设，尼山片区与各类快速交通枢纽站点的道路交通联系已初步建成。

邹城市交通便利，京沪高铁穿过城区东部，1912 年通车的津浦铁路（今京沪铁路）纵贯南北，新石铁路横穿东西，104 国道、京台高速公路等 10 余条公路干线遍布全境；境内白马河与京杭大运河相连，水上运输可直达江浙沪一带。

泗水县位于山东省中南部、泰沂山区南麓，县界东靠平邑，西接曲阜，南临邹城，北连新泰，西北与宁阳搭界。泗水境内交通便利，日菏铁路、327 国道、日菏高速公路横贯东西，034 国道纵穿南北，东连日照海港，西接京福高速公路、济宁机场，形成立体交通网络。泗水人杰地灵、物阜民丰、资源丰富、交通便利、经济繁荣、文化灿烂，优秀传统文化传承发展有着广阔的前景和便利的交通条件。

第四章

"曲阜模式"的基本经验

核心区牢牢抓住"孔子及儒家思想发源地"这一世界独一无二的特有品牌，牢记习近平总书记"弘扬优秀传统文化，建设首善之区"的嘱托，创造出了中华优秀传统文化保护传承与繁荣复兴的"曲阜模式"。这一模式最为核心的体现是积累了中华优秀传统文化传承发展的六大宝贵经验，包括营造传承发展浓厚氛围、传承创新有机结合、实施文化融合发展战略、建立健全传承发展机制、创立创新传承发展载体和强化传承发展保障措施。

一 营造传承发展浓厚氛围

（一）营造浓厚的环境氛围

核心区对城市建筑、风景名胜、研学旅游、礼仪接待、环境氛围等进行通盘谋划设计，时时彰显圣人故里风范，处处体现儒家文化特色，使人每时每刻都徜徉在"东方圣城·首善之区"的海洋里。通过集中物化实化，建设海内外中华儿女和儒家文化圈的文化寻根圣地与精神家园，打造全世界了解感受中华文化的体验窗口。

为了营造传承发展优秀传统文化的环境氛围，泗水县注重举办各种节庆会议。2019年，在首都北京开展文化旅游项目招商推介会，通过多种形式将前期精心包装策划的泗之源泉文化康养小镇、忘忧谷山地康养度假区、尹城湖生态旅游区、砭石养生小镇、凤仙山生态文化旅游区、儒陶文化艺术小镇、青龙山山地休闲运动公园、中华始祖文化园8个展现优秀传统资源的项目加以重点推介，并穿插了多个体验互动项目，会上"中国泉乡·圣源泗水"的独特魅力引起了一些知名文旅投资企业和精英的高度关注和浓厚兴趣。推介会不仅进一步加深了与会人员对泗水文化旅游项目的深入了解，还大大宣传了泗水的优质传统文化资源，提高了其知晓度和关注度。

泗水连续举办了乡村旅游美食节。美食节上，每一道菜品都传递出馥郁的书香，文化范儿十足，注入了一股"美食+文化"的清流。以文化铸魂，让文化在最终端融入旅游、美食，不仅使泗水文旅融合、乡村旅游服务实现了整体突破和提升，还着力提升了节庆活动的传统文化品位。泗水以梅花节、桃花节、梨花节、美食节等节庆活动为吸引，融合乡村旅游发展高峰论坛、诗词楹联大赛、桃花节文化产品发布会、儿童音乐会等文化主题活动，以"景区+酒店""美食+美景""文化+餐饮"的新型推广模式，给游客带来了全新、优质的文化旅游体验。

曲阜市以文化浸润和实物体验等多种方式，增进人们对传统优秀文化的切身感受，实现从"走马观花"式的看景点到"浸润灵魂"的品文化的转变，把优秀传统文化融入了每一个曲阜人的血脉骨髓里，体现在曲阜人每一处的生活细节中，使之内化于心外化于行，让每一个人时刻感受到浓浓的传统文化魅力与氛围。

其一，深化彬彬有礼道德城市建设。突出"孝诚爱仁"四大主题，深入实施公民道德建设工程，完善提升675所"彬彬有礼"教育学校和516个"廉洁道德讲堂"，举办市民道德论坛，分类别、分层次对市民进行培训。坚持干部带头，持之以恒推进基层作风建设，开展"一名党员一面旗帜"评选和"向身边典型学习,讲好党员故事"宣讲活动,打造了干部政德教育基地和"全民阅读"两大品牌,在全市形成了浓厚的儒风儒韵氛围。

其二,打造干部政德教育基地。儒家文化蕴含着丰富的政德思想,为新时代领导干部政德思想建设提供了有益的资源支撑与智慧借鉴。习近平总书记强调领导干部要讲政德,而立政德就要明大德、守公德、严私德。习近平总书记视察曲阜之后,曲阜市更加明确了干部政德教育的方向和着力点——以党校为平台,把儒家文化融入干部政德教育工作中,打造党性教育和地方特色教学相结合的政德教育培训基地。2014年2月12日,济宁干部政德教育学院(基地)在曲阜挂牌成立。该基地把儒家先进思想与党性教育相结合,精选仁政内省、富民教民、选贤任能等经典内容,形成了"孔子思想与马克思主义""儒家思想主要内容""儒家思想与党员干部政德教育"3个教学模块和60多个课堂教学专题,精心打造了名师讲堂、正面典型宣讲、反面典型警示、精品现场教学等领导干部政德建设教育培训实践体系,年接待各级各类政德教育班次2000多个,培训学员10万余人,打响了"崇仁尚德,修己安民"的干部政德教育基地品牌。

其三,打造儒家校园文化。少年富则国富,少年强则国强。曲阜市紧紧抓住青少年这个重点群体,牢牢立足、深度挖掘优秀传统文化优势,打造了"儒家校园文化"和"青少年传统文化研学基地"两大品牌。曲阜市制定出台了《优秀传统文化进校园工作实施方案》《曲阜市中小学传统文化教育实施纲要》等文件,明确规定将传统文化教育纳入小学至高中全学段必修课程内容,构建了以弘扬儒家文化为核心、以学生学习体验为主要形式的具有曲阜特色的校园文化课程、实践体系。8年来,曲阜市编写了"中华经典诵读"系列丛书,印制了12万册《走进圣城·感悟经典》学习读本;编制了以"孝悌忠信、礼义廉耻"为主线的"明德树人"校本教材,各学校编写的各类古诗文经典诵读教材、传统文化校本教材已达 20 多种。曲阜市开设了《大哉孔子》《三孔文化》《孔子弟子的故事》《趣味国学》《圣城·圣景》《感恩孝道》等特色课程；按照小学低年级、小学高年级、初中、高中四个学段，结合春节、元宵节、清明节、端午节等传统节日及国际孔子文化节，设计了节日祭祀、孝亲有礼、假日调查、祭孔大典等 10 多个传统文化教育活动和道德体验活动，凸显传统文化教育的实践性和生活化特征。曲阜市教育局还实施了传统文化教育"一校一特色，一校一品牌"工程建设，先后打造出实验小学"和乐致美"、实验中学"诗意校园"、杏坛中学"古儒文雅"、书院街小学"晨读·午诵·暮省"等 30 多个别具特色的传统文化校园品牌。

（二）营造浓厚的文化氛围

以建设"书香曲阜·弘扬传统文化"为目标，曲阜市建立了"四位一体"（即公共图书馆、新华书店、孔子图书馆、24 小时图书馆）的阅读体系，开展图书进社区、进医院、进超市的"图书三进"活动。为此，曲阜市成立了全国首个孔子图书馆，设立道德书架和随意阅读书架，采购图书中向儒学经典书籍倾斜，建立了儒学经典书库，在尼山书院专设儒学经典阅读区，向社会公众免费开放，方便读者查阅儒学书籍，汲取优秀儒家文化。曲阜市还成立了朗诵艺术家协会，组织举办经典阅读大赛，每年开展读书朗诵活动 40 余场。以遍布社区的文化广场为依托，在跳广场舞之前进行一堂国学经典诵读课。经典诵读课活动以现有的社区广场舞队伍为单位组织开展，市文化馆做好辅导培训工作，市图书馆做好诵读篇目、内容的精选工作，印制国学经典读本；诵读内容以《弟子规》《三字经》《劝报亲恩篇》《论语》《道德经》和唐诗、宋词等国学经典为主要内容。诵读形式采取读经典读本、跟录音诵读、领读与共同诵读，辅以歌舞、器乐等音乐形式，烘托诵读、吟诵氛围，立体展示诵读篇目或内容，提高了市民的阅读热情，推动了全民阅读活动的常态化、规模化，促进了国学知识、儒家文化的普及。

（三）营造浓厚的舆论氛围

曲阜、邹城和泗水为了推动传统文化的生活化、大众化、民间化，使之历久弥新、充满活力，加强彰显传统文化精髓的公益广告宣传，制定出台公益广告促进和管理办法，探索市场化运作模式，在公共场所、公共交通工具适当位置常年悬挂张贴优秀传统文化公益广告，并加大刊播力度，扩大覆盖面。

核心区广泛利用新闻媒体和现代传播手段，宣传自身的历史文化资源、传统文化传承发展规划方案、传统文化人才招聘信息、项目招商信息、传承发展传统文化进展等。曲阜、邹城和泗水尤其注重创新传统文化传播方式，通过网站、融媒体新闻、微信、公众号等方式广泛宣传优秀传统文化，在全社会扩大宣传声势，抓好宣传动员，扩大辐射面，提高群众的知晓度和认可度。尼山世界儒学中心整合完善"中国孔子网融媒体"平台，实现"一网多屏"，年覆盖传播人群达5000余万人次，有力地推动了核心区优秀传统文化的传播。

二 传承创新有机结合

核心区坚持传承与创新相协调，坚持不忘本来、吸收外来、面向未来，以客观、科学、礼敬的态度对待传统文化，全面把握传承与创新的辩证关系，在扬弃中继承弘扬，在创新中改造提升，赋予优秀传统文化以新生命、新魅力。

(一) 在扬弃中继承弘扬

习近平总书记强调指出："优秀传统文化是一个国家、一个民族传承和发展的根本,如果丢掉了,就割断了精神命脉。要坚持马克思主义的方法,采取克思主义的态度,坚持古为今用、推陈出新,有鉴别地加以对待,有扬弃地予以继承,取其精华、去其糟粕,用中华民族创造的一切精神财富来以文化人、以文育人。对待传统文化,既不能片面地讲厚古薄今,也不能片面地讲厚今薄古,更不能采取全盘接受或者全盘抛弃的绝对主义态度。"① 曲阜、邹城和泗水之所以能够创造出"曲阜模式",一个重要经验就是认真遵循习近平总书记提出的对待优秀传统文化的科学态度和科学方法,坚持在扬弃中继承弘扬优秀传统文化。

曲阜市充分发挥儒家文化发源地的优势,注重对以儒学为核心的传统文化有鉴别地对待、有扬弃地予以继承,然后在全社会大力加以弘扬,使儒家文化焕发出新的时代魅力。

为了更好地贯彻习近平总书记曲阜讲话精神,自2014年以来,曲阜市坚持在每年的10月26日—11月26日,举办以"儒学让百姓更幸福"为主题的"百姓儒学节",迄今已成功举办了七届。在为期一个月的"百姓儒学节"活动期间,曲阜市举办百姓朝圣祭孔、《论语》进万家、师生节、孔子故里书香家庭评选、邻里一家亲、传统瑰宝、儒雅诚信百姓等10项主题活动。目前已有超过33万人次的曲阜农民参与朝圣祭孔活动,10万余人次进行经典诵读,52.8万人次参加文明礼仪大培训,百姓舞台惠及52万余人次,百余项市级层面活动和千余项群众性活动相继展开。时任曲阜市委书记李长胜说:"让

---

① 中共中央宣传部:《习近平总书记系列重要讲话读本》,学习出版社、人民出版社2016年版,第202页。

曲阜普通民众零距离参与祭孔活动，身临其境感受孔子思想，目的就是让曲阜人找到孔子故里人的归属感和自豪感，增强传承儒家文化的历史责任感。"曲阜正努力探索用优秀儒家文化润泽曲阜的每一片土地，争取让每一位曲阜人都成为弘扬传承儒学的道德楷模。

为了改变农村孝道式微、道德失范现象时有发生的状况，曲阜市自2014年起大力推进乡村儒学讲堂建设，制定出台了《曲阜市儒学讲师管理办法》，评选"十佳儒学讲师"和"十佳儒学样板课"，加大资金倾斜，引进国家级儒学讲师，建立"曲阜国家级儒学讲师库"，推进乡村儒学讲师培训制度化，提升儒学讲师水平。截止到2019年12月，曲阜市已建成了"六位一体"乡村儒学体系，村村建起了一个孔子学堂，建成一个乡村儒学讲师数据库，编辑出版了一套乡村儒学教案；每年举办一期全市儒学讲师培训班，打造了一批（120个）乡村儒学示范点，每年举办一期全市优秀儒学讲师说课大赛。"六位一体"的乡村儒学体系促进了曲阜乡村儒学开展常态化，全面提升了儒家文化普及化、大众化、生活化的水平，让儒学走进乡村、百姓走进儒学，使群众共享儒家文化发展新成果。

为了配合乡村儒学讲堂建设，曲阜市建成了405个农家书屋和586所孔子学堂，实现了"孔子学堂"在农村的全覆盖。586所孔子学堂每月至少进行一次儒学培训，全市已累计培训3600余场，受众人数达200多万人次。曲阜以"儒润圣城"主题活动为主线，深入开展"百姓儒学节""乡村儒学讲堂""庄户剧团巡演""'和为贵'调解室""善行义举四德榜"等乡村儒学活动。

曲阜充分汲取儒家文化"礼之用，和为贵"的思想精髓，在全市推广"和为贵"调解室。通过发挥村党支部书记、德高望重村民的作用，引导群众通过非诉讼途径化解矛盾纠纷，实现了"小事不出村，大事不出镇，矛盾不上交"，生动践行了"法德兼治"理念，被誉为"孔子故里农村版'小法庭'"。据统计，2019年"和为贵"调解室共调解矛盾纠纷627次，成功率达到98.1%，有效维护了社会的和谐与稳定，让守望相助的儒家思想在基层落地生根，"和为贵"调解室因此获评"全国社会治理创新最佳案例"。

乡贤是本乡贤达的意思，亦即本乡有德行、有才能的名人。乡贤知书达礼、通古知今、崇德向善，注重传播道德、弥合分歧、协调冲突、守护秩序。古代乡贤多出仕为官后退隐故乡，成为桑梓领袖。他们修桥铺路、立祠建庙、兴教办学、培养后生，既具有较高的传统文化素养，又通时达变，更具道德权威；能够引领、教化乡民，泽被乡里，涵养文明乡风；帮助乡民维系情感联络的纽带，促进公序良俗的形成，推动乡村社会的善治。他们以自己的德行和才能，成为乡土社会传统文化的引导者、维护者和传播者，受到当时和后世人们的崇仰、爱戴，以致中国古代社会形成了尊奉乡贤、爱戴乡贤、信任乡贤的优良传统。为了表彰乡贤人物，教育后代，使地方民德归厚，过去许多地方兴建了"乡贤祠"。乡贤是乡村的灵魂，是乡村文明的精神标识，让他们参与一定的乡村治理，既可"美政"又可"美俗"。无论是传承、保护、创新传统文化，还是教育普及传统文化，都应该发挥新老乡贤的重要作用。

邹城一些地方就很注意挖掘传统乡贤文化资源并加以扬弃，以此开启了德治新模式。唐村镇乡贤文化已经浸润渗透到乡村民生、党建、移风易俗、镇域经济等方面，在乡村振兴发展中扮演着重要角色。乡贤潘玉科已经70多岁，仍然每天奔走在传承家训的路上。在潘家人中，很多问题靠充分理解家训和传承家训就能得到解决。之前，本家人有位大爷丧偶，又找了一位老人结婚生活在一起，没想到两年之后，大爷竟先走了。大爷的儿子因与继母没有血缘关系，拒绝赡养。乡贤潘玉科得知此事后，找这家的几个孩子仔细讲述了家训"百善孝为先"。经过几番做工作，老人的赡养问题得到圆满解决。王炉村是镇驻地村庄，因近年城镇发展占用村级土地较多，很多农民的坟地需要迁挪。为解决这一难题，村支部找到乡贤，由两位新乡贤出面主持操办，召开村民会议确定公墓场所，组织抓阄分配墓地位置，移风易俗精简办丧事。邹城不少乡贤参与共谋农村发展，助力乡村振兴。新乡贤由于扎根农村、熟悉乡情，对资源的整合具有得天独厚的优势。在乡贤的主导或参与下，西颜村整合流转了1500亩土地招引大户开展林果种植，秦刘村12户闲置宅基地户主与村集体达成协议开发农家乐项目。唐村镇开展了"外出拜乡贤"活动，镇村干部、第一书记通过节日慰问、互通信息、拜访联谊等形式与在外乡贤沟通联络，赢得在外乡贤对家乡的支持和反哺。通过乡贤的牵线或直接投资，唐村镇已招引了科威电力、洲鹏机械、岩固石膏新型建材、天蓝彤城生态园、聚顺源生物等一大批企业落户，带动了技术回流、人才回归。

（二）在创新中改造提升

示范区的曲阜、邹城和泗水把文化创新作为推动传统文化科学发展的强大引擎，不断推进传统文化运行机制、内容形式、传播手段和发展业态创造创新，在此基础上汲取传统文化的精华，借鉴融合世界其他民族的优秀文化成果，并加以改造提升，大力发展与当代社会相适应、与现代文明相协调、具有鲜明地域特色的现代文化，从而用新文化业态、新表现方式、新传播手段赋予传统文化新生命、新魅力，进一步增强了其吸引力、感染力和影响力。

曲阜市不断赋予优秀传统文化以新的时代内涵和现代表达形式，使之不断补充、拓展、完善，使中华民族最基本的文化基因与当代文化相适应、与现代社会相协调。孔子博物馆可谓是对儒家文化在创新中进行改造提升的一个典型案例，它已成为曲阜市高举孔子故里名片、培育并打造具有自主知识产权和核心竞争力的知名文化品牌。始建于2013年的孔子博物馆是为纪念孔子、集中展示孔子思想学说、传播弘扬以儒家文化为代表的中华优秀传统文化而建设的博物馆，是世界文化遗产"三孔"的延伸，也是习近平总书记曲阜讲话后投资6亿多元重点建设的、以孔子为核心主题的现代化综合类博物馆。孔子博物馆总建筑面积5.5万平方米，基本陈列《大哉孔子》，同时吸纳最新考古和学术成果，用讲故事的手法，按"孔子的时代""孔子的一生""孔子的智慧""孔子与中华文明""孔子与世界文明""诗礼传家"六大部分来展示孔子的事迹和贡献及其对后世的影响，给观众留下整体的认识和深刻印象。孔子博物馆坚持知识性、科技性、体验性、互动性、趣味性多维度演绎，谨遵习近平总书记"让收藏在博物馆里的文物、陈列在广阔大地上的遗产、书写在古籍里的文字都活起来"的讲话精神，让文物说话，让历史说话，让孔子说话，打造由躬身体验到理性感悟、再到心灵升华的孔子思想文化体验基地，增强参观者对中华优秀传统文化的认同感和自信心，使儒家优秀传统文化成为涵养社会主义核心价值观的重要源泉。孔子博物馆自2019年9月6日正式开放以来，当年即接待参观者43.5万人，成为与世界文化遗产"三孔"齐名的曲阜文化新地标，孔子博物馆的基本陈列《大哉孔子》入选国家文物局2020年度主题展览重点推介。

  位于曲阜的中国教师博物馆，是全国首座也是唯一一座以教师文化为主题的综合性博物馆，它填补了中国文化和教育领域博物馆建设的空白，得到教育部、山东省委省政府的充分肯定和高度重视。中国教师博物馆以民族文化记忆、教育历史遗产、教师精神家园为目标定位，着力弘扬师道传统、讲好教师故事，探索特色师德教育模式，打造国际教师交流窗口。目前，中国教师博物馆已建成了1200平方米展馆，布展"教师鼻祖""教师风物""教师典范"三大基本陈列及"中国的希望在教育""中国教师走向海外""中国各地教师风采"三大专题展览，填补了国内展览空白，引发了社会热烈反响，中央电视台《新闻联播》节目对中国教师博物馆做过相关报道。自中国教师博物馆建成至今，山东省已有1000多名初、高中传统文化骨干教师，在此基地接受培训，另有国内外大中小学师生10万余人次到此参观学习。

邹城在创新传统文化中加以改造提升，最大的亮点是举办孟子故里（邹城）母亲文化节。习近平总书记多次强调要注重家庭、注重家教、注重家风，而中华民族有着悠久的母教传统，孟母作为古代贤母典范、中国古代四大贤母之首，以其慈爱、质朴、勤劳、坚强的美德培育了"功不在禹下"的亚圣孟子，"母教一人，懿范千秋"，堪为中华母亲的形象代表。诸如"昔孟母，择邻处，子不学，断机杼"的经文华夏儿女耳熟能详，"孟母三迁""断机教子"的故事世代传颂，它们充分体现了中华优秀传统文化仁、义、礼、智、信的道德取向和修齐治平的淑世情怀。举办母亲文化节，有助于倡树良好家风、培育家庭美德之花，让新时代的清风正气从家出发、浸润社会；有助于继承弘扬儒家思想的优秀传统，深度挖掘中华母教文化的时代价值，打响儒家文化品牌；有助于发挥"旅游＋""文化＋"的双链互动作用，跑出文旅融合加速度。孟子故里（邹城）母亲文化节由山东省文化和旅游厅、济宁市人民政府、山东省儒学发展促进会主办，邹城市人民政府、中国孟子研究院承办，到2020年已连续成功举办14年。下一步，邹城将继续以传承儒家传统文化、弘扬中华母教文化为己任，把母亲文化节打造成为推进全市文化旅游发展的一个重要平台和向国内外宣传邹城"文化兴市"战略的重要窗口。

三　坚持文化融合发展战略

曲阜、邹城和泗水深入挖掘传统文化思想精华，推陈出新，古为今用，着力推动优秀传统文化全方位、全覆盖、全过程融入新时代社会发展。对示范区来说，传统文化+不仅是一种重要的传承发展传统文化战略，也是一条重要的经验。前面我们已经讲述了核心区的八大传统文化+特色，这里着重从基本经验角度阐释它是如何推进传统文化与当代文化的融合、中外文化的融合的。

（一）传统文化与当代文化融合

1. 传统文化与文化产业的融合发展

曲阜不断推动传统文化与当代文化产业的融合发展，紧紧抓住建设"曲阜国家级文化产业示范园"的历史机遇，以弘扬优秀传统文化为核心，以推动文旅融合发展为着力点，坚持"两创"方针，强化责任担当，全面深化文化体制改革，加快传统文化的现代转化。经过多年的建设发展，2019年8月曲阜国家级文化产业示范园作为山东省唯一的国家级文化产业示范园，顺利通过了《曲阜国家级文化产业示范园园区规划（2019—2025）》。

为推动文化与相关产业的融合发展，曲阜打造了一大批具有传统文化特质的知名品牌，建成了在全国具有重要影响的文旅融合发展区。其中，尼山圣境度假区和国际慢城度假区可谓是大手笔。

曲阜市积极实施"文化产业大项目带动"战略，总投资100多亿元的曲阜国家级尼山文化旅游度假区（简称"尼山圣境度假区"）被列入国家"十三五"规划纲要，成为一项集文化体验、修学启智、生态旅游、休闲度假、教育培训于一体的综合性文化产业项目。尼山圣境度假区不仅因承办2018年央视中秋晚会（主会场）和2019年央视春节晚会（分会场）而闻名海内外，更因为这里有全世界最高的72米孔子像、大学堂建筑群、尼山世界文明论坛、尼山世界儒学中心、"金声玉振"大型礼乐演艺（获得国家艺术基金立项资助）等弘扬传承中华优秀传统文化及儒家文明的大型景观和文化工程。尼山圣境度假区自2018年运营以来，迅速成为曲阜最火爆的网红旅游文化景点，这里推出的"礼敬先师、大学之道、手读《论语》"三大文化体验产品，一改往日走马观花式的研学游模式，结合儒学思想情境将传统文化体验极大拓展，既入耳又入心，受到广大游客追捧。

国际慢城度假区（简称国际慢城）位于曲阜优秀传统文化传承发展示范区核心区的北部，主要包括九仙山风景区、石门山地质公园、龙门山风景区、西侯幽谷风景区和凤仙山森林公园。国际慢城以"慢"为本，以"儒"为魂，以田园风光为背景，以圣贤故事、儒学经典为主题，沿途策划建设娱乐性、参与性、体验性、互动性的精品文化项目，实施儒风社区和儒风乡村打造工程，赋予优美自然景观和社区乡村厚重的儒家文化内涵，建设集旅游休闲、享受自然、沐浴传统文化于一体的"慢生态、慢生活、慢旅游、慢交通"的中国第一个儒家特色文化国际慢城。

2. 传统文化与旅游的融合发展

文化是旅游的灵魂，旅游是文化的载体。推动传统文化与旅游融合发展，对于促进旅游业转型升级、实现文化传承创新具有重要意义。

随着修学研学游的热度越来越高，泗水县将传统文化元素与研学游相结合，推出文化主题公园修学研学线路。近年来，泗水县一处又一处的文化主题公园建设完成，兴儒文化主题公园、圣源湖文化主题公园、伏羲文化主题公园、泗水滨文化主题公园等环境优美、文化底蕴深厚，是修学研学的好去处，它们可以使人在欣赏美景的同时感受优秀传统文化的魅力。泗水滨文化主题公园最大的特色是儒家文化和东夷文化遍布景区，通过川上诗文、海岱名川、泗水盛鼎、泗河渊源等主题雕塑群和泗水历史文化展馆等方式，将中华民族古代文明的重要发祥地、古代东夷族聚居地、儒家文化渊源地的泗河文化全面展示了出来；让游客通过聆听、观赏、触摸、感悟等方式，重温古老泗河东夷文化的厚重历史，探寻孔子、孟子、仲子先贤圣人的生活足迹，感受孔子"逝者如斯夫,不舍昼夜"的生命慨叹,了解泗河漕运畅通的历史地位和康熙、乾隆二帝十次驻跸泗水的生活故事。

曲阜坚持以文化为统领,大力实施全域旅游,深耕优秀儒家文化传承发展,全力建设儒家文化传承发展示范区、文化与经济融合发展创新区、中华传统美德建设模范区,构建起以传统文化为依托的城市旅游发展新格局。

随着研学旅游热度的不断提升,越来越多的游客已不再单纯满足于景区参观游览,他们更想深入了解每个景观背后的文化底蕴和风俗人情。儒家文化是曲阜旅游发展的灵魂,走进曲阜,既有以"三孔"为代表的大气磅礴的古建筑群,又有集文化体验、研学启智、教育培训为一体的孔子博物馆、孔子研究院、中国教师博物馆、政德教育学院等新文化项目,更有儒风雅韵的葫芦套、周庄村、儒学小镇、鲁源小镇等特色村镇点缀于城乡之间。曲阜市依托儒家文化优势,深挖研学旅游项目,除了常规化举办国际孔子文化节、尼山世界文明论坛、世界儒学大会等文化节庆活动外,还推出了一系列文化创新工程,如明故城开城仪式、祭孔表演、杏坛圣梦、鲁国古乐、孔府大戏、成人礼等知名演艺活动,精心打造了国家艺术基金重点资助项目"金声玉振"文化演出。围绕儒学文化开展的这些多样化的研学旅游表现形式,让更多人加入到了优秀儒家文化的传承发展中。2016年曲阜市被评为中国研学旅游目的地城市,"三孔"景区被评为中国研学旅游基地,2017年"中国研学旅游推广联盟"在曲阜成立。同时,曲阜成功打造了传统手工艺旅游纪念品基地+互联网销售模式,涌现出许多旅游就业富民的典型。优秀传统文化的传承发扬,不仅提升了曲阜城市品质,更为经济发展注入了源源不断的活力,文化教育培训、文化旅游产业、节庆会展业、孔子品牌出版印刷业、古建修复产业等构成了日臻完善的文旅融合新业态。

曲阜市还大力开发非物质文化遗产旅游,在下大力气保护非遗文化的前提下，着力提高非物质文化遗产的旅游开发水平，真正让这些优秀传统文化活起来、传下去。加大了对非遗传承人的资金支持，收集整理出版了《曲阜市非物质文化遗产丛书》《鲁班传说》等书籍；2017年在曲阜春秋书院建立了研产展销一条龙的非物质文化遗产保护基地，开展各类非遗活动26场次，非遗进校园12场次；2018年曲阜香格里拉大酒店带领孔府菜大师和非遗传人、古乐舞演出队先后走进广州和天津香格里拉大酒店，首次将曲阜独具特色的国家级非遗孔府菜和传统古乐舞结合在一起，为两地市民带去了"视觉和味觉"的综合体验，开创了曲阜旅游立体化、全视角的营销新模式。

3. 传统文化与公共文化的融合发展

随着人们生活水平的提高，广大人民群众对于精神文化的需求越来越强烈、越来越多样化。为此，曲阜立足于丰厚的传统文化底蕴，实施文化惠民活动普惠工程，推进优秀传统文化传承发展，创新开展了"尼山书院"和"乡村儒学""农家书屋＋孔子学堂""舞前一堂课＋经典诵读""庄户剧团巡演""百姓儒学节文化活动大展演"和"全民阅读"等普惠性、大众化项目。

尤其是在创新发展丰富群众精神生活方面，曲阜建立了各种带有公共性、均等性的文化广场。它们已经成为优秀传统文化传承发展的好载体，成为老百姓休闲娱乐健身的好去处，进而形成了独具曲阜特色的"文化广场＋"模式。

第一是"文化广场＋多元出资"。曲阜形成多元出资建设文化广场的新模式，该市文广新局对上争取部分资金，并进行技术指导和建设督导，镇街以奖代补的形式出资部分，村集体自筹部分资金，爱心企业捐资部分资金，村村建起了文化广场。

第二是"文化广场＋新时代文明实践"。文化广场与新时代文明实践站紧密融合，建立了理论宣讲、政策宣传、文明传播、文化惠民、青少年教育关爱、科普、法律服务、健康服务等8支文明实践志愿服务队，成为传播新思想、新风气、新观念的主阵地。

第三是"文化广场+传统文化"。在文化长廊里，村规民约、家风家训、一家一箴、治家格言全面展示，老百姓在潜移默化中受到熏陶教诲；宣传了乡村移风易俗新理念，构筑了乡贤、乡亲、乡情；在村居历史文化展馆里展示了村史村情、非遗项目、民俗文化，为老百姓留住了"乡根"的情愫纽带，记住了"乡愁"，文化育民深入人心。

第四是"文化广场+政策宣讲"。党的十九大精神、科学理论、上级政策、农村科技知识、生产生活技能经常在广场上开讲授课，群众产生了共鸣、增强了认同。同时，根据群众需要，开展了点单式讲政策、传知识、送技能宣讲服务活动。

第五是"文化广场+娱乐休闲"。广场上建起了百姓大舞台，灯光音响全配齐，庄户剧团、广场舞等文艺队伍在舞台上一展歌喉、登台献艺，群众唱起来、舞起来，"百姓编、百姓演、百姓看、百姓乐"得到了充分展示；专业院团也经常送戏到村，公益电影每月都有放映，老百姓文化生活日益丰富。

第六是"文化广场+体育健身"。广场配备了健身路径、篮球场、乒乓球台等健身设施设备，经常开展篮球、乒乓球比赛和广场舞、太极拳等展演健身活动，增强了老百姓体质，培养了邻里亲情，增添了村居凝聚力，和谐氛围日益浓厚。

邹城在公共文化服务建设中注入传统文化要素，通过整合全市农村文化大院、社区文化中心、文化活动场所等阵地资源，为广大市民、村民提供良好的公共文化服务。市豫剧团精心编排了具有浓郁地方特色的新编亲情喜剧《孟子湖畔》，采取政府购买文化服务的方式在全市公开招聘广场舞、非遗宣传展示、美术书法、声乐器乐、戏曲等文化辅导员100名，打造了一支素质高、服务强的文化辅导队伍，把文化辅导培训送到村、社区群众身边。济宁市市级非物质文化遗产吹糖人项目代表性传承人齐振义被政府"请"进孟府、孟庙景区进行非物质文化遗产展示,一同被邀请进两孟景区进行展示展演的还有潘氏剪纸、峄阳古琴、常氏指书、民间插花等一批极具地域特色的非物质文化遗产项目。"非遗进景区"活动既增添了景区人文气息,又有效促进了这些非遗项目的活态传承。

2015年以来,邹城市相继推出"成人礼""乡射礼""开笔礼""孟府婚礼"等传统礼仪展演体验项目,全面恢复祭祀孟子礼仪活动,常年在景区开展儒家传统礼仪展演;创作了《断机教子》《孟子湖畔》《凿壁偷光》《羊续悬鱼》等文艺精品,在两孟、峄山等文物旅游景区,钢山剧院、文化馆、文化大院等文化阵地,孟府习儒馆、峄山峄阳书院、铁山秀灵院等修学研习基地,开展"孟子故里求剧目""孟庙孟府免费进""剧院大戏免费看""非遗技艺免费传"等惠民活动。邹城市统筹各类要素,为公共文化服务注入传统文化内涵,将传统文化研究成果融入文化共享全过程,传统文化普及推广成为公共文化服务的重要内容,这种做法"能让文化惠及民生的同时,擦亮城市文化底色,彰显城市文化精神,实现文化与旅游等融合发展"[1]。

(二) 中外文化的融合

随着中国经济的崛起,世界儒学研究中心长期在海外的局面已告终结,儒学研究中心正在向中国大陆回归。众所周知,尼山世界文明论坛已成为国际性文明对话和学术交流的高端平台,来自世界几十个国家和地区的专家学者,开展高端对话、主题演讲、专题论坛和分组对话,增进了中外文化共识,促进了文明交流互鉴。国际孔子文化节也是一个中外文化融合的重大平台,已经成为曲阜走向世界、世界了解曲阜的重要通道。

---

[1] 参见孟娟《探索公共文化服务的"邹城模式"》,《中国文化报》2015年2月13日。

核心区积极实施"尼山书屋走出去"工程，以"天下邹鲁，一脉相传，团结协作，继往开来"为主旨，与中国台北市、韩国安东市等数十个海内外城市联合发表了《邹鲁文化城市宣言》，搭建了共同弘扬"邹鲁之风"的合作平台。为了适应新媒体传播规律，核心区2020年对庚子年祭孔大典传播进行创新，与中国孔子网、快手短视频等媒体平台合作，联合多地孔庙，采用线上、线下相结合的方式进行全球"云祭孔"，并通过开发的网上祭孔平台让全民参与祭孔。可以说，通过中外文化的多种融合创新，核心区正在日益成为世界儒学研究传播交流中心、全球多元文明对话交流重要平台、各国了解和体验中国传统文化的重要窗口。

四　建立健全传承发展机制

核心区以习近平新时代中国特色社会主义思想为指导，深入学习贯彻习近平总书记视察曲阜重要讲话精神，积极探索和建立健全优秀传统文化传承发展机制，坚持在研究阐发、普及教育、实践养成、保护传承、传播交流和推动项目建设上下功夫，努力让中华优秀传统文化融入国民教育、社会治理、党的建设全过程，推动中华优秀传统文化和传统美德在人们生产生活中活起来、传下去，进一步激发出中华优秀传统文化的现代生机与活力，为济宁文化强市建设、山东文化强省建设和文化强国建设提供了强大的历史资源、智力支持、精神力量和思想智慧。

（一）建立健全中华优秀传统文化研究阐发机制，夯实理论研究基础

习近平总书记在曲阜发出了"四个讲清楚"的伟大号召，而在

2016年5月17日哲学社会科学工作座谈会上的重要讲话中，他指出，中国古代大量鸿篇巨制中包含着丰富的哲学社会科学内容、治国理政智慧，为古人认识世界、改造世界提供了重要依据，也为中华文明提供了重要内容，为人类文明作出了重大贡献；中华民族有着深厚文化传统，形成了富有特色的思想体系，体现了中国人几千年来积累的知识智慧和理性思辨，它们是我国的独特优势，是中国特色哲学社会科学成长发展的深厚基础，中国特色哲学社会科学要把握马克思主义的资源、中华优秀传统文化的资源和国外哲学社会科学的资源；"要加强对中华优秀传统文化的挖掘和阐发，使中华民族最基本的文化基因与当代文化相适应、与现代社会相协调，把跨越时空、超越国界、富有永恒魅力、具有当代价值的文化精神弘扬起来。要推动中华文明创造性转化、创新性发展，激活其生命力，让中华文明同各国人民创造的多彩文明一道，为人类提供正确精神指引"①。

核心区积极响应习近平总书记的号召，加大对优秀传统文化内涵、特质的研究和阐发力度，把建立健全中华优秀传统文化研究阐发机制作为理论研究与建设、作为哲学社会科学发展的主要着力点。

曲阜、邹城和泗水在建立健全中华优秀传统文化研究阐发机制、夯实理论宣传水平的工作进展中，深入研究和阐发新时代背景下的中华优秀传统文化与马克思主义中国化的重大关系、中华优秀传统文化与多民族文化的重大关系、中华优秀传统文化与其他文明的重大关系、中华优秀传统文化与社会主义现代化建设的重大关系，从而初步建构起新时代背景下具有中国特色、中国底蕴的文明传承发展的学术体系、话语体系和学科体系。

新时代以来，曲阜、邹城的社科工作者主持承担了大量传统文化方面的国家社科基金课题、省级课题，发表了大批中华优秀传统文化

---

① 习近平：《在哲学社会科学工作座谈会上的讲话》，人民出版社2016年版，第17页。

转化创新领域的重大理论成果，培养、引进了许多传统文化研究与传播的高端人才，充分彰显了核心区深厚的文化历史底蕴。

曲阜在建立健全中华优秀传统文化研究阐发机制的过程中，重振了曲阜师范大学孔子文化研究院、国学院，紧紧围绕"四个讲清楚"，把儒学研究阐发作为基础性、先导性工作，充分发挥孔子研究院、曲阜师范大学、济宁学院等驻地研究机构和高等院校主力军的作用。至2019年，仅孔子研究院就承担了各级各类科研项目72项，其中国家级、省部级社科规划项目33项，"曲阜儒家石刻文献集成"项目首次对曲阜现存上万通石刻进行系统整理与研究，推出了国内首部"中华传统八德诠解丛书"通俗读本，被中纪委列为干部推荐书目。

作为"后起之秀"的邹城，积极实施赶超战略，围绕优秀传统文化的阐发、研究与弘扬开启了新的篇章。一是研究主体多元化。近年来，邹城从事传统文化研究的机构逐步增多，涌现出了孟子研究院、中国孟子学会、孟子书院等较为知名的传统文化研究机构，形成了以相关文化事业单位、民间研究会、研究所为骨干，传统文化研究热心人为补充的、较为健全的研究主体结构。二是研究不断深化。推出了孟子思想、邹鲁文化、母教文化、始祖文化等方面的一大批研究成果——《孟子文献集成》《孟府档案》"邹鲁文化系列丛书"《邹城历史街区遗迹与记忆》等，举办了中韩儒学交流大会、邹鲁文化城市座谈会、孟子思想与邹鲁文明国际学术研讨会、世界儒学大会青年博士论坛等。三是研究越来越社会化。邹城建立了遍布城乡的孟子学堂、孟母讲习所、国学大讲堂、经典诵读班等。

（二）建立健全中华优秀传统文化的宣传普及机制，形成良好的文化氛围

任何一种文化文明形态都需要一定的宣传普及机制来对其进行流传、教育与推广，面对宣传工作的新形势、新任务、新特点，曲阜市

在传承与发展中华优秀传统文化的工作进程中，立足于独有的文化资源优势，传播普及优秀传统文化，增加优秀传统文化受众，扩大其影响力。

创新举办"百姓儒学节"。坚持"百姓设计、百姓组织、百姓参与、百姓评判"和市场化运作的原则，连续成功举办"百姓儒学节"。在企业和社区探索推进"一所孔子学堂、一尊孔子像、一名儒学讲师、一套儒学教材、每月一次培训课"的"五个一"活动。加强规划设计，推动传统文化进校园，制定出台《曲阜市中小学传统文化教育实施纲要》，明确完善各学段目标体系、实施路径和评价建议，将传统文化教育纳入小学至高中全学段必修课程内容。构建以弘扬儒家文化为核心、以学生学习体验为主要形式的具有曲阜特色的校园文化课程、实践体系，设计了10多个传统文化教育活动和道德体验活动。充分挖掘优秀传统文化资源和文物资源优势，先后开辟了15个学校儒家文化传承教育实践基地。实施传统文化教育"一校一特色，一校一品牌"工程建设，先后打造30多个别具特色的传统文化品牌。在山东省率先设立了66处校园"孔子学堂"，创立由国家教育行政学院国学教育中心命名的24所国学经典联盟校等一系列宣传普及活动，不仅推进了中华优秀传统文化的传承发展，还得到了人民群众、社区、学校的广泛支持，激发了学习和弘扬中华优秀传统文化的兴趣和热情，形成了传承与发展中华优秀传统文化的整体氛围。

（三）建立健全中华优秀传统文化国际交流传播机制，打造文明交流互鉴平台

习近平总书记强调中华文化是提高国家文化软实力最深厚的源泉，要把跨越时空、超越国度、富有永恒魅力、具有当代价值的文化精神弘扬起来，把继承优秀传统文化又弘扬时代精神、立足本国又面向世界的当代中国文化创新成果传播出去。推动中华优秀传统文化国际交流传播机制的形成与发展，是提升中国文化软实力的有力保障和重要措施，对于传播与宣传中国方案、中国智慧、中国道路具有巨大的作用。

曲阜在新时代背景下紧抓优秀传统文化国际交流传播的历史机遇，积极打造文明交流互鉴平台，充分利用本地文化资源优势传播弘扬中华优秀传统文化，创新和完善了中华优秀传统文化的国际交流传播机制，打造了一系列世界级的文明交流互鉴平台。一是充分利用曲阜本地文化资源，积极与海外中国文化中心以及孔子学院进行文化、学术交流合作，打造了一系列具有品牌效应的学术会议和文化交流活动。二是紧抓"一带一路"的时代契机，打造一套适应曲阜本地文化资源和文化产业的文明互鉴机制，积极展现中国特色，发出中国声音，推广中国智慧。三是形成了独具曲阜特色的文化交流模式，为新时代背景下的中华优秀传统文化传播模式和机制的形成打造了曲阜样板。特别是尼山世界文明论坛、尼山世界儒学中心的建立和推行，更是助力新时代优秀传统文化传播、交流与发展迈向一个崭新的台阶和高度，为"中国智慧"贡献"山东力量"。

（四）建立健全中华优秀传统文化教育机制，开创传统文化教育新局面

2014年，教育部颁发《完善中华优秀传统文化教育指导纲要》，要求分学段有序推进中华优秀传统文化教育，把中华优秀传统文化教育系统融入课程和教材体系。曲阜示范区的核心区全方位构建中华优秀传统文化传承体系，开创了新时代传统文化教育的新局面。

泗水注重打造阵地，为优秀传统文化传承发展提供"硬件"支撑，普及教育阵地遍地开花。增加乡村儒学讲堂覆盖面，提升建设标准。截至目前，泗水已建设有296个乡村儒学讲堂，其中一类讲堂100个、二类讲堂100个。在增加覆盖面的同时制定了儒学讲堂统一标准：统一标牌、统一儒学形象标识、一个国学讲堂、一个儒学经典阅览室或阅览区。与此同时，强力打造儒孝文化体验馆、儒孝文化展馆和洙泗学堂三大教育基地。

曲阜市特别凸显国学教育，采取了一系列行之有效的举措。一是建立了国学经典教育"一校一导师"制度，加大师资培训。为了加强优秀传统文化教育，形成工作网络，曲阜市各中小学每校确定一名热爱国学文化、有志于开展优秀传统文化教育的教师为国学导师。二是打造了一批国学经典联盟校，全面启动了以"诵读先贤经典，培育当代君子"为主题的传统文化教育工程。三是组织编写了"中华经典诵读"系列丛书，印制了12万册《走进圣城、感悟经典》学习读本，免费发放到各中小学校循环使用。四是以"孝悌忠信、礼义廉耻"为主线，完成了小学、初中的六册《明德树人》校本教材的编写。目前各学校编写的各类古诗文经典诵读教材、校本教材已达20多种。五是开展了系列公益性活动，公益开设"书香曲阜""辅仁书香"等传统文化讲堂。六是为乡村儒学培养讲师团队，推动全市乡村儒学教育的蓬勃发展。七是以研学旅行开发建设为抓手，建设优秀传统文化研学基地，建立曲阜研学基地国家品牌。

五　创立创新传承发展载体

曲阜示范区的核心区大力创立创新各种类型的中华优秀传统文化传承发展载体，将优秀传统文化的思想精髓和核心内涵融入人们的生产生活的各个方面，使中华优秀传统文化在人们心中生根发芽，使优秀传统文化在新时代背景下得到了更为全面的推广与普及。

（一）以经典、文物为载体，开展优秀传统文化普及教育

经典、文物是中华优秀传统文化的重要载体之一，由它们传达的中华优秀传统文化蕴含着中华民族深邃的民族智慧、崇高的精神追求、优良的价值内涵和向善的道德规范。坚持经典诵读、让文物"说话"，讲好历史故事，能够激发群众对传统文化的自豪感、自信心和认同感，充分发挥其培育社会主义核心价值观的载体作用。据此，核心区在传承发展优秀传统文化的实践中，注重以经典、文物为载体，对普通民众进行优秀传统文化的推广、普及和教育。

邹城市坚持"让文物活起来"理念，着力提升文物保护水平，推进文化遗产活态利用、创新发展，注重挖掘研究、用文物讲述邹鲁历史，推进整体保护、加快重点文保工程建设，坚持文脉延续、丰富完善文物展示载体，有效合理利用、推动文化遗产活态传承，从而形成了文化遗产保护利用与传承发展的"邹城模式"。

曲阜市以优秀传统文化经典为依托，积极对文化经典进行汇编、翻译、校对、改编、数字化等，力求将传统的文化典籍以现代的方式呈现出来，以人们喜闻乐见、通俗易懂的形式展现出来，从而达到优秀传统文化以文化人、以文育人的目的。曲阜编写了"中华经典诵读"系列丛书，印制了《走进圣城 感悟经典》学习读本，收集整理出版了"曲阜市非物质文化遗产丛书"《鲁班传说》等书籍，推进《孔子世家明清文书档案》全文数字化。

（二）打造传统文化传播平台，促使优秀传统文化更好地融入现代生产生活之中

核心区为推动优秀传统文化在新时代背景下的创造性转化和创新性发展，积极打造中华优秀传统文化传承发展的新平台和新载体，使优秀传统文化与现代生活生产相适应，探索和促进传统文化传播宣传

新平台和新载体的建立、发展，努力将优秀传统文化的思想内核和精神价值融入人民群众的交流生活当中，从而营造出浓厚的传统文化氛围，促进优秀传统文化传承发展顺利推进。

曲阜市的主要做法是：推进优秀儒家文化"六进"工程，创新转化儒家崇廉尚勤思想，深化"纪检人·廉勤课"模式，开设"书记·家风课"，打造"儒韵清风"品牌；深入实施百姓儒学工程，提升孔子学堂标准和品位，常态化、制度化推进乡村儒学培训；充分发挥互联网平台的传播优势，立足本地，将乡贤文化、村规校训、优秀家风、传统民俗等进行广泛传播；支持尼山世界文明论坛等重大学术交流活动，办好国际孔子文化节，用优秀儒家文化讲好"中国故事"。

（三）规划文化项目建设载体，传承发展中华优秀传统文化基因

新时代，核心区推出了一大批体现优秀传统文化的项目，并加强项目管理和协调。其中现今最为重要的是正在制定尼山片区规划，加快推进尼山世界文明论坛配套提升工程。这一工程是一项大手笔、大格局、大气魄的世纪性工程，它是曲阜优秀传统文化传承发展示范区的核心项目，包括规划编制、产业项目、配套建设3大类、17个重点项目，总投资142.6亿元，规划范围覆盖曲阜市、泗水县和邹城市。为配合尼山世界文明论坛配套提升工程建设，泗水成立工作专班，制定尼山世界文明论坛配套提升工程泗水项目作战进度图，明确年度任务目标、月度计划、责任单位、责任人和包保领导，同时加快推进尼山圣源国学小镇、中华始祖园（泉林文化产业园）项目建设。

多年来，曲阜市全力推进尼山圣境、孔子博物馆建设，启动明故城保护复兴工程、寿丘少昊陵省级考古遗址公园、儒学小镇、鲁源小镇建设。加强文化遗产保护，实施"三孔"彩绘及古建修缮等工程，实现鲁国故城国家考古遗址公园、孔庙西路和孔府东路对外开放。修订完善曲阜国家级文化产业示范园区规划，鼓励支持特色文化产业集聚发展。积极将中华优秀传统文化的文化基因融入新型城镇化建设以及新农村建设之中，并依托新型文化项目的建设将中华优秀传统文化与文化产业、企业文化等现代生产生活方式紧密融合，推动人们的日常生活与传统文化深度融合，在人们日常生活中形成全方位渗入，多层面共构优秀传统文化生成机制。

（四）构建国际文化交流传播载体，推动中华优秀传统文化"走出去"，向世界宣传中国文化和中国智慧

中华优秀传统文化需要"走出去"，创新发展国际文化交流平台载体，通过整合大众传播、群体传播、人际传播等多种渠道向国际社会展示中华文化魅力。核心区支持知名的重大学术交流活动，挖掘整理入泮礼、开笔礼、成人礼等中华文明礼仪并广泛推广，实现祭孔大典礼制标准化。全力支持研学游、国学培训和教育事业发展，建设全国著名的研学游目的地和教育高地。重视外向型、彰显中华优秀传统文化特色的各类文化企业发展，曲阜"孔府印阁"产品远销日本、韩国、新加坡等。

（五）打造群众参与性强、受众面广的文化活动载体，推动中华优秀传统文化对人的实践养成

曲阜市因地制宜地开展各种以弘扬中华优秀传统文化为目的的大型节庆文化活动，因时而变地结合日常生活的时间节点开展以传播中华优秀传统文化为目的的多样化活动。大力开展"全民阅读"活动，深入推进"书香家庭"评选活动，评选表彰 100 个优秀家训；办好"百姓儒学节"，真正让儒学走近百姓、融入生产生活；坚持常态化评选表彰"德耀圣城·最美曲阜人""厚道儒商""美德少年""美德游客"等各类先进典型，培育崇德向善、奋发向上的儒韵民风；发挥优秀儒家文化的教化、规制功能，以优秀儒家文化推进乡村善治；加快

"政德、师德、青少年、企业家"四大教育培训基地建设。

泗水县利用节庆文化积极开展各种主题活动，以促进人的素质实践养成。举办"喜迎新中国成立70周年·弘扬优秀传统文化"手抄报大赛，开展"中华文化传承·市民文化节"系列活动，春节、元宵节开展新春赏灯会、迎春晚会、"文化惠民·送戏下乡"活动等；"三八"国际妇女节开展"家是最小国"主题活动，包括"最美家庭"评选、优秀"家风家规家训"征集等；清明节开展"祭英烈·中华魂"主题活动；4·23世界读书日开展"全民读书月"系列活动，包括世界读书日演讲比赛、"读论语·拜夫子"活动、经典诵读、书香少年评选等；"五四"青年节开展"正青春·敢担当"系列活动，包括"国学达人"比赛等；文化遗产日开展非遗项目展演、展示活动。

泗水县的优秀传统文化"六进"活动更是引人瞩目。它将弘扬传承中华优秀传统文化与提升公民道德素质紧密结合，引导全县机关干部、人民群众了解家乡、热爱家乡，持续深入推进"儒风孝道之乡"建设，多措并举推进优秀传统文化"进机关、进校园、进企业、进乡村、进社区、进家庭"活动落地生根。其一，完善工作机制，强化组织保障。印发《泗水县优秀传统文化"六进"活动方案》，县委宣传部、县直机关工委、县优秀传统文化传承发展中心、县工商联、县教体局、县文旅局各部门联合发文，明确各单位工作职责，统筹推进活动，形成"层层有人抓，事事有人做"的工作格局，保证活动工作有序开展。其二是精心谋划部署，创新方式方法。通过播放视频片、发放书籍、观后感、读后感评奖等"规定动作"及结合自身工作开展"自选动作"，采取灵活多样的形式推进优秀传统文化"六进"。其三，扩大宣传声势，营造良好氛围。通过各牵头单位、各镇街抓好宣传动员，扩大覆盖面，创新活动传播方式，通过融媒体新闻、微信、公众号等方式广泛宣传优秀传统文化"六进"活动，以机关、校园、企业、乡村、社区、家庭为阵地，抓点带面，提高群众的知晓度，推动活动向纵深拓展。其四，扎实稳步推进，务必讲求实效。活动围绕既定目标，确定时间步骤，不断深化思想引领，正确引导舆论方向，持续彰显主流价值，分为宣传发动、推荐评选、表彰奖励三个阶段，由各牵头单位、各镇街按照活动方案，组织撰写观后感、读后感并参与评奖，扎实推进"六进"活动。

六　强化传承发展保障措施

在推动优秀传统文化传承发展过程中，核心区坚持保护利用、普及弘扬并重，使之与当代社会相适应、与现代文明相协调，保持民族性，体现时代性；依靠知识产权法则保护中华文化瑰宝，制定和完善文化管理、文化开发、文化创新等方面的政策以形成有利于优秀传统文化传承发展体系建设的保障机制。

（一）持续加强组织领导，保障思想高度统一

核心区坚持在党的领导下，建立健全领导体制机制，把牢宏观指导方向，为中华优秀传统文化传承与发展提供组织保障。首先，以人民政府名义成立领导小组，切实把中华优秀传统文化传承发展纳入到经济社会发展的总体规划，在思想上保障实施方案的高度统一。其次，充分发挥各级党委和政府的调控作用，整合各方力量，完善中华优秀传统文化传承发展工作机制，形成党委领导、政府主导、市场运作、社会参与的工作体系。再次，根据规划部署、合理的职责分工，建立统筹协调机制，各部门据此科学把握落实节奏，提高组织化水平，保障及时有效解决各种具体事项。

曲阜市成立优秀传统文化传承发展工作领导小组，由市委、市政

府主要领导任组长,理顺相关工作体制机制,研究解决文化传承、产业发展、文化体制改革等重大问题;增设优秀传统文化传承发展办公室,统筹协调推进相关工作;通过组织知识竞赛、演讲比赛、闭卷考试等形式,推动党员干部的深入学习;推进市委宣讲团集中讲、党委书记"第一讲",第一书记带头讲、党员积极讲等组织活动的顺利展开。

(二)强化政府部门引导作用,建立政策保障机制

核心区发挥宏观政策的引领导向作用,制定与实施扶持中华优秀传统文化传承发展的相关政策,推动形成重视传统文化、关心支持传统文化的社会环境。首先,制定契合实际的综合性实施规划,出台具有系统性、协同性、操作性的传统文化传承发展政策,完善非物质文化遗产保护政策体系。其次,统筹整合政府、企业、社会组织等金融力量,加大对中华优秀传统文化传承工程的支持力度,制定与落实珍贵遗产资源保护利用专项规划。再次,充分发挥政府在统筹规划和政策协同中的主导作用,建立健全中华优秀传统文化传承发展各部门的协同协作联动机制,确保各项政策的具体化和落地落实。

曲阜市推进实施《曲阜市优秀传统文化传承发展工作方案》,制定出台配档表,细化工作方案,明晰目标责任。根据《曲阜优秀传统文化传承发展示范区建设规划》,确定一批优先推进的重点文化工程和项目,纳入全市"五个一"重点工程,由市级领导牵头包保、推进实施。制定出台《曲阜市儒学讲师管理办法》,评选"十佳儒学讲师"和"十佳儒学样板课",提升儒学讲师整体水平。

(三)健全完善保护机制,营造文化法治环境

核心区致力于完善中华优秀传统文化遗产保护的联动机制,建立密集的文化法治政策,共同优化文化法治的良好格局。首先,加强历

史文化名城建设，推动名镇、名村、街区及名人故居保护，建立城市特色遗产与农业文化遗产保护机制，在实施濒危文物修复保护机制的同时，完善非物质文化遗产保护机制，从而建立健全保护中华优秀传统文化遗产机制。其次，根据各地现状，制定涉及中华优秀传统文化保护传承的地方性法规和政府规章，完善相关法律，并加强涉及保护传承的监督检查，严厉打击违法经营行为，形成保护传承弘扬中华传统文化的制度性安排。再次，以新闻发布会、专题培训等政策宣传活动加强法治宣传引导，以电视台、互联网等媒体为有效载体深入推广相关政策，在全社会培育依法传承发展的自觉意识，形成良好法治环境。

（四）引导群众自觉传承，激活内在主体力量

核心区积极引导各类主体认识到传承发展中华优秀传统文化是自己的责任，实现抢救性保护、整体性保护、生产性保护与生活性保护的有效融合。

发挥各级党组织的领导作用，将传承发展中华优秀传统文化责任具体落实到社区、乡镇、学校等基层单位；制定惠及各级文化机构、各类社会组织及文化企业的相关政策，引导和鼓励它们积极参与文化资源的保护、开发和利用。

在传承发展中华优秀传统文化过程中，充分发挥领导干部的带头作用、先进模范的表率作用，以及公众人物的示范作用，特别是青少年的生力军作用，巩固传统文化保护与传承的主体保障。

充分尊重人民群众的主体地位，通过激励表彰制度、入学住房倾斜政策等各种微观机制激活居民的内在力量，带动区域内每一个社会成员成为传承发展中华优秀传统文化的有生力量。建立健全村民议事、民主理财、村务监督、文化活动、儒学讲师、"和为贵"调解、志愿服务、红白理事会、道德品议、禁赌禁毒等队伍，全面提升村级

服务水平和治理水平。着力开展好"千场演出惠民生""百场大戏进农村""舞前一堂课国学经典诵读"等文化惠民活动。

加大非物质文化遗产挖掘、保护、展示、传承力度，推进《孔子世家明清文书档案》全文数字化、世界记忆工程申报、拓片制作技艺申报国家级非物质文化遗产，孔庙祀典申报联合国人类非物质文化遗产等工作。研究出台扶持民办教育发展的政策，加大对国学教师的培养力度。挖掘整理入泮礼、开笔礼、成人礼等中华文明礼仪并广泛推广，实现祭孔大典礼制标准化。全力支持研学游、国学培训和教育事业发展，建设全国著名的研学游目的地和教育高地。

第五章

"曲阜模式"的重要特点

改革开放以来,尤其是党的十八大以来,曲阜、邹城、泗水充分挖掘利用当地文化资源与优势,以融合、创新为思路,大力推动中华优秀传统文化的创造性转化与创新性发展,形成了独具特色的"曲阜模式"。总的来看,"曲阜模式"呈现出了普惠共享、经世致用、多点开花、集成整合、人才驱动、实践养成与全民参与七大特点。对这些特点的深入揭示,有助于对"曲阜模式"的总结提升与推广转化。

一 普惠共享:创新利用文化遗产实现"价值共振"

作为孔孟故里、儒学原乡,曲阜、邹城、泗水拥有丰富的历史文化遗产。进入新时代,三地不断加大历史文化遗产保护传承力度,借助建设"曲阜优秀传统文化传承发展示范区"和"优秀传统文化'两创'先行区"的契机,对传统文化遗产的政治价值、学术价值、文化价值、经济价值等进行创新性开发利用,形成了以普惠共享为特点的"曲阜模式"。

(一)优化完善顶层设计,形成政治价值普惠共享战略规划

历史文化遗产的保护传承与开发利用是全世界普遍面临的重要课

题，曲阜、邹城、泗水作为儒家文化发源地，在这一课题上的任务尤其艰巨与紧迫。对此，习近平总书记极为重视，2013年视察曲阜时发出了大力弘扬中华优秀传统文化的号召，提出了"四个讲清楚"与"两创"重要命题。2014年与2015年总书记又两次批示，要求山东用好齐鲁文化资源丰富的优势，加强对中华优秀传统文化的挖掘和阐发。

党的十八大以来，从中央到地方各级政府不断优化完善顶层设计，对曲阜、邹城、泗水历史文化遗产的合理利用与普惠共享做出了战略规划。如前所言，2016年发布的国家"十三五"规划纲要提出实施国家记忆工程，推进山东曲阜优秀传统文化传承发展示范区建设。2017年初，国家发布《关于实施中华优秀传统文化传承发展工程的意见》。2017年9月，山东发布《山东省传承发展中华优秀传统文化工作方案》，当年年底又印发《曲阜优秀传统文化传承发展示范区建设规划》，明确以曲阜、邹城、泗水三地为核心区建设"曲阜优秀传统文化传承发展示范区"，以"保护为主、抢救第一、合理利用、传承发展"为原则对当地历史文化遗产进行保护传承与开发利用，最终实现普惠共享。

（二）创新利用文物典籍，实现学术价值普惠共享

曲阜、邹城、泗水作为儒家文化发源地，在历史上积累了丰富的文物资源与典籍文献。近年来当地创新方式手段，初步实现了部分文物典籍学术价值的普惠共享。

加强特色文物典籍的收藏与展示。2019年9月开馆的孔子博物馆收藏文物70万件，包括明代以来30万件孔府私家文书档案、宋代以来4万多册古籍图书、8000多件明清衣冠服饰及大量祭孔礼乐器等。中国教师博物馆于2018年10月举行首展，展出明代私塾用点读教具等一批教育相关文物以及陶行知、鲁迅、叶圣陶等名师大家珍贵手

稿。此外，孔子学院总部体验基地还建有世界儒学文献收藏中心。

加强特色文物典籍的研究与出版。现藏于孔子博物馆的数十万件孔府档案是研究孔子与儒学的宝贵资料，近年来当地已整理出版一批档案选编书籍，档案汇编已出版明代卷，正在整理出版家谱卷、租税卷等。下一步还将推动设立孔府档案学中心，建立孔府档案学学术体系。此外，涵盖北宋以来孟府相关档案资料的《孟府档案全编》也于2015年完成出版发行，成为研究孟子与孟学的第一手资料。

加强特色文物典籍的转化与应用。曲阜、邹城、泗水实施典籍文献标准化和信息化工程，通过大数据等信息技术手段，对儒家优秀传统文化经典内容进行储存、保护、开发、转化、应用；同时，通过与主流机构、平台合作，建设面向海内外的标准化、数字化儒家传统文化经典资料库和网络推广平台。

（三）创新开展惠民工程，实现文化价值普惠共享

改革开放以来，尤其是新时代以来，人民生活水平显著提高，文化需求与日俱增。为此，曲阜、邹城、泗水对历史文化遗产进行创新性开发利用，开展了一系列传统文化惠民工程。

创新开展文化旅游惠民活动。曲阜创新推出全国教师、孔子后裔等特殊人群免费游"三孔""背论语免费游三孔"、曲阜市民免费游文物景区等活动，定期组织当地中小学生分批次免费游览世界遗产。邹城创新推出全国大中小学师生、济宁市民、孟氏后裔免费游"二孟"、3月8日女性免费游"二孟"等活动，使文旅资源惠及更广人群。

创新完善公共文化服务体系。曲阜、邹城、泗水不断加大文化基础设施投入，其中曲阜实施图书馆、文化馆"总分馆建设"，建成一批"壹知文化书屋"；邹城投资6亿元新建涵盖图书馆、孟子大剧院、档案馆、青少年活动中心、老年活动中心的文化艺术中心。此外，曲

阜、邹城、泗水均致力于构建市（县）、镇、村三级公共文化服务体系，使公共文化服务惠及城乡。

创新推出文化演出宣讲活动。曲阜以"儒润圣城"主题活动为主线，常态开展"千场演出惠民生""百场大戏进农村"等文化惠民活动，年举办各类惠民文化演出可达5000场。邹城创新开展文化惠民"百千万"工程，即每年完成孟子大剧院100场精品惠民演出、1000场"孟子乡音"惠民演出、10000场公益电影放映。泗水也创新开展"乡村儒学""书香泗水"全民阅读月、"送戏下乡"惠民演出等活动。

（四）创新推动文化融合，实现经济价值普惠共享

在"融合""创新"理念引领下，曲阜、邹城、泗水实施"全融合"战略，大力推动历史文化遗产、优秀传统文化与旅游、教育、健康、科技等产业的融合，创新性地发展了一批具有儒家特色的产业形态。

推动文化旅游融合，形成研学旅游品牌。曲阜、邹城、泗水依托丰富的文化资源，探索文化旅游融合新路径，呈现出了两大亮点：一是建设曲阜尼山圣境、邹城邾国故城保护利用项目、泗水国学小镇等一批重大文旅项目，二是开发形成了以儒学为特色的全国知名研学旅游品牌。曲阜成立孔子研学旅游联盟、推出研学旅游标准、发展研学旅游机构，2016年被评为中国研学旅游目的地城市，"三孔"景区被评为中国研学旅游基地。

推动文化科技融合，形成特色文创产业。曲阜、邹城、泗水围绕"三孔""四孟"和孔子博物馆馆藏文物等文化遗产，推动以儒家文化为IP进行衍生品的创意设计与开发，培育了一批具有较强竞争力的中小创意设计企业，形成了文创产业聚集高地。曲阜孔林附近专门从事篆刻制作的文化基地"孔府印阁"，每年有近500万枚印章销往全国各地，年创产值达 2 亿元。

推动文化与其他产业融合，形成儒家特色产业。曲阜、邹城、泗水依托传统文化资源丰富的优势，推动文化与教育、演出、餐饮等行业相融合，培育形成了一批以儒家文化为背景或特色的教育培训、会展演艺、文物复仿、古玩交易、园林古建、孔府菜餐饮等创新产业。

二 经世致用：从高端研究走向知行合一

"知行合一"是中国思想的重要观念，也是中国文化的重要特质，在最一般的意义上，知行合一意味着对一件事物的完整认识与圆满完成。核心区继承"知行合一"的传统精华，发扬党的实事求是的优良传统，坚持务求实效的原则，在传承发展中华优秀传统文化过程中，不仅重视学术研究与理论阐发，也重视实践转化与现实应用，取得了创新性的显著成效，充分体现出经世致用的鲜明特点。

（一）依托优势创新研究

传承发展中华优秀传统文化，首先必须进行高水平学术研究与理论阐发。改革开放以来尤其是党的十八大以来，曲阜、邹城、泗水依托独有文化资源并强化经世致用意识，新设文教科研机构，引进培育研究人才，开展文化学术活动，大大提升了当地优秀传统文化尤其是儒学研究水平，取得了一系列重要成果。

1. 研究主体多元化

作为儒家文化发源地，曲阜、邹城、泗水向来是儒学研究重镇，改革开放以来，当地陆续成立了一批专门的儒学研究机构。先是曲阜师范大学于 1979 年恢复原孔子研究会研究工作，后多次更名变为孔子文化研究院；20 世纪 90 年代，新设成立孔子研究院。21 世纪以来，新设成立孟子研究院、曲阜师范大学国学院、济宁干部政德教育学院等一批文教科研机构。同时，曲阜、邹城、泗水依托山东大学儒学高等研究院、山东师范大学齐鲁文化研究院、山东社会科学院国际儒学研究院等省内外知名文教科研机构开展各种形式的学术研究。曲阜、邹城、泗水还培育发展了儒源儒家文化体验基地、吃亏是福孔子学苑等一批民间教育培训机构。

2. 研究人才高端化

人才是学术研究与理论阐发的有力保障。2015年，山东省印发《关于加强儒学人才高地建设的意见》，提出以济宁为龙头打造全省儒学人才汇聚发展高地，省里从资金、项目、人才交流、用人机制等方面对济宁给予重点支持。随后，山东省人才工作领导小组办公室、济宁市人才工作领导小组面向海内外引进、培育"儒学大家""泰山学者""尼山学者"三个层次或类型的高端人才。截至2019年，山东、济宁已引进23位儒学研究高端人才，孔子研究院、孟子研究院也在这个过程中调整充实了学术委员会，济宁儒学人才高地建设初见成效。

3. 研究成果精细化

核心区依托多元研究主体与高端研究人才，开展了一系列高端学术活动，产出了一批精细研究成果。学术活动方面，打造了"春秋讲坛""国际青年儒学论坛"等儒学研究传播高端平台；研究成果方面，获批立项"中国曲阜儒家石刻文献集成""世界书院研究"等一批国家社科基金项目，推出《二十世纪儒学研究大系》《论语诠解》《孔子家语通解》《正本清源说孔子》《儒学精神与中国梦》以及《〈孟子〉七篇解读》丛书、《孟子文献集成》《孟府档案》"邹鲁文化系列丛书"等一批有影响力的精品成果。

（二）经世致用造福于民

曲阜、邹城、泗水在大力推进优秀传统文化尤其是儒家文化学术研究与理论阐发的同时，也高度重视传统文化的实践转化与现实应用，通过一系列创新实践，使传统文化的思想精髓深度融入社会治理、文化建设、经济发展、生态保护等方面，真正实现了经世致用、知行合一。

1. 将儒学精髓融入基层治理

党的十九届四中全会提出，健全党组织领导的自治、法治、德治相结合的城乡基层治理体系，构建基层社会治理新格局。以此为指导，曲阜、邹城、泗水创新性地将儒学思想精髓融入社会治理。如曲阜探索用儒家文化推进乡村振兴，深化"和为贵"调解室品牌化建设，开展"全民修身""全民守法"等教育实践活动，推进"乐和家园"建设，形成了德治、自治、法治、善治"四治融合"的"和为贵"社会治理品牌。

2. 将儒学精髓融入教育教学

人是文化传承和发展的重要载体，优秀的文化只有在人身上发生作用才具有它的传承价值，人获得这一优秀文化资源的首要途径就是教育。国民教育是现代社会教育体系中的基础环节，把优秀的传统文化融入国民教育体系中是其再发展的持续有效途径和基础性要求。

核心区深入探索传统文化教育的有效途径与实施策略，通过加强课程开发、突出学科渗透、创新教学形式、开展经典诵读、坚持课题引领，基本形成了以课程开发为载体、课堂教学为渠道、经典诵读为形式、系列活动为平台、专题研究为引领的传统文化教育路径，基本实现了传统文化教育"知识与技能""共性与特色""继承与创新""课内与课外"的统一。

3. 将儒学精髓融入经济发展

一方面，践行"融合发展"理念，推动文旅融合与文化创意产业发展，建设尼山圣境等一批重大文旅项目，开展传统文化研学旅游，培育发展具有儒家特色的教育培训、会展演艺、文物复仿、古玩交易、园林古建、餐饮娱乐等产业。另一方面，深入挖掘传统文化尤其是儒家文化中的诚信、创新等思想资源，结合社会信用体系建设，广泛开展诚信儒商、诚信企业等宣传创建活动，发扬"苟日新，日日新，又日新"的创新意识，努力打造全国企业最守诚信的示范区。

4. 将儒学精髓融入生态保护

曲阜、邹城、泗水深入挖掘传统文化中天人合一、崇尚节俭等思想资源，使传统生态文化融入现代生态文明建设，并使之成为全社会的自觉行动。一方面，突出儒意儒风儒韵特色，统筹推进各古城内历史街巷、传统肌理、水系格局、景观风貌的保护开发与梳理整合；另一方面，节约资源，保护环境，构筑复合型生态良性互动体系，为历史文化遗产保护提供良好生态支撑；再一方面，统筹考虑曲阜、邹城、泗水三地人口分布、经济布局、国土利用和城镇化布局，统筹推进文脉、山脉、水脉开发利用，推动区域空间科学治理。

三 多点开花：各据资源优势"分头并进"

核心区一方面拥有共同的文化背景，另一方面又有各自不同的文化资源与文化特质。在传承发展中华优秀传统文化尤其是儒家文化过程中，曲阜、邹城、泗水依托自身优势，创新性地打造出了各具特色的地域文化品牌、机构平台品牌与传承载体品牌，使"曲阜模式"呈现出了多点开花、百花齐放的繁荣局面。

（一）地域文化品牌建设多点开花

曲阜、邹城、泗水三地作为"曲阜优秀传统文化传承发展示范区"的核心区，各自拥有独特的历史文化遗产与传统文化资源，各地在传承发展优秀传统文化过程中，结合自身优势，形成了各具特色的地域文化品牌与空间布局。

曲阜作为孔子诞生地、儒家文化发源地与鲁国故城所在地，主打"孔子故里、东方圣城"等文化品牌，在空间布局上突出打造曲阜古城区、曲阜新区、尼山片区、曲阜文化国际慢城四大文化保护、传承、创新和发展片区。邹城作为孟子出生地与邹鲁文化发祥地，主打"孟子故里、邹鲁圣地"等文化品牌，在空间布局上突出打造九龙山片区、邹县古城区、孟子湖新区与大峄山片区四大文化片区。泗水是泗河发源地，孔子曾在泗河源头发出"逝者如斯夫，不舍昼夜"的感叹，孟子、颜子、曾子、柳下惠以及墨子、仲子、孔伋等先贤都曾生长、活动于泗河流域。此外，泗水还是东夷文化的摇篮，据古史记载是伏羲、神农、黄帝、唐尧、少昊、虞舜、皋陶、大禹等的出生地或活动地。依托这些文化资源，泗水主打"文明摇篮、圣源泗水"及"始祖文化"等品牌，突出打造始祖文化片区，建设始祖文化寻根地和体验区，构筑始祖文化景观带，打造泗河文明带的引擎。

曲阜优秀传统文化传承发展示范区还以曲阜、邹城、泗水三地周边具有相同或相近历史人文资源的区域为协作区，以山东省内其他具有相同或相近文化资源的富集区为联动区，核心区、协作区、联动区多点开花、百花齐放成为"曲阜模式"的一大特色。

（二）文教科研机构建设多点开花

曲阜、邹城、泗水依托自身文化资源以及文化品牌建设思路，各自新建或支持发展了一批致力于优秀传统文化传承发展的文化、教育、科研机构，同时大力培育民间力量，发展起了一批民间机构与文化企业。

1996年国务院批准建设孔子研究院，21世纪以来曲阜师范大学先后成立国学院、中国教师博物馆等机构，成立孔子学院总部体验基地、孔子博物馆等机构，成为曲阜优秀传统文化传承发展的有力支撑。邹城也不断加大优秀传统文化研究传播力度，相关文教科研机构逐步增多，2013年成立孟子研究院，2015年又成立中国孟子学会、孟子书院等，形成了较为健全的研究主体结构。这些机构以孟子思想、母教文化等为主攻方向，持续推进儒家文化的研究阐发与交流传播。泗水于2008年成立尼山圣源书院，组建起了一支包括国内外数十所高校、科研机构知名学者在内的高端学术团队。泗水还在筹划成立中华始祖文化研究机构，酝酿设立仲子研究院，以加强始祖文化、仲子文化的研究阐发与传承发展。

而曲阜优秀传统文化传承发展示范区的协作区、联动区也新设或改建成立了一批致力于优秀传统文化传承发展的文教科研机构，如中国孔子基金会、山东社会科学院国际儒学研究院、山东大学儒学高等研究院、山东师范大学齐鲁文化研究院、山东理工大学齐文化研究院，等等。

（三）文化传承载体建设多点开花

曲阜、邹城、泗水依托各自文化资源优势，搭建了各具特色的传统文化传承发展载体，开展不同角度、不同层次的传统文化普及教育与传播交流活动，共同促成了"曲阜模式"多点开花的生动局面。

曲阜自1984年开始举办"孔子文化节"，通过颁奖典礼、学术研讨、祭孔大典、文化展演等方式展示儒家文化的独特魅力。新时代以来曲阜又创新举办"百姓儒学节"，坚持"百姓设计、百姓组织、百姓参与、百姓评判"和市场化运作原则，让更多群众参与其中。邹城依托"孟母教子"等文化资源，连续14年举办"母亲文化节"，并推动设立"中华母亲节"。2020年，在疫情防控新形势下，邹城创新"母亲文化节"举办形式，线上依托新媒体平台运营"中华母亲节"微博、设立热搜话题、开通网络直播，并与京东智联云合作举办孟子故里母亲节IP、文创产品发布会，线下开展"最靓青春、最美母亲"评选、"母子游学话峄山"等活动。泗水以家庭孝道建设为切入点，开设"乡村儒学讲堂"重启儒韵民风，目前已建成300余所高标准乡村儒学讲堂，成为泗水文化传承"主阵地"、农村文化"综合体"和社会治理"润滑器"。泗水还依托生态优势，开展具有传统文化特色的赏花卉、美食节等活动。

四 集成整合：协同发展形成"整体效应"

曲阜、邹城、泗水针对当地历史文化遗产的保护、传承、开发、利用开展了一系列探索实践。但以前由于各地"各自为战"，有些探索重复低效，有些探索则限于人、财、物等因素难以成行。有鉴于此，山东省、济宁市以及曲阜、邹城、泗水县市区对传统文化相关资源、机构、平台予以创新性整合，使传统文化的创造性转化与创新性发展初步形成了"整体效应"。

（一）创新整合文化资源，推动区域协同发展

曲阜、邹城、泗水各自拥有独具特色的历史文化资源，这些资源又共同构成了儒家文化的重要源头，对这些资源进行有效整合是对儒家文化进行创造性转化与创新性发展的必要前提，"曲阜优秀传统文化传承发展示范区"建设正是这一整合的创新性尝试。

2016年，国家发布"十三五"规划纲要，提出实施国家记忆工

程，推进山东曲阜优秀传统文化传承发展示范区建设。2017年年底，山东省印发示范区建设规划，明确以曲阜、邹城、泗水三地为示范区的核心区。根据规划，示范区以"一轴、一带、九大片区"为整体框架，其中"一轴"指"孔孟文化轴"，"一带"指"泗河文明带"，"九大片区"是指上面所讲的曲阜古城区、曲阜新区、尼山片区、九龙山片区、邹县古城区、孟子湖新区、大峰山片区、泗水始祖文化片区、曲阜文化国际慢城。为了建成儒家文化挖掘阐发基地、全国道德礼仪首善之区、国家记忆工程先行区、全国文化经济融合发展示范区、国际儒学研究创新中心和世界文明交流互鉴高地，示范区建设按照"轴带贯通、片区并进"的思路，重点突破，融合互动，整体推进，体现出了鲜明的集成整合特点。

（二）创新整合组织机构，打造世界儒学高地

曲阜、邹城、泗水在整体推进优秀传统文化"两创"过程中，不仅对历史文化资源进行了创新性的集成整合，而且对相关组织协调机构、文教科研机构及人才资源进行了创新性整合。

创新整合组织协调机构。山东在省级层面成立了由省委宣传部、网信办及省发改委、教育厅、财政厅等11个部门单位组成的山东省中华优秀传统文化传承发展工作协调组，2018年年底又在省委宣传部成立专门处室——文化传承发展处，济宁等地宣传部也都成立了文化传承发展科，与文艺科是一个机构两块牌子，具体负责当地优秀传统文化传承发展的组织协调工作。

创新整合文教科研机构。在曲阜、邹城、泗水已有的孔子研究院、孟子研究院等文教科研机构基础上，山东省又于2019年8月在曲阜成立尼山世界儒学中心，着力打造世界儒学研究高地、儒学人才集聚高地、儒学普及推广高地、儒学国际交流传播高地。根据计划，尼山世界儒学中心将深度整合省内部分文教科研机构，未来还将筹建孔子大学。

创新整合儒学人才资源。山东省、济宁市及优秀传统文化相关文教科研机构围绕"儒学人才高地"建设目标，持续面向海内外引进、培育儒学研究、创意创业、国际传播、民间普及推广等领域高端人才，初步建立起了覆盖全面、布局合理、层次分明的人才梯队。

（三）创新整合平台载体，加强文化交流传播

优秀传统文化"两创"需要在全球化语境中展开，近年来核心区大力整合各类资源，创新打造了一批具有国际影响力的文明对话平台、节日庆典平台与商业交流平台。

整合打造大型文明对话平台，其典型代表是"尼山世界文明论坛"。尼山世界文明论坛通过在泗水、曲阜等地开展高端对话、主题讲座、文明体验等系列活动，聚焦人类社会难题，推动文明交流互鉴。该论坛已在国际上独树一帜，在国内也形成了"南有博鳌、北有尼山"的论坛格局。目前核心区正在曲阜、泗水、邹城三地交汇处建设尼山世界文明论坛配套提升工程。

整合打造大型节日庆典平台，其典型代表是"孔子文化节"等系列节庆活动。"孔子文化节"创办于1984年，近年来当地深度整合资源，不断创新形式，在曲阜、邹城、泗水等地开展精品汇演、传统展演、高峰论坛、商业展览等系列活动，策划推出国学普及讲座、经典诵读大赛、儒家礼仪培养等集观赏性、参与性、趣味性于一体的文化体验项目，国际知名度不断提升。

整合打造大型商业交流平台，其典型代表是"儒商东方圣城行"活动。凭借丰厚的文化底蕴，济宁每年吸引大批海内外人士前来旅游、交流。自2015年起，济宁专门打造海内外知名儒商"东方圣城行"活动，表彰儒商楷模，交流儒商思想，举办经贸活动，开展商业合作。未来济宁还将进一步整合资源筹建中国儒商学院，打造海内外

企业家文化研修与学习交流的国际平台。

五 人才驱动：全球引智打造"儒学人才高地"

人才是经济社会发展的第一资源，中华优秀传统文化传承发展"曲阜模式"的形成正是得益于人才的强力驱动。自习近平总书记2013年发表"曲阜讲话"以来，山东省、济宁市等各级政府以及优秀传统文化相关文教科研机构围绕"儒学人才高地"建设目标，形成了儒学人才建设的总体战略与一揽子策略，逐步建构起涵盖儒学研究、传播、创意创业等五个层面的人才队伍，并依托这些人才资源开展了一系列活动，取得了一系列成果。

（一）布局人才战略，打造儒学人才高地

为响应习近平总书记关于大力弘扬中华优秀传统文化的号召，落实总书记"四个讲清楚"与"两创"重要指示精神，山东省委组织部、省教育厅、省文化厅等九部门于2015年联合印发《关于加强儒学人才高地建设的意见》，确定以济宁为龙头打造全省儒学人才汇聚发展高地。随后，"儒学人才高地"战略目标又陆续写进《山东省"十三五"人才发展规划》《山东省传承发展中华优秀传统文化工作方案》《曲阜优秀传统文化传承发展示范区建设规划》以及济宁市"1+3"人才工作战略等重要规划、战略或方案，为"曲阜模式"人才建设提供了顶层设计与战略规划保障。

《关于加强儒学人才高地建设的意见》提出，山东省从多个方面对济宁及驻济文教科研机构儒学人才高地建设给予重点支持：一是加大资金投入力度，省财政增加"泰山学者"等省级重点人才工程资

金，专项用于儒学人才培养引进，单列名额定向支持济宁；二是加大省级项目保障力度，孔子研究院世界儒学文献收藏中心、孔子博物馆、孔子学院总部体验基地等项目优先纳入省重点项目管理；三是加大人才交流力度，通过省直人才赴济宁挂职或济宁人才赴省直研修等方式，帮助济宁人才提升管理和科研水平；四是建立灵活的用人机制，赋予孔子研究院、孟子研究院在人才评价、聘用、薪酬激励等方面更多自主权。这些支持政策为"曲阜模式"人才建设提供了体制机制保障。

（二）全球引育人才，构建合理人才梯队

山东省、济宁市及相关文教科研机构面向全球，通过引进、培育儒学研究、儒学创意创业、儒学国际传播、儒学民间普及推广等方面的高端人才，逐步构建起了科学、合理的人才梯队。

儒学研究高端人才是儒学研究与传播最为强劲的驱动力，为加强相关人才建设，山东省人才工作领导小组办公室、济宁市人才工作领导小组自2015年起持续面向海内外引进、培育"儒学大家""泰山学者""尼山学者"三个层次或类型的高端人才。此类引进门槛较高，须符合研究方向、学术成果、同行评价等方面较高要求；方式灵活，可全职引进亦可兼职引进；待遇优厚，如"泰山学者"全职人选与兼职人选在省财政五年管理期内分别可享200万元与100万元经费支持；"尼山学者"全职人选年薪酬最高可达40万元；"儒学大家"则一人一策、一事一议。富集的文化资源、灵活的引才方式与优厚的薪酬待遇吸引了海内外一批高端人才的加盟，截至2019年，山东、济宁已累计引进儒学研究高端人才23位，其中包括安乐哲、陈来两位"儒学大家"。同时，孔子研究院、孟子研究院调整充实了学术委员会，分别聘请牟钟鉴、陈来担任主任委员。

除了引育儒学研究高端人才，"儒学人才高地"建设还注重对其

他领域、层次人才的引育。济宁市专门制定出台了《关于实施孔孟之乡儒学研究和传播人才专项工程的意见》，启动儒学研究名家、儒学研究中青年学者、儒学创意创业人才、儒学国际传播人才和儒学民间普及推广人才五项专项人才计划，逐步构建起了覆盖全面、布局合理、层次分明的人才梯队。

（三）发挥人才优势，产出大量优质成果

通过实施"儒学人才高地"建设，曲阜、邹城、泗水汇聚了大批儒学研究、传播人才，他们通过开展学术研究、组织学术活动、普及儒学教育、开展对外交流等形式，积极参与"曲阜模式"建构，取得了大量优质成果。

学术研究方面，以儒学大家、泰山学者、尼山学者为核心的儒学研究高端人才充分发挥学术专长与带动作用，组建了十余支学术研究团队，截至2019年出版学术著作近30部，发表学术论文100余篇，取得了一批影响广泛的研究成果，有效提升了当地儒学研究的"话语权"。学术活动方面，各类儒学人才通过组织、参与读书会、学术讲座、学术论坛等形式，为当地青年学者搭建了读书、学习、交流的良好平台。如孔子研究院特聘泰山学者李纪祥为团队核心成员，组织并亲自主持"圣域读书会"40余场，专题研读《论语》《春秋》等经典。儒学普及教育方面，各类儒学人才不仅通过"乡村儒学讲堂"等形式开展儒学普及教育，还参与干部政德教育课程的开展及教材的编审，开展"孟子思想与干部政德修养"专题讲座，主讲制作"《孟子》七篇解读"电视专题片，取得了良好反响。此外，各类儒学人才还参与山东、济宁的国际交流，带领团队成员赴海内外考察、研修，有效实现了儒学的对外交流与国际传播。

六　实践养成：以传统美德涵育
　　　　　"首善之区"

作为中华文明重要发祥地和儒家文化发源地，曲阜、邹城、泗水向以民风醇善质朴著称。进入新时代，核心区确立了建设"弘扬优秀传统文化首善之区"的目标，通过一系列实践探索，对中华优秀传统文化尤其是儒家文化所蕴含的思想精华、道德精髓作了进一步创造性转化与创新性发展，使传统美德深度融入群众生产生活与地方社会治理，融入社会主义核心价值观的树立与培养，逐步构建起了从城市到乡村、从庙堂到市井的实践养成体系，涵育形成了具有"曲阜模式"特色的"儒韵民风"。

（一）以传统美德涵育民德民风

1. 涵养儒韵民风

核心区一直注重把优秀传统文化融入公民道德建设之中，将传统美德融入家庭美德、社会公德、职业道德和个人品德的"四德"工程建设之中，推出了"彬彬有礼道德城市"等具有地域文化特色的道德建设品牌，以此培育向上向善的纯净民风，促进纯善民风的养成，展现了礼仪之邦的独特优势，营造了人和、家和、社会和的良好氛围，使人民群众在潜移默化、润物无声中得到感染和升华，最终形成德治与法治相辅相成、相互促进的社会治理示范区。

面向城乡建设道德城市，提升公民道德。核心区均推出了体现各自地域文化特色的道德建设品牌，"彬彬有礼道德城市""爱满泉乡·幸福泗水"等。曲阜在开展"彬彬有礼道德城市"建设中，以"人人彬彬有礼、处处干干净净"为目标，突出"孝诚爱仁"四大主题，培育向上向善、孝老爱亲的儒韵民风。

面向基层开展文明实践，涵养文明乡风。作为新时代文明实践中心建设首批试点之一，曲阜立足于传统文化资源，通过"讲评帮乐庆"等形式，创新推出一批为群众喜闻乐见的实践项目，如儒学讲堂、书画与"非遗"巡展、评选表彰、文艺演出等，使曲阜的文明实践展现出了儒家特色。在曲阜试点基础上，包括邹城、泗水在内的济宁其他地区的文明实践逐渐推广开来，各地乡风民俗得到净化与提升。

面向家庭普及家庭美德，共建和谐家庭。核心区通过开展优秀传统文化"进家庭"、新时代文明实践等活动，普及家庭美德，共建和谐家庭。曲阜开展家庭教育宣传月活动，实施"好家风传播工程"，开展最美家庭故事巡讲和家风家训展示；邹城举办"树清廉家风、创最美家庭"主题活动，举办"母亲文化节"，提升母教文化影响力。

（二）以传统美德涵育政德政风

领导干部的政德素养对于国家社会治理及民德民风建设具有重要引领作用。核心区充分挖掘儒家文化中关于政德政风的思想资源，自2013年开始深入探索干部政德教育工作，2016年4月成立济宁干部政德教育学院，并在曲阜、邹城等地设立若干教学区，合力开展干部政德教育，形成了全国第一家以政德为主题的干部教育基地，被中组部列入省（部）级党性教育基地。

（三）以传统美德涵育师德师风

百年大计，教育为本；教育大计，教师为本。一支师德高尚、业务精湛、结构合理、充满活力的高素质专业化教师队伍对于国家繁荣、民族振兴、教育发展具有重要意义。曲阜、邹城、泗水深入挖掘优秀传统文化中关于师德师风的思想资源，并将其融入当地师德师风建设，用以涵养新时代背景下的纯善师德，有力推动了"首善之区"的师德风范建设。

完善师德师风建设相关制度。根据济宁市于2011年试行的《师德师风考核办法》，曲阜、邹城、泗水从依法执教、爱岗敬业、热爱学生、严谨治学、团结协作、尊重家长、廉洁从教、为人师表八个方面对师德师风考核内容、标准作出规定，并在各级各类学校和教育教学机构实行师德师风档案制度。

开展师德师风建设系列活动。曲阜、邹城、泗水大力开展中华优秀传统文化进校园活动，通过"国学经典教育师资培训班""教师经典读书班"及其他各种培训、讲座、研讨等活动，提升教师队伍的传统文化素养与师德师风。

探索师德师风现场体验项目。曲阜师范大学2020年作为山东省唯一单位入选全国师德师风建设基地，成为"曲阜模式"师德师风建设的一大亮点。曲阜师范大学的师德师风探索以中国教师博物馆为主要依托，将传统美德融入师德师风现场体验。中国教师博物馆以教育文物收藏、教育遗产研究、师德教育涵养、教师文化交流、公众文化服务等为主要目标功能，常设"教师鼻祖""教师风物""教师典范"三大基本陈列。

（四）以传统美德涵育商德商风

经济活动以追求利润最大化为目标，然而"不义之利"不可持续，道德素养对于经济主体至关重要。核心区探索将传统美德融入经济活动，提升经济主体的道德素养，改善商德商风，成效显著。

搭建儒商交流平台。依托"孔子文化节"，推出"中国儒商东方圣城行""海内外知名儒商东方圣城行"等系列活动，通过"孔子儒商奖"颁奖盛典、经济合作恳谈会、"儒商高峰论坛"等形式，表彰儒商楷模，交流儒商思想，举办经贸活动，促进儒商思想与现代经营理念的有机融合,使传统美德走进企业家心中。

推动企业诚信建设。曲阜、邹城、泗水积极开展优秀传统文化"进企业"活动,挖掘阐发儒家文化诚信和创新内涵,结合社会信用体系建设,广泛开展诚信儒商、诚信企业等宣传创建活动,发扬创新意识,提高企业诚信建设水平和创新争先精神。

探索开展儒商培训。核心区依托当地文教科研机构,同时大力引进国内外知名培训机构,采取委托机构培训、院企联合培训、企业自建培训基地等方式,对企业家和经营管理人才进行培训,使儒家思想核心理念融入现代企业管理体系。核心区还将筹建中国儒商学院,打造海内外企业家学习交流和文化研修平台,在更广领域弘扬优秀传统文化。

七 全民参与:共建共享实现"活态传承"

中华优秀传统文化是具有旺盛生命力的活态文化,其创造性转化与创新性发展不仅需要政府推动与文化精英、文化爱好者的参与,更需要全民广泛传播践行,最终融入并重塑大众生活。曲阜、邹城、泗水在传承发展优秀传统文化过程中提出全民参与理念,通过丰富参与主体、创新参与形式,一定程度上实现了优秀传统文化的全民共建共享与"活态传承"。

(一) 提出全民参与理念

曲阜、邹城、泗水从官方到民间都在复兴、传承、发展优秀传统文化方面做了大量探索,但是过去整体来看社会公众参与度一直不高。以孔子祭祀为例,曲阜于1986年恢复孔庙祭孔,每年9月28日举行祭孔大典,2004年起祭孔大典由民间祭祀转为政府公祭,2008

年起又恢复春季祭孔，影响逐年扩大。尽管如此，普通百姓却始终难以参与到祭典当中去，据曲阜官方统计，2014 年之前的 20 多年中，有幸参与祭典的普通百姓不足千人。

优秀传统文化本是具有旺盛生命力的活态文化，凝聚着先民几千年来的生活智慧与美德追求，如果公众参与度过低，传统文化的传承发展便流于少数政府部门与少数文化精英、文化爱好者自娱自乐的游戏。有鉴于此，曲阜高度重视文化的共建共享，有意识地调动全民参与文化传承发展的积极性、创造性。2010 年的孔子文化节提出了全民参与、共建共享理念，并以文博会的形式为群众参与提供便利。曲阜又于 2014 年创办"百姓儒学节"以践行"百姓儒学"的理念，以"儒学让百姓更幸福"为主题，使得工人、农民、学生等普通民众都有机会参与祭孔大典、参与优秀传统文化的传承发展。

在全民参与、共建共享理念的指导下，优秀传统文化的传承发展与普通民众的生产生活达到了更有深度更加广泛的融合发展，群众的日常生活也因参与文化传承而有所改善、有所提高，自然也就更愿意参与其中，群众的广泛参与无疑激活了优秀文化的传承发展，二者之间形成互助互益良性循环，一定程度上实现了优秀传统文化的"活态传承"。

（二）丰富全民参与主体

以往曲阜、邹城、泗水参与优秀传统文化传承发展的主体，主要是政府文化教育部门及其相关工作人员、文教科研机构的相关知识分子与从业人员、少数传统文化爱好者，总的来说参与主体较为单一，参与人数规模较小。进入新时代，三地广泛调动全民参与文化传承发展的积极性、创造性，使参与主体极大丰富，参与人数大幅增加。

曲阜、邹城、泗水推动党员干部带头学国学、用国学，并发挥当地干部政德教育基地作用，对在职在岗机关干部进行儒家文化轮训，形成了"气养浩然·行守规矩"等政德教育品牌。

尊重工人、农民、知识分子等的主体地位。曲阜自2014年开始举办的"百姓儒学节"坚持"百姓设计、百姓组织、百姓参与、百姓评判"和市场化运作原则，其间祭孔大典数千名代表既不是官员也不是孔氏宗亲，而是工人、农民、学生等普通百姓。"百姓儒学节"为期一个月，累计参与祭孔大典人数可以占到曲阜总人口的六分之一左右。此外，曲阜、泗水等地推行的儒家文化"六进"普及工程，也有力提升了群众参与传统文化传承发展的积极性。

发挥学校教师及青少年的生力军作用。推动优秀传统文化进校园、进课堂、进教材，实现从小学到大学全学段开设传统文化课程、启用传统文化教材，并通过各种形式对各中小学正副校长、教师代表进行传统文化培训。

注重发挥文化企业及社会组织从业人员的积极作用。曲阜、邹城、泗水拥有一大批各类文化企业与社会组织，仅曲阜就有文化类企业近千家，这些企业及社会组织通过开展文化传播、国学培训等业务，极大地活跃了当地的文化建设。

发挥文化志愿者、文化辅导员等的重要作用，深入基层开展传统文化传播实践志愿服务。此外，曲阜、邹城、泗水还将游客等群体纳入参与主体，形成全社会参与传统文化传承发展的良好氛围。

（三）创新全民参与形式

优秀传统文化固然是具有旺盛生命力的活态文化，但不得不说其与国人经历"三千年未有之变局"后建立起的现代性生活方式已有所隔膜。为此，曲阜、邹城、泗水积极推动全民参与优秀传统文化传承发展过程，不断创新形式，推出了一批适合全民参与的特色载体。

创新传统文化普及教育形式。曲阜自2014年开始实施"百姓儒学"惠民工程，作为"百姓儒学"工程重要组成部分，曲阜每年安排百姓朝圣祭孔、《论语》进万家、邻里一家亲、师生节等系列活动。

　　创新传统文化实践养成形式。曲阜、邹城、泗水推出体现各自地域文化特色的道德建设品牌，广泛开展新时代文明实践活动，通过"讲评帮乐庆"等形式创新推出儒学讲堂、"非遗"巡展、评选表彰、文艺演出等一批为群众喜闻乐见的实践项目。核心区还创新开展"全民阅读""全民修身""全民守法""全民节能"等全民教育、实践活动，推动优秀传统文化的共建共享与"活态传承"。

第六章

"曲阜模式"的时代价值与提升推广

依托丰厚的文化资源，在传承创新优秀传统文化的过程中，核心区形成了内涵丰富、特色鲜明的"曲阜模式"。我们之所以要提炼出"曲阜模式"，就在于它具有极为重大的时代价值，就在于它已经并将在进一步夯实世界文化新高地基础、彰显中国文化符号象征、推动建设国家记忆工程先行区、推动旅游业的迅速发展和助推中华文化"走出去"等方面呈现出独特的时代价值和社会意义。未来，要使"曲阜模式"能够可复制、可推广，不仅必须凸显儒学优势、着力建设好尼山片区、注重文化生态整体保护、更加重视传统文化转化，还应当进一步强化文化融合、注重打造知名文化品牌、营造有利于传统文化创新的条件和加强"曲阜模式"的宣传与转化。

一 "曲阜模式"的时代价值

"曲阜模式"具有重大的时代价值和深远的历史意义，它既可以夯实世界文化新高地基础、彰显中国文化符号象征、推动建设国家记忆工程先行区，还能够推动旅游业的迅速发展和助推中华文化"走出去"。完全可以说，没有融合与创新，就无以建成优秀传统文化传承发展示范区，也不可能成为优秀传统文化"两创"先行区。

（一）夯实世界文化新高地基础

高地一般解释为地势高的地方，而文化高地是指居于较高的文化地位，具有强有力的文化控制力和影响力。建设中国乃至世界重要的文化高地，抢占文化的制高点，是提升文化软实力的重大战略举措，有利于加快推动文化资源优势向文化发展优势转变、再造文化新辉煌。这不仅是山东现代化文化强省建设的重大任务，也是曲阜优秀传统文化传承发展示范区不可推卸的重要使命。核心区要打造世界文化新高地，就必须突出高标准、高定位，着力打造国家级文化平台和品牌，充分展现核心区优秀传统文化的国际化特色与实力。

儒家文化是核心区最为宝贵的资源，也是最为突出的优势，在习近平总书记的亲切关怀下，在各级领导和党政部门的支持下，通过广大干部群众的艰辛努力，借助于传统文化的融合创新，核心区已经显示出世界儒学新高地的雏形。汲取儒家文化的思想精华和道德精髓，推动传统文化与现代文化的融合创新，大力实施内容创新、形式创新、业态创新，将为社会主义核心价值观的培育与践行提供丰富的滋养，助推国家层面、社会层面、公民层面的价值观融为一体，有助于倡树社会新风，有助于提振和凝聚中华民族精神、坚定人们的文化自信，有助于构建中华民族共有的精神家园，有助于开创社会主义文化建设的新局面，从而促进把示范区建设成为当代中国的文化高地。历史上儒家文化对亚洲一些国家和地区产生了深远影响，以致形成了"儒家文化圈"。孔子居世界十大思想家之首，他所提倡的"己所不欲，勿施于人"理念更是被确立为当今世界全球伦理的基石。儒家思想不仅是中华优秀传统文化的宝贵结晶，也是人类文明的共有财富，能够为推动世界文明的发展进程保驾护航。核心区正是顺应人类文明交流互鉴的大趋势、世界文化合作共赢的大潮流，借助于对传统文化的创造转化和创新性发展，搭建儒家文化交流平台，加强中外文化交流互鉴，努力推动中华文化走向世界，使得本区域日益成为世界各大文明关注的焦点，吸引了国际上众多有识之士的目光。可以相信，曲阜、邹城和泗水在不远的将来必定成为世界瞩目的文化新高地。

在雅斯贝尔斯所说的人类文明的轴心期，曲阜、邹城、泗水一带曾是中国文化的中心之一，也是儒学的圣地、精神文明的高地。新时代以来，为了重建儒学的新高地，以曲阜为中心的核心区在传承发展以儒家文化为主干的传统文化过程中，按照"四个讲清楚"的要求，始终坚持"各美其美、美人之美、美美与共、世界大同"的理念，坚决实施融合创新战略，强力打造儒学研究的高端对话平台，深入开展世界文明和儒学的交流合作，切实强化了在儒学研究与传播中的话语权。核心区以融合创新的气魄、勇气和胸怀，调整充实儒学文教科研机构，在已有曲阜师范大学孔子文化研究院的基础上，新设立邹城孟子研究院和嘉祥曾子研究院等系列文教科研机构。从理论上深入挖掘和弘扬儒家思想所蕴含的中华民族独特的文化精神、生存智慧和合理内核，推出了《儒学五圣》《转化与发展——走进新时代的中华优秀传统文化》《孟子文献集成》《孟府档案》等一批具有重大理论价值和现实意义的产品，创新启动了《论语》《孟子》《中庸》《大学》"四书"解读工程，创造出了一大批独树一帜的思想标志性成果。

尤其是2019年8月建立了尼山世界儒学中心，以曲阜尼山为中心，形成"一个中心、多个分中心"的格局，着力建设新时代中国乃至全世界公认的儒学学术研究、人才培养、交流推广、国际合作的高端平台和具有全球引领力的儒学研究高地。主持承担了大批国家级、省级儒学研究项目，积极开展高规格的儒学学术活动，为打造成儒学研究新高地提供了良好的交流平台与发展机遇。截至2020年年底，曲阜已成功主办八届"世界儒学大会"、六届"尼山世界文明论坛"，举办了"一带一路"儒家文明创新论坛,这些都有力推动了儒学与世界文明的交流对话。核心区不断完善儒学研究人才保障机制,着力打造儒学人才汇聚的发展高地,力求在世界儒学研究传播中掌握充分的"话语权",为打造儒学研究新高地提供了充足的人才智力保障。

(二)彰显中国文化符号象征

符号一般是指文字、图形、语言、电码、交通标志等。法国作家皮埃尔·吉罗认为"符号一直是某种意愿的标志,它传播一种意义"[1]。德国哲学家卡西尔则认为:"所有在某种形式上或在其他方面能为知觉所揭示出意义的一切现象都是符号,尤其当知觉作为对某些事物的描绘或作为意义的体现、并对意义做出揭示之时,更是如此。"[2] 这就是说,世界上只要能够表达思想和感情、带有标志性的事物都有可能称为符号。符号作为对象的表意形式源于人们的生产与生活,它是人类通过一定的思想创作和社会实践,经群体接受并共同约定、广泛使用,用来意指一定事物对象或者代表特定意义的标识,它是由人约定俗成、赋予意义,用来指称一定对象性内容,可以为人所感知或理解的标志物。

那么什么是文化符号呢?葛华认为:"在人类的文化创造中,人类不断把对世界的认识、对事物和现象的意义和价值的理解,赋予一定的具体可感的形式或行为方式,从而使这些特定的形式或行为方式产生一定的象征意义,就构成文化符号,成为人们在生存生活中必须遵循的习俗或法则。"[3] 文化符号源于人们的宗教、政治、哲学、文艺、民俗、生活等物质活动和精神活动,是一个国家、民族或地区的

---

[1] [法]皮埃尔·吉罗:《符号学概论》,怀宇译,四川人民出版社1988年版,第24页。
[2] [德]恩斯特·卡西尔:《符号形式的哲学》赵海萍译,吉林出版集团股份有限公司出版2018年版,第109页。
[3] 葛华:《中国传统文化符号的现代视觉表达》,硕士学位论文,扬州大学,2009年。

文化在历史演变发展过程不断发展和积累，集中表现为一定的生活习惯、生产方式、群体审美、道德追求、价值观念等，经过时间洗礼而沉淀下来的物质文化和精神文化精华，是某种意义和理念的载体，它们是通过一系列外在特征表现出来的。作为一个特定区域文化资源的凝结式标示，文化符号关系到知名度、美誉度和文化自信，是文化软实力的重要载体和重要体现。[①]

象征这一词最早出现在古希腊文中，指拼拢、符号、象征、凑成，用来表示或代表人、物、群体和思想观念。按照当代符号学理论，象征本质上是借助一种文化形式表达某种思想感情的表意方式，它以某些客观存在的具体事物或想象中的可感知事物为原本，通过写意、对比、隐喻、寓言、拟人化、符号等具体象征方式进行表意，反映特定人群的思想观念、心理状态、抽象概念和各种社会文化现象。它是一个地域、一个民族、一个国家独特文化的抽象体现，是文化内涵彰显和传承的重要载体，可以通过人的感觉器官感知，作为基于约定俗成的事物而为人赋予代表某一符号。

对曲阜优秀传统文化传承发展示范区来说，文化符号可谓丰富多样、种类繁多，但是最为人称道的则是"三孔"和"三孟"。孔府、孔庙、孔林统称曲阜"三孔"，它们是中国历代纪念孔子、弘扬儒学的表征，也是历代儒客朝拜的圣地，以其丰厚的文化积淀、宏大的建筑规模、丰富的文物珍藏以及重要的科学艺术价值而著称于世。1994年孔庙、孔林、孔府被联合国列入《世界遗产名录》，如今"三孔"建筑群不仅仅是一个地理建筑概念，更成为一种文化概念，进而成为中国传统文化的符号表征。

"三孟"是指孟府、孟庙和孟林，位于邹城市。孟庙又称亚圣庙，为历代祭祀孟子的场所，现为全国重点文物保护单位。孟府位于邹城

---

① 参见冯聚才《文化符号与文化软实力》，《开封大学学报》2012年第3期。

南关，与孟庙毗邻，是孟轲嫡系后裔居住的宅第。元至顺二年（公元1331年），文宗皇帝封孟轲为"邹国亚圣公"，从此，孟府又被称为亚圣府。孟府内现存有封建帝王所赐的朝服、龙袍、圣旨、诰封、家族档案、印书木刻和书籍字画等大量珍贵文物，为研究中国封建社会的历史提供了宝贵的资料。孟林是孟子和他后代子孙的墓地，位于邹城东北12公里的四基山西南麓，南面凫峄，北拱岱岳，是一处保存时间长、较为完整的家族墓地。为纪念孟子的诞辰，每年四月初二至初五在孟林前举行盛大的古会，一年一度，延续至今。

在传承发展优秀传统文化的过程中，曲阜、邹城通过融合和创新，重点对"三孔"和"三孟"进行保护性开发。曲阜着力于营建"东方圣城"文化品牌，不断加大世界文化遗产"三孔"的推广传播力度，扎实推进"三孔"彩绘等文物保护工程。特别是曲阜在保护好"老三孔"的基础上，积极培育"新三孔"。拿尼山圣境来说，世界文明论坛连续三次在尼山圣境举办，力图打造"南有博鳌，北有尼山"的国际知名论坛品牌，2018年中央广播电视总台中秋晚会在尼山圣境举行，尼山圣境已经成为世界瞩目的新的中国乃至世界文化象征和地标。邹城市深入开展三孟古建筑、孟府档案、孟子世家谱、孟子文献等文物价值的挖掘，整体推进孟子文化遗产的综合保护，实施孟庙孟府安防工程、孟庙亚圣殿等古建筑修缮，开展孟母三迁祠、孔子孟子诞生圣地碑等重点文保单位修缮工程，打造孟子修学游基地，恢复祭祀孟子、孟母大典，实施孟庙、孟府、孟林古树复壮保护工程。这一系列融合创新举措进一步彰显了"三孔"和"三孟"作为中国古代文化的符号象征和建立世界文化地标的意涵，使"孔孟故里"的声誉更加响亮。

（三）推动建设国家记忆工程先行区

作为曲阜优秀传统文化示范区建设的核心区，曲阜、邹城、泗水依托文物建筑、文化典籍、档案等，分类分批实施历史、文化、艺术、科学记忆工程及记忆数字化保存行动计划，在传承发展优秀传统文化过程中，挖掘阐发其哲学思想、人文精神、道德理念，促进传统文化与现实文化相融相通，推动文化传承创新，构建国家记忆工程先行区。

加强文物资源系统梳理、典籍文献搜集整理编纂保护，建设儒家文化资源数据库，以数字化形式将儒家传统文化经典资料向社会上进行推广，为进一步的研究与转化工作打下了坚实的基础。2019年9月6日孔子博物馆在曲阜正式开馆，该馆收藏文物达70万件，其中数十万件孔府档案已部分整理出版。核心区强化文物遗产资源的保护与利用，充分发挥拥有史前文化完整序列和脉络清晰文化谱系的优势，加强文化遗产及大遗址保护，做好古建筑、古遗址的文物本体维修，实施抢救性保护、预防性保护和科学修复工程；扩大文物资源对公众的开放度，推动博物馆文创产品开发，努力建设全国文化遗产保护利用示范区，在实施国家记忆工程进程中走在前列。

（四）推动旅游业的迅速发展

作为儒家文化的发源地，曲阜、邹城和泗水依托深厚的文化底蕴与良好的产业基础，做好功能定位，大力实施"文化+旅游"战略，创新旅游产业发展模式，构筑良好的旅游产业生态，做足传统文化与旅游融合发展文章，有力地推动了地区旅游业的繁荣兴盛。

核心区以曲阜国家级文化产业示范区和孟子湖新区为重点，建设具有儒家文化特色的创意产业集群；依托文化文物单位馆藏文化资源，充分采用数字化、信息化技术，研发推出工艺精良、制作精美的文物创意产品、旅游纪念品和衍生创意产品。这些举措大大促进了当地文化创意产品的创新发展，形成了儒家文化产品链，为核心区的旅游业腾飞提供了强有力的支撑。

借助于积极开发节庆会展市场和资源，举办富有地方特色的文化节庆和会展活动，核心区培育了一批影响力大、美誉度高的节庆会展品牌。提升会展整体水平，办好尼山世界文明论坛、儒商大会，结合国际孔子文化节、中华母亲文化节、祭孔盛典、祭孟大典、世界儒学大会等传统节庆活动，策划举办系列集文化交流、产业招商、旅游体验娱乐于一体的综合节庆会展活动。所有这些都极大地提高了核心区传统文化的市场化、国际化、产业化水平和公众体验度，形成了国内乃至国际重要的文化会展目的地，形成了高端展会经济发展模式。

"曲阜模式"在形成发展的过程中，始终依托独特的儒家文化资源与有利的政策优势，坚持全域旅游发展理念，突出儒家人文特质，实施旅游精品战略，推出精品旅游线路，大力发展有历史记忆、地域特色、民族特点的旅游名镇（村），突出国艺、国粹、国风的多维度演绎，进一步提高了旅游产品解读深度。通过打造一系列富有传统儒家文化特色、邹鲁地域特色的深度体验项目，如朝圣体验产品、儒学旅游体验产品，逐步形成了独具特色的儒家文化旅游生态圈，使得曲阜成功地创建了国家全域旅游示范区、中国研学旅游目的地城市，为国内国际文化旅游融合发展提供了生动模板。

（五）助推中华文化"走出去"

核心区在推进优秀传统文化传承发展过程中所形成的文化发展模式，不仅很好地展现了中华文化的独特魅力，形成了文明交流融汇的桥梁纽带，更为中华文化"走出去"提供了强大助力。

习近平总书记的"曲阜讲话"指出，在曲阜建设孔子学院总部体验基地使国外学生看了"三孔"、体验中华文化是可行的。在这一指示精神的指导下，孔子学院总部体验基地正式落户孔子研究院。孔子学院总部体验基地建成后，充分发挥孔子故里、东方文化圣地的资源优势，以服务国际汉语推广、讲好中国故事、弘扬中华优秀传统文化为主题，辅之以文化培训、教材编写、感受体验、娱乐休闲和旅游观光等功能，旨在成为世界儒学研究交流中心、国际知名的中华文化体验基地和修学度假目的地。

二 "曲阜模式"的丰富、提升与推广

未来要使"曲阜模式"能够可复制、可推广，不仅要凸显儒学优势、着力建设好尼山片区、注重文化生态整体保护、更加重视传统文化转化，还应当进一步强化文化融合、注重打造知名文化品牌、营造有利于传统文化创新的条件和加强"曲阜模式"的宣传与转化。

（一）凸显儒学优势

曲阜示范核心区作为孔子的故里、儒家文化资源的富集地，儒学是最为重要的资源，也是"曲阜模式"赖以提出和成立的根基。正是由于它在儒学研究方面取得了优异的成绩，日渐成为世界儒学研究的高地，所以才为"曲阜模式"增添了十足的底气。但是，曲阜示范区的当代儒学研究依然存在着一定的不足和短板。

首先，资源力量有待于进一步整合。核心区儒学研究力量较为分散，各地研究机构设置普遍存在交叉重叠现象，尚没有形成一股儒学研究阐发的合力，从而造成了研究力量的分散化和研究内容的同质化、研究机构的重叠化。曲师大的孔子研究院、孔子研究院等儒学研究机构历来不乏学术交流，彼此也开展过一些儒学课题的共同攻关，但本位主义较为严重，彼此之间由于缺乏有效的整合平台，相互之间联系较为松散，既没有很好地就儒学的一些重大问题进行过多方面的实质性合作，对各自的研究状况也缺乏深入了解，沟通不够，甚至可以讲是各自为战。

其次，研究创新档次、水平有待进一步提升。由于在儒学研究资金投入机制、工作协调机制和工作考核机制方面存在过于集中、浪费等现象，一些儒学研究人员的理论素养和知识水平参差不齐，对本土儒学人才重视不够，复合型人才更是成为"稀缺资源"，导致人才流失较为严重，且在儒学研究中出现了一些不足。一是阐发中注释性、介绍性成果多，创新性、转化性成果少，儒学文献整理性成果多，真正具有原创性的成果不多，缺乏像陈来的《仁学本体论》等在全国产生重要影响的研究成果。二是在以孔孟为代表的原始儒学方面具有较大的优势和话语权，而在两汉儒学、宋明儒学、清代儒学、现代新儒学等领域的研究整体实力较为落后。三是在儒学原理，儒学新理论、新学说等方面，和张立文的"和合学"、陈来的"仁学本体论"、杜维明的"精神性人文主义"、安乐哲的"儒家角色伦理学"等相比，尚存在一定的差距。这些不足导致核心区传统儒学研究特色在全国不够鲜明，优势有逐渐丧失的危险。

核心区要使儒学研究更加繁荣和发展、更加充满生机与活力，以为"曲阜模式"的持续展开奠定基础，就应该从如下几个方面加以突破。

1. 加快推进尼山世界儒学中心建设

2019年8月25日上午尼山世界儒学中心揭牌仪式在尼山圣境隆重举行，该中心由教育部与山东省委、省政府共建。中心以曲阜尼山为中心，在国内外建设若干分支机构，形成"一个中心、多个分中心"的格局。尼山世界儒学中心的成立，开创了共建共享共赢的新机制、新模式，标志着省部一体、"一个中心、多个分中心"、共建共享共赢新机制的建立，标志着全球儒学研究传播交流实体平台的诞生，标志着世界儒学大师汇聚力量、合力探索新局面的形成。未来，尼山世界儒学中心要坚持学术为上、民主管理、开放包容、共享共赢的理念，努力把它打造成为世界儒学研究高地、儒学人才集聚和培养高地、儒学普及推广高地、儒学国际交流传播高地；要与尼山世界文明论坛机制化相衔接，一起谋划、一体推进，共同打造儒学研究传播与文明交流对话的国际品牌，为国家治理体系建设、中外文明交流互鉴、构建人类命运共同体贡献"中国智慧""中国方案"；要立足圣地尼山得天独厚的人文、地缘优势，发挥好聚合效应和辐射功能，积极探索文化与产业融合发展的新路径，创新文旅融合发展模式，服务于山东省新旧动能转化，力争建设成为国家教育产业发展示范区、引领文旅融合的标杆示范区、践行"文旅+"理念的模式先导区，使其真正成为具有国际视野、代表国家形象、彰显山东品牌的产业高地、教育高地与文化高地。

2. 构建完善儒学研究"两创"有机体系

进一步推动核心区儒学创造性转化、创新性发展，是一项长期的系统工程，需要加强顶层设计和总体规划，建立健全政府主导、部门协作、社会力量广泛参与的管理体制和运行机制。

一是建立儒学研究资金投入机制。设立儒学研究"两创"专项经费，扩大重点项目评选覆盖面，加大对示范性强、影响力大的拳头项目的扶持力度。同时引导社会资金合理进入，建立儒学领域的专项基金，为推动儒学研究"两创"提供必要的资金保障。在优先保障尼山世界儒学中心建设的同时，也应"百花齐放"，实现儒学研究事业的均衡发展，不能以削弱示范区其他已有的儒学研究机构的实力为代价，而是要支持它们做大做强，给予它们一定的经费投入。

二是建立儒学研究组织协调机制。在核心区设立儒学传承发展工作领导小组，定期召开包括儒学研究的分析研讨会、工作协调会等，形成推动儒学创造性转化、创新性发展的合力。鉴于儒学研究出精品力作需要长期的积累过程，各类儒学研究机构在重点引进中青年优秀儒学人才的同时，也可以考虑把年龄放宽到60岁，甚至可以引进一些年龄在60—70岁之间的老专家。

三是完善儒学研究人才保障机制。目前核心区一些儒学研究机构存在多学科集聚现象，这固然有利于实现跨学科的融合发展，但专门从事儒学研究的人才占比过低，也影响了儒学特色学科的研究效率，因此建议提高这些机构儒学专门人才的比重。在山东省"泰山学者"的学科配额上，应增加儒学研究的人才比例。支持核心区儒学研究机构加强儒学基础研究、编纂出版、传播推广等方面的人才培养，加强儒学高层次人才培养基地建设，为儒学的创造性转化与创新性发展提供坚实的人才保障。继续完善"孔子文化奖""孔子教育奖"评选活动机制，设立国际性的"儒学传播奖"和省级层面的"儒学创新奖"。

3. 更加注重儒学的大众化、普及化、世俗化

中国社会正日益步入大众社会、世俗社会，整个社会也越来越重视儒学，而儒学本身又讲究经世致用，这些为儒学发展成为大众儒学、平民儒学提供了有益的社会背景。目前，核心区许多儒学工作者在企业管理、个人修养、家庭生活、社会建设中传播儒家知识智慧，在中小学通过读经普及儒学。未来，核心区在促使儒学界在不放弃义理研究的同时，应注重借助于儒学的大众化、普及化、世俗化以推进儒学的创新性转化和创新性发展，并对儒家文化的现代价值以及利用机制进行探索。要在巩固提高现有的乡村儒学、百姓儒学品牌的前提下，继续有所创新，发展核心区的企业儒学、文化儒学、社区儒学等。要探讨如何把儒学运用于个人的身心修养、家庭代际协调、生态社会建设、和谐世界构建之中，创建家庭儒学、个人儒学等儒学新形态。

（二）着力建设好尼山片区

作为传统文化传承发展先行区的核心区域，尼山片区要深入贯彻习近平生态文明思想，融入黄河流域生态保护和高质量发展，服务中华优秀传统文化"两创"，推动儒家文化走向世界；强化统筹推进，

把尼山片区规划与区域发展规划一体谋划，统筹推进文化遗产保护、河道水系管护和生态环境修复，塑造好尼山片区整体形象；注重突出特色，体现"山水圣人"元素，推动历史文化与自然山水有机融合，谋划布局一批文化、旅游、康养产业项目。

1. 做好总体规划

作为核心区的九大片区之一，尼山片区范围可以分为核心区、统筹区和协调区。核心区体现为"山水共融、四面环翠"的完整空间，面积44.8平方公里；统筹区为核心区周边区域，面积93平方公里（含核心区）。要按照"一湖、三山、四镇、三市"的核心圈层、统筹圈层和协调圈层模式进行总体布局。

核心圈层为环圣水湖地区，主要布局会议论坛、儒学研学、文化旅游和游学体验四大功能板块，规划建设尼山世界儒学中心、中国教师博物馆、全球联盟学院、儒宫、国际儒学文化创意园、会晤中心等项目。实施尼山圣源书院改造提升工程，打造尼山世界文明论坛永久会址，构筑以尼山圣源书院、尼山书院为龙头的山水书院群落和国际游学群落及环湖主题文化游憩带。统筹圈层为尼山、昌平山和颜母山三山地区，要布局特色下榻、乡村儒学体验等衍生功能，规划建设崮尚山庄、山沃儒学民俗村。协调圈层为周边尼山、大束、圣水峪、田黄四镇，要布局儒学文创体特色村、田园综合体、休闲度假、公共服务、传统村落旅游等外溢功能，规划建设圣水峪田园综合体、尼山圣地特色小镇、龙湾湖乡村创客基地、云梦蓝城小镇等。

尼山片区作为传承儒家文化、创新融合发展功能组团，将融入济宁都市区，构建功能织补、完型的都市区结构。尼山与蒙山、峄山组成山野生态环，应当锚固大运河国家文化公园与山水圣人中华文化轴。尼山与泰安、曲阜一带历史同源、文化同根，从济南到微山湖一带，将形成东翼以山为载体的尼山、泰山，中部以城为载体的中华文化枢轴，西翼以水为载体的大运河国家公园的新"山—水—城"文化版图，共同构成中华优秀传统文化示范区，成为山东对外开放新窗口。

2. 凸显儒家思想主题

要健全完善以儒家文化为主干的传统文化研究、阐发、保护、传承机制。依托尼山世界儒学中心，整合孔子研究院、孟子研究院、孔子博物馆等本地资源，形成发展合力；与北京大学、清华大学、山东大学、曲阜师范大学、山东社会科学院等儒学研究高校机构合作建立协同创新中心，加快打造儒学研究交流中心，在世界儒学研究和交流传播中充分保持话语权。开展儒学高端人才引进工程，引进儒学大家、泰山学者、尼山学者和在海内外知名高校、研究机构长期从事儒学研究和传播的高端人才。探索建设孔子大学。以尼山世界儒学中心为基础，加强重点学科建设，争取国家设立学位授予点和博士后流动站，打造以优秀传统文化研究为特色的综合性大学。筹建中国儒商学院，打造海内外企业家学习交流和文化研修平台，在更广领域弘扬优秀传统文化和儒商精神。

3. 打造世界文明交流、互鉴、交融高地

加快推进尼山世界文明论坛配套提升工程，高水平举办尼山世界文明论坛，争取将尼山世界文明论坛上升为国家级论坛，将尼山作为国际儒联大会、亚洲文明对话大会永久举办地。高水平举办重大文化交流活动，创新举办国际青年儒学大会和中韩、中日、中新儒学交流大会。整合各类资源，设立孔孟文化出版社、孔子电视台，打造儒家优秀传统文化传播主流平台。

4. 加快文创载体建设

建设尼山创意产业园，提升万紫千红养生度假区的文化内涵，建成集文化体验、展示交流、旅游修学、文化创意、休闲养生等于一体的复合性文化发展高地。大力发展文化创意中心和文化创客空间，建设一批创意设计产业孵化器，培育壮大一批具有自主知识产权和知名品牌，具有较强竞争力、高成长性的创意设计龙头企业。建设一批文化特色产业村镇，推动旅游景区、综合文化中心、城市商业综合体创建"文化创意集市"，形成"两创"互动体验集聚区。培育文化创意品牌，引进国内外著名文创产品开发团队，以儒家文化IP为基础，开发具有中国气派、国际视野的文创产品。大力发展演艺经济，建设中华优秀传统文化故事文创基地，创作中华优秀故事系列影视作品、动漫剧集和舞台剧目，打造体现地域特色、反映社会主义核心价值观的舞台艺术品牌。推动文旅融合，建立儒家文化修学体验中心，打造享誉国际、彰显儒文化特色的休闲圣地。继续推动"尼山圣境"等大IP旅游项目，建设中华优秀传统文化主题公园，用现代科技手段演绎传统文化场景，打造中国版"迪士尼公园"，吸引国内外游客全方位体验中华优秀传统文化。

5. 建立乡村振兴"尼山模式"

在尼山周边选取20—30个村，将空壳村中少量村民纳入社区管理，对空壳村进行高端设计包装定位，对外拍卖50年经营权，由企业按照市场和自身需求运营，开展艺术活动、国学培训、商务接待等活动。拓展儒道康养产业，深刻阐释儒家养生理念，依托尼山良好生态环境，建设文化康养产业基地，开设儒学健康知识讲堂，策划农耕养生养老园，实现养生与修身、饮食、兴趣培养相结合。

6. 实现环境承载先行

采取"下游补水、上游控水"方式修复尼山片区水系，实施尼山水库调蓄水工程，保证圣水湖120.5米最佳水位，形成"一湖聚心、五川六溪"的生态水系格局。构建内湖外苑、城隐于园式的"五川汇一湖，四山见九苑"的景观空间格局。规划建设外围旅游通道，布局6处公共停车场，规划实施道路工程29.2公里。以传统村落为主，建设夫子洞村历史文化名村，周边重点建设东仲都村乡村创客基地、夹山头村等闲谷艺术粮仓、颜母庄村、圣源村等特色文化村。

(三) 注重文化生态整体保护

传统文化重在积淀，重在创新，贵在发展，必须在继承中发展，在创新中发展。要推进曲阜优秀传统文化传承发展示范区建设，就必须认真解决好传统文化传承、创新和发展三者之间的辩证关系问题。没有继承和积累，传统文化就不可能有很好的发展；没有发展，传统文化也不可能有真正意义上的继承和积累。在面向现代化、面向世界、面向未来的时代背景下，对核心区传统文化进行深入研究和开掘，必将使之焕发新的生机和活力，并同当代文化和外来文化有机地结合起来，把核心区文化建设推向一个新的水平。而加强核心区优秀传统文化的保护和传承，有助于使人们珍视历史赋予的得天独厚的自然人文历史资本和文化传统，能够为核心区保持相对稳定与和谐、为人民群众的生存和发展提供必要的文化条件和文化资源。因此必须大力保护传统文化遗存，实施优秀传统文化保护工程，对文化传统进行合理的转化与利用，在弘扬传统文化的基础上，彰显核心区的文化风韵与独特魅力。

文化生态保护区是指通过采取一定的保护措施，在某一文化遗产较为密集且富有特色的地区，设立的以建立非物质文化遗产和物质文化遗产互相依存，与人们的生活生产紧密相关，与自然环境、经济环境、社会环境和文化环境和谐共处的特定文化区域。2010年文化部在《关于加强国家级文化生态保护区建设的指导意见》中指出："国家级文化生态保护区是指以保护非物质文化遗产为核心，对历史文化积淀丰厚、存续状态良好，具有重要价值和鲜明特色的文化形态进行整体性保护，并经文化部批准设立的特定区域。"早在2010年，当时的山东省文化厅就正式确立济宁市申报的邹鲁文化生态保护实验区为省级文化生态保护实验区。该文化生态保护实验区是曲阜优秀传统文化传承发展示范区的重要依托，也是"曲阜模式"的重要支撑。要完善、拓展"曲阜模式"的内涵与形式,不仅要进一步推进实验区的文化生态保护,把泗水纳入其范围,还要上升到整个核心区的总体高度多角度地强化文化生态保护。

1. 保护原则

第一,真实完整原则。深入挖掘、整理、保存核心区的原生态四级(国家级、省级、市级、县级)非物质文化遗产和物质文化遗产,保护文化遗产内涵和形式的真实性。在避免文化同一化、维护文化多样性的前提下,防止核心区尤其是邹鲁文化生态保护实验区文化遗产的流失、歪曲、贬损或滥用,确保非物质文化遗产和物质文化遗产的完整性。

第二,保护为主原则。建立核心区文化遗产健全保护体系,梳理文化遗产线路脉络,统筹推进文物保护、遗址保护和历史文化名城名街名镇名村保护,夯实传承历史文脉的基础。着力对核心区范围内的各级文物保护单位和各级自然保护区进行保护,致力于濒临灭绝的各种技艺、传统项目、资料、实物的活态传承。以曲阜片区为重点,推动文庙、书院等儒家文化遗产的本体保护和活化利用。以儒家文化、邹鲁文化、始祖文化等礼制建筑和遗迹遗存为核心,实施"三孔"世界遗产保护利用提升工程。启动孟颜曾作为三孔世界文化遗产拓展项目工程,全面推进重要遗产地的系统保护。强化可移动文物保护,加强重点和特色博物馆建设,支持非国有博物馆科学健康发展,鼓励民间合法收藏。注意协调好保护与利用、文化与经济之间的关系,严禁过度开发、无序开发,杜绝假古董、假文物泛滥,防止核心区非物质文化核心内容流失。

第三,以人为本原则。深入贯彻落实以人为本的科学发展观,关心核心区内非物质文化遗产代表性传承人的生产生活,通过带徒授艺使非物质文化遗产以活态形式得以延续。尊重核心区人民群众的文化保护主体地位,把文化遗产保护融入人民群众日常生活和思想情感之中，做到文化惠民、利民、富民，关注和改善文化民生，切实维护当地百姓的文化权益。

第四，统筹协调原则。立足当前、着眼长远，科学规划、分步实施，统筹核心区的非物质文化遗产与物质文化遗产，推动文化环境和自然环境、社会环境的共同发展，通过以城补乡、示范引导和辐射带动，强化对核心区欠发达地区和农村地区文化遗产保护的扶持，推进各种文化资源的共建共享。注重整体推进和重点突破相结合，着力推动非物质文化遗产保护实现新的跨越，推动核心区文化事业全面、协调、可持续发展。

第五，社会参与原则。以政府为主导、以公益性文化机构为骨干，充分发挥政府的引导、组织、监督、管理等作用，同时注意激发全社会参与非物质文化遗产保护的热情，支持社会力量兴办文化遗产保护事业，完善政府主导与文化事业单位、文化行业协会、文化志愿者、文化受众共同参与的多元化非物质文化遗产保护管理体制，完善鼓励相关捐赠和赞助等政策。

第六，有机结合原则。坚持文化生态保护和自然生态保护相结合。为核心区文化生态的传承、发展和创新营造更加宽松、和谐的自然环境、社会环境，让当地民众和外来体验者都能切身感受到非物质文化遗产散发的浓郁人文氛围，更加激发个人对自然和文化有机融合、一体发展的体验和保护热情。坚持整体保护和重点保护相结合，选择保护意义重大且已有一定影响力的项目作为首批实验项目，以非物质文化遗产保护作为重点，同时兼顾物质文化遗产，保护好核心区区域的古城墙、古村落、古街巷、古民居、古庙宇等自然、人文、建筑资源。坚持非遗保护、价值挖掘与文化展示相结合，以非物质文化遗产项目内容及其代表性传承人为重点、为主题，同时兼顾生态园区、文化展览、科研成果，全方位地挖掘非物质文化的多种价值，拓展非遗宣传展示的手段和途径。

2. 保护方式

要把保护文化遗产作为核心区建设的重要保障，采取多种有效的保护方式，切实做到使传统文化在保护中发展、在发展中保护。

一是抢救性保护。针对核心区部分非物质文化遗产面临真实性、整体性受损以及受众减少、后继无人、市场萎缩等现状，优先保护处于濒危状态的非物质文化遗产名录项目，组织专业人员及时进行调查、记录和整理，收集相关实物资料立档保存，并建立有关档案数据库，尤其要对核心区那些缺乏传承人的国家级、省级非遗名录项目，作为孤品收集有关实物资料加以永久性收藏，有条件的应加快认定传承人。对一些濒危非遗名录项目代表性传承人，加大经济上的资助和人员上的调配。如果后继乏人，抓紧指定代表性传承人，并采取有针对性的措施抢救相关文化生态环境要素。重点实施科学修复工程，对核心区古建筑、碑刻、壁画、字画、金属文物等的破损、老化、糟朽等情况进行定级鉴定和建档登记，建立文物修复动态项目库。坚持抢救性修复、最小化干预原则，强化日常保养和维护，重视岁修，减少大修，杜绝因不当维修造成的文物破坏。遵循历史文脉，科学制定修复方案，加强修复技艺研发创新，加大修复力度，提升修复质量，确保核心区文化遗产的真实性和完整性。

二是传承性保护。建立完善核心区国家、省、市、县四级非物质文化遗产保护名录体系和传承体系，加强重点非物质文化遗产保护技术专项、关键技术的研发和运用，对群众基础较好、认同度较高、可操作性较强的非物质文化遗产项目重点采用常规性的传承性保护举措。设立专门的传习所、学校、兴趣班、培训中心等机构，普及推广非物质文化遗产，鼓励传承人开展授徒、传艺、交流等活动。加强具有代表性的非物质文化遗产展示展演，推进非物质文化遗产展示馆、展示中心、民俗馆、博物馆等建设，使其成为解读、展示儒家文化、邹鲁历史文化的重要平台。举办"非物质文化遗产"系列展示展演活动，培育和推出一批非物质文化遗产表演艺术精品项目。在核心区部分特色鲜明、具有广泛群众基础的城市、乡村社区开展创建民间传统文化之乡活动，建立起广泛的非物质文化遗产传播活动平台。培养完善非遗保护专兼职传承队伍，对已经认定的优秀非物质文化遗产优秀传承者和所有者进行适当资助，在专业传承和社会普及相结合的基础上推动孔孟文化、邹鲁文化得以全面地传承和弘扬。

三是生产性保护。重点加强对核心区内传统技艺、传统美术、传统医药类非物质文化遗产项目保护，加强对与非物质文化遗产技艺有关的制作材料、制作方式、制作工艺及生产过程保护，培植一批非遗生产性文化企业。借助生产、流通、销售等手段，采取有效措施，积极扶持技艺类非遗项目传承人进行生产加工，将非物质文化遗产资源转化为文化产品和文化服务，增强非物质文化遗产自身的活力和生命力，以拓展非物质文化遗产及其传承人的生存空间，在融入当代社会生产生活中，在融入文化产业发展中，实现非遗项目的保值增值和"活态"传承延展。扩大文物资源对公众的开放度，推动博物馆文创产品开发。

四是整体性保护。对核心区内物质文化遗产与非物质文化遗产及其相关的所有文化形态、文化特质、文化要素、文化生态、文化环境实施全面系统保护。实现非物质文化遗产所涵盖的所有内容形式、工序流程、精神内涵等组成部分的保护全覆盖，尤其是对区内历史文化积淀丰厚、存续状态良好，具有鲜明特色和重要价值的非物质文化遗产项目，做到无遗漏、无死角。选择一些非物质文化遗产代表性项目集中、特色鲜明、传统文化生态保持较为完整的村落、乡镇、社区等作为重点保护区域，实施环境空间的整体性保护。充分发挥拥有史前文化完整序列和脉络清晰文化谱系的优势，加强文化遗产及大遗址保护，做好古建筑、古遗址的文物本体维修。加强保护古村镇、历史遗迹、历史文化街区以及彩绘壁画、石刻碑刻、馆藏文物等物质文化遗产、自然生态环境和人文生态环境，以维持整个文化生态平衡。加强邹鲁礼乐文化整理展示，系统梳理孔孟家学文化传承，争取《孔子世家明清文书档案》尽快纳入世界记忆工程，努力把曲阜优秀传统文化传承发展示范区建成全国文化遗产保护利用示范区和国家记忆工程先行区。

五是数字化保护。适应非遗数字化保护发展的大趋势，提高科技创新对核心区优秀文化遗产保护和修复的支撑能力，采用科学的数字信息技术，创新非遗存储、展示、宣传和教育的外在手段，对核心区内非物质文化遗产项目和代表性传承人相关信息，运用文字、照片、录音、录像、数字化多媒体等各类载体进行真实、系统记录。依据国家非物质文化遗产数字化的基础标准和规范，将核心区数据资源进行标准化输入和转化，实现统一的专业化分类、信息化存储和系统化整合，改变和完善非遗的存在发展生态空间，实现非物质文化遗产资源的数字化保存、管理、共享、传播和利用。加强文物资源系统梳理、典籍文献搜集整理与编纂保护，建设儒家文化资源数据库、核心区非物质文化遗产数据库和非物质文化遗产大数据中心。实施典籍文献标准化和信息化工程，建成面向海内外的标准化、数字化的儒家传统文化经典资料库和网络推广平台。

（四）更加重视传统文化转化

进一步丰富完善"曲阜模式"，最重要的是遵循"两创"方针，大力推进新时代核心区传统文化的转化发展。唯有如此，才能避免陷入"保护—开发—损坏—再保护—再开发—再损坏"的怪圈。只有推动核心区传统文化的创造性转化，才能实现文化资源的合理开发利用，才能更好地保护先人留下的宝贵文化遗产，才能把核心区传统文化的潜在优势发展为现实优势，才能使之与当代社会相适应、与现代文化相协调。而且，由于生存的社会基础——传统的小农经济以宗法关系为主的相对封闭社会已经动摇，并向以市场经济为导向的开放型社会转轨，因而核心区传统文化固然蕴含一些超历史的共相的东西，但有的已经过时，存在不适应现代化的落后成分；有的虽然还能为今日所用，却必须作适应性调整。

要提高核心区文化的竞争力，就必须从多个方面提高文化资源的转化能力，着力将文化资源转化为要素、作品、产品和精品，转化成现实生产力。

1. 转化为一般公共文化产品

事实证明，通过经典诵读、国学普及、传唱活动、道德教育以及组织编写新三字经等方式，把优秀传统文化融入未成年人思想道德建设，是夯实未成年人思想道德根基、继承和发扬优秀传统文化的有效途径。核心区有着民间文学、民间音乐、民间故事、民间舞蹈、传统戏剧和曲艺杂技等众多民族民间文化，它们千百年来深受人民群众喜爱，是发展群众文化最宝贵的资源。为了丰富核心区群众精神文化生活，就要将之融入群众文化之中，为保护传承提供群众基础。把传统文化元素融入体育运动中也是核心区传承保护传统文化的有效方式，未来应把传统文化转化为各种核心区运动会的主题、理念、会徽、会标、礼仪、服装、吉祥物、场馆以及开闭幕式等之中。

着力打造"国学培训之都"。随着"国学热"的持续升温，全国国学培训机构数量不断增加，国学培训市场越来越大，逐渐成为弘扬传统文化、传承国学经典的重要载体。核心区一定要想方设法发挥国学富集的优势，抢占国学培训的制高点和市场份额。要按照"三个规范"（规范培训阵地、规范培训内容、规范师资队伍）的要求和"两个提升"的标准（进一步提升国学培训机构办学质量，进一步提升国学培训机构管理水平）培育核心区国学培训的新优势、新动能，为曲阜、邹城和泗水经济文化的快速发展、一体发展提供强大的引擎。

致力于把传统文化转化为核心区的哲学社会科学公共产品。要知道，优秀传统文化具有丰沛的思想内涵，这是繁荣发展核心区哲学社会科学事业的重要理论根基。核心区要努力建设具有自身特色的哲学社会科学创新体系和研究体系，就要深入阐述传统文化的思想底蕴、思想体系、话语体系，力争推出更多的哲学社会科学精品力作。

2. 转化为文学艺术精品

核心区历代涌现出许多的文学家、教育家、军事家之类的历史名人，有丰富的历史故事、历史文物，也有大量的哲学、诗歌、小说、散文、辞赋、音乐、戏曲、美术等，它们是当今文学艺术创作取之不竭、用之不尽的丰富宝藏。实现核心区优秀传统文化的"两创"，一个重要路径就是从优秀传统文化中汲取养分、提炼题材，将之转化为当代文艺创作的灵感源泉。

要按照弘扬、创新、保护优秀传统文化要求，在文艺创作中把优秀传统文化元素与现代审美相融合，深入挖掘核心区的历史文化资源并进行整合加工，将其转化为诗歌、小说、歌舞、绘画、雕塑、戏剧、电影、电视、动漫、游戏等丰富多彩的艺术形式和当代表达，打造出既反映时代特色又涵养人们心灵的文艺精品。要积极实施优秀传统文化题材创作工程，创作推出一批弘扬核心区传统文化、彰显中国精神的优秀文艺作品。对旨在保护和弘扬优秀传统文化题材的文艺作品进一步加大扶持资助力度，通过有效的政策引导和资金扶持，对弘扬和保护优秀传统文化题材等重点选题范围内的创作作品给予重点资金扶持，为核心区优秀传统文化方面的艺术创作营造良好的政策环境。

3. 转化为市场文化商品

文化产品包括文化商品但不等于文化商品，后者可以进行市场化运作。核心区拥有丰富的历史文化资源、自然人文资源、宗教文化资源、民间文化资源和革命传统资源。对这些文物资源可以利用现代科学技术手段进行加工复制，生产出精美的工艺品。核心区有世界文化遗产以及大量遗址群、遗址、名城、名山大川，还有众多的非物质文化遗产，这些尽管不具有商品的性质，却具有很高的商品开发价值，可以发展成为文化商品的宝贵资源，只要做好深度开发、有机嫁接文章，都可以开发成商品，都可以转化为文化旅游产品。在优秀传统文化资源商品化的过程中，只要对资源加以整合、互补、烘托、再造，完全可以将其转化为具有商品属性的现代市场文化产品。为把传统文化转化为市场文化商品，实现转化性保护，核心区就要充分利用非物质文化遗产名录，帮助文化企业提升文化内涵，改进传统工艺，打造文化品牌。鼓励非遗生产性企业扩大规模，培育壮大较大规模的非遗生产性企业。推进"互联网＋传统工艺"，联合互联网知名企业，培育发展"非遗衍生品电商"，拉动贫困村农民就业增收。

（五）进一步强化文化融合

1. 与文化产业的融合

优秀传统文化作为可以教育人、启发人、塑造人的资源，为经济发展提供载体和平台，把它容纳于物质产品之中，可以成为文化产品的重要元素和生产内容，成为其中吸引消费者的重要变量，极大地提高产品的附加值。核心区优秀传统文化是发展文化产业的重要品牌资源，它可以增加产品的文化含量，提高产品的知名度，形成良好的品牌效应。现时代出现了文化经济、体验经济等特殊经济形态，文化产业作为一种新兴的产业形态，具有知识密集和附加值高、技术含量高、低成本、无污染、可重复开发等特点。借助传统文化的产业化，一方面可以把核心区传统文化资源优势转化为产品优势和经济优势，为广大消费者所认知、所认同，从而有利于其传承发展；另一方面文化产业的本质是创新、创意，它强调人的知识和智力对经济的渗透和贡献，因而将核心区秉承的传统文化要素融入文化产业和产品中，不失为实现"两创"的有效途径。

为此，一是应把曲阜、邹城和泗水优秀传统文化作为重要的要素资源融入文化创意产业之中，大力推进与休闲、演艺、影视、会展、出版等文化产业的深度融合，在各种文化产品与文化服务中蕴含传统文化元素、体现传统文化特色，进一步加强核心区文化特色资源与现代新兴文化产业形态的有机融合，塑造文化精品，创新文化产品种类，提高文化产品能级。

二是实现传统文化开发方式从粗放型到集约型转变。要进一步以市场化的方式确立和实施核心区传统文化重大工程项目，以此引导传统文化融合发展方向。加大政策调整力度，推动土地、人才、信息、政策、资金等文化战略资源和发展要素向传统文化创新发展工程项目适度聚焦，以便拓展传统文化发展的内容、空间和环境，增强核心区传统文化创新核心动力。

三是坚持保护为主、合理利用的原则。要加大核心区传统文化资源整合力度，实现深度开发，提高文化资源开发利用水平，把特色文化资源优势转化为文化产品优势和文化服务优势，实现传统文化资源集约化、规模化、品牌化发展。培植核心区一批具有较大影响力的历史文化品牌，建成一批文化名县（区）、名镇、名园、名馆和名品。依托独具特色的传统文化资源，积极发展文化观光游、文化体验游、文化休闲游等多种形式的旅游活动。综合开发利用丰富文化资源，鼓励开展富有核心区特色的民族民间文化节庆活动，加强对核心区民间传统艺术、技艺的挖掘整理，发展健康向上的特色文化产品。

四是对非物质文化资源进行保护性、建设性开发。要提高核心区传统文化产业化、集约化水平，实现有机整合，避免雷同化、狭小化和重复建设，使其转化为现实发展优势、产业优势和竞争优势。对传统技艺类非物质文化遗产，通过生产性保护利用方式为旅游业和文化产业发展注入新鲜元素；对传统表演艺术类非物质文化遗产，注重原真形态的展示，通过编排使之成为具有地方民族特色和市场效益的文化旅游节目。核心区各级政府对民族民间工艺品生产、经营单位和个人创作研究，应给予土地、资金和技术等政策方面的更多倾斜。

2. 与科技、旅游的融合

传统文化资源可持续发展的核心在文化创新，对它的取用不能是简单机械复制，而必须推陈出新，生产出独创性文化产品来。而在高科技时代，传统文化创新必须借助科技手段。要以科技为先导引领核心区优秀传统文化发展，积极鼓励自主创新，促进传统文化、高新技术与文化产业三者的有机融合。深入挖掘、依托、吸纳、整合传统文化资源，建立文化科技创新体系，坚持"内容为王"，加大对科技类文化企业的扶持力度，鼓励、资助其"以科技为载体、以文化为内容"开发、生产、销售传统文化方面的创意产品。

传统文化特别是其物态文化是中华民族文化的重要象征和主体，它能够成为人们旅游的重要资源，像曲阜"四孔"、邹城"四孟"就是旅游经济发展的人文资源。现阶段文化与旅游、旅游业与文化产业的关联度、协同性越来越高，对传统文化创新的带动作用越来越强。为此，核心区必须推动传统文化和旅游产业更大范围、更高层次的融合，集中打造"孔孟文化旅游区"等特色文化旅游区，引导传统特色文化旅游资源集聚整合。

（六）注重打造知名文化品牌

知名文化品牌的形成是一个涵盖品牌设计、品牌营销、品牌绩效评估等环节的综合性过程，其中品牌设计环节无疑最为核心也至关重要，因为要"讲好故事"，首先要做的就是设计打磨好故事本身，其次才是去琢磨如何表达与传播。曲阜模式的完善应当进一步致力于加强知名品牌的培育、保护和运营，充分发挥品牌在集聚各类资源和创新要素、扩大市场影响力、提高综合竞争力等方面的重要作用，打造一批全球知名的整体文化品牌。

1. 实施品牌培育工程

核心区要制定实施文化品牌发展规划，完善品牌培育机制，优化品牌培育环境，提升品牌竞争力和影响力。实施大集团带动战略，依托曲阜文化旅游发展投资集团、邹城圣城文化旅游开发有限公司等知名文化企业，着力壮大文化市场主体，努力培育品牌文化企业。以特色文化产业园区（基地）为依托，优先发展高科技含量、高附加值的新兴文化产业门类，集中力量支持和突破高科技重点产业和重大项目，在文化旅游、教育培训、健康养生、文化创意、节庆会展等领域，打造一批文化产业集群品牌。深入挖掘优秀历史文化资源，实施文化艺术精品创作工程，推出一批精品佳作，将邹鲁礼乐等文化精品打造成为知名文化品牌。充分挖掘儒家文化的精髓和特质，聘请高层次品牌策划公司设计形象定位和商标，严格商标权使用资格认定，形成以"孔孟故里"品牌为纽带整合生产、流通、销售全过程的模式，打造成全球知名品牌。

2. 加大品牌保护力度

引导核心区企业强化品牌意识，从严打击侵犯知识产权犯罪，维护文化品牌形象。全面掌握历史文化遗存，制定历史文化资源注册、保护和发展目录，争取将历史文化资源保护目录纳入特殊保护名称库。加强品牌保护业务指导，鼓励进行商标、域名注册等品牌保护活动，引导知名文化企业注册储备商标、防御商标。加强网络商标的保护，实施字号、注册商标、网络域名同步登记，实现字号、商标、域名的一体化保护。规范核心区文化市场秩序，加强视觉形象识别系统设计，建立文化品牌动态监管、信用管理和信息发布制度，健全文化诚信服务与管理体系，完善旅游投诉、申诉处理和信息发布制度，鼓励消费者积极参与文化品牌保护。

3. 提高品牌运营水平

加大核心区文化品牌宣传推广力度，设立文化品牌宣传推广中心,开设"淘宝特色中国·孔孟故里馆",充分利用微信、动漫、微电影、手机互联网等新媒体手段提高文化品牌宣传推广效果。选择收视率高、覆盖面广的新闻媒体投放形象宣传片,在国内外主要客源市场开展文化品牌推介促销活动。促进文化品牌资源整合,鼓励和支持文化企业以品牌为纽带开展国内外合作,实现规模化、品牌化、连锁化、网络化经营。积极推动文化品牌产业拓展,通过品牌渗透、产业融合与业态创新,延伸产业链和价值链,提高文化品牌经营和文化产业发展的综合效益。畅通品牌资本化运营渠道,鼓励文化企业合理利用品牌无形资产,通过商标权出资、商标质押和商标许可等方式,实现商标无形资产的资本化运作。支持核心区符合条件的文化品牌企业上市,加强债券市场对文化品牌企业的支持力度。紧抓"一带一路"建设机遇,支持更多文化企业和产品列入国家文化出口重点企业、重点项目目录,做大做强对外文化贸易品牌,提高品牌国际化运营水平。

(七)营造有利于传统文化创新的条件

为打造核心区文化新优势,发挥传统文化新作用,应当把推进传统文化创新作为一种责任、一种境界、一种追求,纳入当代文化体系建设之中,努力焕发传统文化创造激情,激发创新活力,优化创新条件。

1. 培养创新文化

创新文化与文化创新既相联系又相区别,创新文化是实现文化创新的重要基础,也是实现文化创新的外围环境和终极目标;文化创新是创新文化形成的重要途径和必要条件,是实现创新文化的载体和道路。加强核心区传统文化创新,应当充分发扬以改革创新为主要内容的时代精神,培养起事关传统文化创新的创新精神、创新观念、创新思维、创新哲学、创新主体、创新人才、创新能力、创新品格、创新制度、创新机制等在内的创新文化。而要尽快培植起创新文化，就必须大胆剔除传统文化中崇古、保守、专制、奴性等有阻于创新的劣势因素，挖掘其中可以激发创新的合理成分；积极营造有利于传统文化创新的文化氛围，形成创新光荣、守旧可耻的社会风气；以科技创新为主导，以思想理论创新为先导，大力提高传统文化创新的能力和水平。

2. 拓展创新途径

推动核心区传统文化创新，不仅是打造文化新优势的前提，也是打造文化新优势的动力。为了推进传统文化创新，要选择好行之有效的创新途径。核心区传统文化创新途径之一，是吸取既有传统文化的内容和形式并加以创新。传统文化中蕴含着许多形成文化优势的有益资源，也是推进文化创新的根基，因而理应返本创新、古为今用，植根于传统又超越传统，借此驱动传统文化创新。曲阜、邹城和泗水各地开展的"文明家庭"评比活动以及新二十四孝就是对传统"孝道"文化进行转化的有效方式。传统文化创新途径之二，是借用外来文化重新建构传统文化，立足于核心区未来文化发展对传统文化进行改造并借鉴西方思想理论，提出富有创见性的新思想、新学术。传统文化创新途径之三，是坚持与时俱进，让传统文化结合当代现实赋予它以新的内容、新的形式、新的生机。火热的现实生活饱含着丰富的文化创造源泉，生活本身的多姿多彩就是激发创造力的源泉，它为进行新的文化创造提供了无比丰富的内容、题材和主题。为此核心区应当坚持贴近实际、贴近生活、贴近群众的原则，立足于现实生活对原有传统文化大胆进行创新。

3. 优化创新制度

制度带有根本性、全局性、稳定性、长期性，激发核心区传统文化创造活力，必须靠健全完善的制度机制作保障。面对社会各种矛盾问题日益复杂、社会思想多元多变的新情况、新变化，必须破除一切不适合文化创新的思想观念和体制机制的束缚，不断完善传统文化创造人才培养、激励机制，培养、引进高素质文化创新人才和创新团队，对因循守旧、不思进取、抄袭剽窃行为进行鞭笞，激发广大文化主体从事传统文化创新的潜能，使传统文化创造人才大量涌现。人民群众丰富多彩、日新月异的文化实践活动，必将不断创造出文化新的内容、新的形态。核心区必须保护和奖励传统文化创新性成果，总结推广人民群众相关创造经验，大力宣传具有鲜明时代特色、浓郁生活气息、引领核心区文化发展的好做法、好成果。

（八）加强"曲阜模式"的宣传与转化

1. 赋予新时代"曲阜模式"新内涵

"曲阜模式"呈现共享性、实践性、整体性、多样化、活态化的特征。要进一步提升它的影响力和生命力，必须赋予新时代"曲阜模式"以新内涵。具体地说，一要加快衍生传统文化新产品、新模式、新业态，构建传统文化与相关产业全方位、深层次、宽领域的融合发展格局；通过植入文化符号、理念、创意，提升产品外观、结构、功能，增加多样化产品供给，提高工业产品附加值。实施文化兴旅战略，以文化丰富提升旅游内涵质量，以旅游扩大文化传播消费，促进文化与旅游资源整合、业态融合。二要促进国学知识、儒家文化的普及，构建以弘扬儒家文化为核心、以学生学习体验为主要形式的具有核心区特色的校园文化课程、实践体系。努力探索用优秀儒家文化润泽核心区的每一片土地，争取让每一位核心区人都成为弘扬传承儒学的道德楷模。三要进一步创新推进"图书馆＋书院"模式，深入挖掘中华优秀传统文化中的道德教化资源，使之成为涵养主流价值、涵育美德善行的重要源泉。四要善于从传统文化中提炼题材、激发灵感、汲取养分，创作更多体现中华文化精髓的优秀作品；注重实践与养成、需求与供给、形式与内容相结合，把儒家优秀传统文化内涵更好更多地融入生产生活各方面。

2. 注重宣传推广

加大宣传推广"曲阜模式"力度。综合运用报纸、书刊、电台、电视台、互联网站等各类载体，融通多媒体资源，统筹宣传、文化、文物等各方力量，创新表达方式，大力彰显"曲阜模式"魅力。充分发挥图书馆、文化馆、博物馆、群艺馆、美术馆等公共文化机构在传承发展"曲阜模式"中的作用。

积极推动"曲阜模式"参与中外文化交流互鉴。实施"曲阜模式"交流工程，积极参与"感知中国""美丽中国""文化中国"等大型国家形象推广活动，开展"感知曲阜""感知邹城""感知泗水"系列文化交流活动，多渠道展示、推送、传播"曲阜模式"。参与国家"丝绸之路文化使者"计划，面向"一带一路"沿线国家和地区宣传"曲阜模式"的特色和成就。

丰富传播"曲阜模式"的手段载体。组织创作一批以弘扬"曲阜模式"为主题的文学、戏剧、影视剧、音乐等优秀文艺作品。利用公益广告、楼宇电视等阵地，采取多种形式广泛宣传"曲阜模式"。以VR虚拟现实、H5场景制作等现代信息技术，创作一批"曲阜模式"题材的网络音乐、微电影、微视频、动漫等作品，运用微博、微信、移动客户端等进行传播，拍摄大型VR纪录片《曲阜模式》。

3. 激发"曲阜模式"的活力

要激发"曲阜模式"的活力，就应充分挖掘利用核心区文化资源与优势，以融合、创新为思路，大力推动中华优秀传统文化的创造性转化与创新性发展。

从文化理念创新入手，全方位地推进文化创新，包括文化手段创新、文化内容创新、文化形式创新、文化品牌创新等，激发社会各方面文化创新活力，实现文化、艺术、科技、人才、资金的"自有链接"，打造泛文化产业生态链。

利用传统文化推动新型城镇化建设，发挥其动力价值及区域综合发展协调能力，引导核心区新型城镇化建设走特色化的文旅城镇化之路。深入挖掘区域内的自然、生态、文化、景观、民俗等资源，积极统筹区域内传统文化传承、文化内涵阐发、文化风貌建设，发挥区域内传统产业优势，以"文化+"为抓手带动产业体系升级，构建合理的文旅产业链条，规避小镇产业空心化、地产化，以特色文旅小镇建设运营带动周边生产、生活、生态空间的全面优化。

运用传统文化资源创新基层治理手段。将儒学精髓融入基层治理，健全党组织领导的自治、法治、德治相结合的城乡基层治理体系，在政治建设和道德建设中充分发挥传统文化的重要作用；践行"法德兼治"理念，做好传统文化与社会治理相结合的文章。

建立弘扬传统文化的协调机制。建立宣传部门牵头，文化、文联、社联、高校、各类研究会等参与的传统文化弘扬工作协调组，搭建沟通、学习、借鉴、交流的平台，形成弘扬传统文化的合力。各级党委、政府将各职能部门、相关事业单位、各研究机构开展传统文化保护、研究、弘扬、传承的情况，纳入对该单位年度工作考核，督促各单位加大传统文化弘扬力度。

附录一

推动山东优秀传统文化创造性
转化、创新性发展

"十三五"时期,山东深入贯彻落实习近平总书记关于弘扬中华优秀传统文化重要论述和视察山东重要指示要求,贯彻落实习近平总书记关于推动中华优秀传统文化创造性转化、创新性发展的重要方针,着眼"四个讲清楚",充分发挥齐鲁文化资源优势,扎实推进精神文明建设、研究阐发、保护传承、教育普及、公共文化事业、文化产业发展实践养成和交流传播。不过,山东省在推动中华优秀传统文化创造性转化、创新性发展方面也存在着经费投入力度还不够大、转化创新不够、方式手段相对单一、研究资源力量有待于进一步整合和人才队伍力量较为薄弱等一些问题。"十四五"时期,要进一步推动山东中华优秀传统文化创造性转化和创新性发展,就要注重整合优化全省"两创"研究资源、推进传统文化传承保护开发、深化传统文化普及教育、加强传统文化的实践养成、构建推动传统文化对外交流合作大格局、创新推动优秀传统文化"两创"的方法手段、加强优秀传统文化人才队伍建设和优化优秀传统文化"两创"工作机制。

一　"两创"取得的成绩与经验

(一) 精神文明建设方面的"两创"

五年来，山东省努力寻找中华优秀传统文化同精神文明创建的最佳结合点。从2008年起一直到现在，在实施的"四德工程"中注意吸收中华传统美德精华，发展出以孝、诚、爱、仁为核心内容的小"四德工程"，在国内引起了良好的社会反响。推进"一县一道德品牌"工程，全省建立善行义举四德榜11.7万余场，基本实现行政村全覆盖。先后命名三批、95个四德工程建设示范县（市、区），命名了100个四德工作建设示范点。在全省推行"厚道儒商"品牌，威海市大力弘扬"君子文化"和"君子之道"。持续性地、创造性地实施"文明山东"建设，使之成为精神文明建设的一道靓丽风景线。

强力推进新时代文明实践中心工作，以提质扩面、打造品牌为着力点，加强制度设计、示范引领、评价激励，推动试点工作取得重要进展。目前，全省已建设县级文明实践中心176个（含开发区、高新区等），建成率100%；建设镇级文明实践所1849个，建成率98.1%；建设村级文明实践站56786个，建成率79.6%。其中，全国新时代文明实践中心试点县（市、区）29个，数量全国第一，省级试点县50个。

将弘扬齐鲁优秀传统文化纳入未成年人思想道德建设工作、文明校园创建测评体系之中。在《全省未成年人思想道德建设工作测评体系》和《山东省中小学文明校园测评细则》中，要求加强未成年人中华优秀传统文化教育，持续开展经典诵读和戏曲、书法、传统体育等进校园活动。

加强沂蒙精神和红色文化资源的挖掘、整理和研究。举办红色主题展览500余场，举办纪念抗战胜利70周年主题展、庆祝建党95周年主题展，全省近50个革命博物馆、纪念馆等向社会免费开放。打造文化精品传承红色基因，民族歌剧《沂蒙山》、吕剧《大河开凌》、舞剧《乳娘》、复排经典京剧《红云岗》等一大批优秀革命历史题材剧目在省内外产生广泛影响。实施革命文物保护利用工程，印发《山东省革命文物保护利用工程实施意见》，编制《山东省革命文物保护利用总体规划》，编辑出版《山东省革命文物图录》。93个县入选中央宣传部、财政部、文化和旅游部、国家文物局公布的第二批革命文物保护利用片区分县名单，数量居全国第一。

（二）研究阐发方面的"两创"

2016年以来，山东省广大社科工作者按照"四个讲清楚"的要求，以儒学研究阐发为重点，以中华优秀传统文化优势学科建设为支撑，统筹推进研究阐发体系建设。

新建、重建了一批儒学研究机构。建立完善了山东大学儒学高等研究院、山东师范大学齐鲁文化研究院、曲阜师范大学孔子文化研究院和国学院、山东理工大学齐文化研究院、山东社科院国际儒学研究院、孟子研究院以及儒家文明省部共建协同创新中心、齐鲁遗产活化利用示范中心和中华传统文化研究与体验基地。与北京大学合作建设中国传统文化教育实践基地，在济宁学院成立儒学与地域文化研究传播中心。注重引进培育儒学研究高端人才，五年来一共遴选山东省特聘儒学大家1名、泰山学者特聘儒学专家9名、特聘儒学青年专家14名。实施了"儒学大家"计划，倾力打造具有全球引领力的儒学研究中心，力求在世界儒学研究传播中掌握充分话语权。

大力支持"两创"方面的课题立项。2015年设立了山东省齐鲁优秀传统文化传承创新工程项目（后改为山东省中华优秀传统文化传承创新工程项目），立项了大量有关传统文化研究方面的国家社科基金和省级课题。启动和推进全球汉籍合璧工程，它已经作为国家重点文化工程列入"中华古籍保护计划"和"山东省中华优秀传统文化传承发展工程重点项目"。

取得了一大批研究性精品成果。"全球汉籍合璧"工程扎实推进，截至目前，共出版包括前期基础项目"子海"在内的重要成果512册（含1239种古籍及相关著述），复制回归并影印出版《铁冶志》《子海珍本编·台湾卷·"中央"研究院历史语言研究所第一辑》《子海珍本编·海外卷（日本）》《子海珍本编·台湾卷·"国家图书馆"（一至五辑）》等珍稀汉籍546册1156种；出版《子海精华编》点校整理成果五辑64册80种，累计出版学术期刊《汉籍与汉学》6辑。《孔子博物馆藏孔府档案汇编·明代卷》（共三卷）出版发行，启动《儒学五圣》编纂和"四书"解读工程，组织出版了《孟子文献集成》《孟府档案》。

（三）传承保护方面的"两创"

古籍保护传承扎实推进。"中华古籍保护计划"深入实施，国家古籍保护中心中华优秀传统文化实践基地在曲阜挂牌，创建国家古籍保护中心人才培训基地和省古籍修复中心。修复古籍近52,873叶（件），完成宋刻本《文选》科学修复管理项目。创建"山东省图书馆古籍珍本数据库""山东省图书馆易学古籍数据库""山东省图书馆藏佛经全文数据库"。

注重加强对物质文化的挖掘和保护。以齐鲁文化遗产有效保护、合理利用、传承发展为主线，推进文物保护重点工程，实施"七区三带"片区规划，启动实施泰山文化保护传承"三个一"推进工程。大运河（山东段）文化带、齐长城文化带纳入国家文化公园战略，精心组织编制了《长城国家文化公园（山东段）建设保护规划》。推进山东海疆历史文化带建设，编制《山东海疆历史文化带建设规划》，开展水下遗产资源调查。积极参与"海上丝绸之路"申遗，开展申遗水下遗产保护项目。

非物质文化遗产得到有效保护、合理利用、传承发展。全省非遗保护取得显著成绩，形成了非遗保护"山东模式"，集中连片文物保护模式得到国家文物局推广。完成第一次全国可移动文物普查，全省671家国有可移动文物收藏单位共登录文物286万余件/套、实际数量558万余件，居全国第三位。建立了多层级的文物和非物质文化遗产保护名录，"济南泉·城文化景观"被国家文物局列入"中国世界文化遗产预备名单"。目前全省有联合国教科文组织认定的"人类非遗代表作名录"项目8个、国家级名录173项、省级名录751项；国家级传承人92名、省级传承人440名。创建了1个国家级文化生态保护实验区、11个省级文化生态保护实验区。山东非遗传习大课堂、非遗文创设计大赛、非遗项目数字化记录让遍布城乡的非遗从"角落"走上了"舞台中央"，济南成为中国非物质文化遗产博览会永久举办地。探索形成了非遗项目、传承人、传习所、生产性保护基地和生态保护区"五位一体"的保护模式。

深入实施县及县以下历史文化展示工程。评选出一批传统文化乡镇、村落、街区和传统民居，许多县（市）建成历史文化展示馆，以"留住乡村记忆"为主题的村史馆遍地开花，为地方乡村振兴、脱贫致富构筑起"精神高地"。

（四）普及教育方面的"两创"

开展丰富多彩的道德实践活动，推广善行义举"四德榜"、培育"齐鲁家风"等，努力让齐鲁大地呈现"郁郁乎文哉"的美好气象。深入挖掘乡土文化积淀，整体推进"乡村文明行动"和"乡村记忆行动"，促进城乡文明协调发展。

打造在全国具有广泛影响力的传统文化传播节目《国学小名士》，活动到今年已开办7届。成功举办两届"国际中学生儒学辩论大会"，带动全社会形成读经典的浓厚氛围。"中华优秀传统文化故事会故事集"系列丛书和光盘正式公益发行，中华优秀传统文化故事会进校园活动暨"蓓蕾艺术工作站"建设完满完成，大型系列文化纪录片《齐鲁家风》在中央电视台播出并引起强烈反响。中华优秀传统文化大众化系列读物陆续出版，《孔孟正源》《儒道同源》《公道文源》"文化三源"丛书已经出版。运用传统音乐、舞蹈、诗歌、礼仪、民俗、家规家训、民间曲艺等多种多样形式，通过组织经典诵读、儒家文化讲坛，编选中华优秀传统文化通用读本，不断推进中华优秀传统文化大众化、社会化。

强化各级各类学校传统文化教育。组织编写了中华优秀传统文化教材，将中华优秀传统文化纳入中小学地方课程，制定了《关于推进全省高校中华优秀传统文化教育工作的意见》，成为全国第一个在小学、初中和普通高中三个学段全面开设中华优秀传统文化课程的省份。截至2019年年底，全省本科高校共开设传统文化课程2200余门，其中必修课800余门、选修课1400余门，每年上课总人数达50.6万余人。启动实施中华优秀传统文化传承弘扬（教育）工程，设立山东省教师优秀传统文化教育基地，70所中小学入选全国中小学中华优秀传统文化传承学校。打造具有全国影响力的干部政德教育基地，现已成为中央党校、浦东干部学院等的培训点。组织开展戏曲、诗词、书画、高雅艺术、传统体育、中医文化进校园等丰富多彩的主题教育实践活动，将优秀传统文化融入师生的学习生活和德性养成之中。深入开展中华经典诵读工程，连续举办"《论语》大会""中华传统美德进校园"和"礼敬中华优秀传统文化"等活动。实施"戏曲进校园"计划，累计进校园演出300余场。

（五）公共文化事业方面的"两创"

2019年8月25日尼山世界儒学中心在孔子诞生地山东曲阜揭牌成立，标志着全球儒学研究传播交流实体平台正式诞生，成为与尼山世界文明论坛、国际孔子文化节等重大文化活动齐名的国际儒学研究交流平台。2018年中央广播电视总台中秋晚会在曲阜尼山圣境成功举办，充分展示了齐鲁优秀传统文化。以举办尼山世界文明论坛为载体，2019年5月启动实施尼山世界文明论坛配套提升工程三年行动计划，已完成投资约40亿元，一般公共预算和政府债券安排3.8亿元，着力打造"南有博鳌、北有尼山"的国际级论坛。

广大文艺工作者以文艺创作推动文化传承，创作了一大批优秀传统文化题材文艺作品。推出了大型文化纪录片《齐鲁家风》（第一季、第二季）、大型历史文化纪录片《战国大学堂之稷下学宫》、舞剧《齐风·甫田》、长篇纪实文学《渔灯》、新编大型历史京剧《大运河》和传统文化题材电视剧《琅琊榜》，推出了舞剧《法显》、民族歌剧《檀香刑》、电视纪录片《孔府档案》、长篇小说传统文化题材三部曲《君子梦》《双手合十》《乾道坤道》、歌曲《中国印》《孔子说》等一批优秀的传统文化题材文艺作品，传统文化题材大型话剧《孔子》和长篇纪实文学《黄河传》即将完成。推动形成"齐鲁画派"，创作推出长卷《孔子周游列国图》等一批优秀作品，重点打造了民族歌剧《沂蒙山》和大型纪录片《永远的孔子》。

山东省教育厅设立了一批中华优秀传统文化传承基地，立项建设20个传统文化方面的人文社科研究基地。2019年，山东大学联合曲阜师范大学申报的儒家文明协同创新中心被教育部认定为省部共建协同创新中心。"尼山圣境""孔子博物馆"等重大工程相继建成开放。积极推动优秀传统文化进社区、下基层，在济南市商河县文化部门将传承上千年的鼓子秧歌民俗与发展广场舞队伍结合起来，在孟子故里邹城市图书馆、文化馆、大剧院分别推出了传播母爱文化的公益服务项目。

（六）文化产业发展方面的"两创"

为激活传统文化的生机与活力，山东省努力把传统文化的潜在优势转换成现实的产业优势和经济优势，积极推动传统文化融入文化产业发展。召开了两届儒商大会，在文化产业发展中注入优秀传统文化元素，把文化创意产业列为全省新旧动能转换"十强"产业重点，设立100亿元的文化产业投资母基金。重点规划了曲阜优秀传统文化传承发展示范区、齐文化传承创新示范区和大运河文化带、齐长城文化带、山东海疆历史文化带，打造全省文化产业新引擎。

文化遗产成为新旧动能转换的动力。先后承办了五届中国非遗博览会，交易额均突破400亿元。大力振兴山东传统工艺，建立了12类别89个传统工艺项目，全省现有3个国家级、68个省级非遗生产性保护示范基地，带动23万人就业。全省共有各类传统工艺类企业和经营业户120多万个，年营业收入1700多亿元，利税160多亿元，直接从业人员390余万人。探索"互联网+非遗""互联网+传统工艺"模式，全省有5661个非遗活跃电商，打造创新型手工艺企业1996家。促进文物单位对外开放，对外开放文物单位1280处，其中省级以上文保单位建成景区并开放620处。

博物馆成为旅游重要点线，孔子博物馆、中国教师博物馆、世界儒学文献资料收藏中心等已经建成。创建了一批富有活力的文化产业示范园区，曲阜新区文化产业园入国家级文化产业示范园区名单，台儿庄古城文化产业园被命名为国家级文化产业试验园区，青岛市文化街、淄博东夷齐文化发展有限公司、周村古商城旅游发展有限公司、嘉祥石雕文化产业园等14家单位上升为国家级文化产业示范园区示范基地，为传统文化"两创"提供了持续"动力源"。

（七）实践养成方面的"两创"

在全省城乡建成基层"道德讲堂"6万多所，乡村（社区）儒学讲堂发展到10000多个。深入实施孝、诚、爱、仁"四德工程"，在全省城乡建成"善行义举四德榜"10万余个，建设命名"四德工程"示范市10个、示范县（市、区）65个，示范县（市、区）实现一县（市、区）一道德品牌。

深入推行省、市、县级公共图书馆"图书馆+书院"模式，全省建成尼山书院154个、城市社区儒学讲堂1604余个、乡村儒学讲堂2.2万个。每年举办"国学小名士"经典诵读电视大赛，带动1000所学校100多万名中小学学生参加。建成了全球孔子学院总部体验基地，设立了尼山圣境景区体验式项目，一改往日走马观花式的研学游模式，结合情境将传统文化体验极大拓展。

组织开展中华优秀传统文化故事会征集工作，面向全国征集评选优秀故事700篇，出版书籍8册、光盘2册，在全省中小学遴选、建设蓓蕾艺术工作站1630个，每年开展故事会传播和艺术普及活动15000多场。按照"十三五"期间省考核办组织的全省城乡居民满意度考核结果，全省"文化生活"满意度每年均排在第二位。

（八）交流传播方面的"两创"

中华优秀传统文化传播交流影响广泛。继续打造提升"孔子故乡·中国山东"品牌，尼山世界文明论坛和世界儒学大会已经分别成功举办了六届和八届。实施"尼山书屋走出去"工程，推动"孔子学堂"建设。截至目前，已经建成2000多所国内孔子学堂和4个海外孔子文化交流中心。连续举办了四届"齐文化与稷下学高峰论坛"、四届"中英世界足球文化高峰论坛"和一届"海峡两岸齐文化节论坛"、一届"中国–希腊古典文明高峰论坛"等学术活动。通过在海外开设孔子学院，开展境外办学，向世界各国宣传和推介优秀传统文化。截至2021年1月，山东省已在全球20个国家建立28所孔子学院和47个孔子课堂，为推动中国文化走出去贡献了积极的山东力量。

积极开展对外文化交流。五年来全省举办文物外展54次，展览文物总数1100件（组）。组织370多个非遗项目、900多名非遗传承人，赴法国、澳大利亚、埃及、泰国等近40个国家和地区开展文化交流。连续多年赴海外举办"欢乐春节"活动，打造了春节文化走出去"齐鲁品牌"。在国外举办"山东文化年""孔子文化周""孔子文化展""齐鲁文化丝路行"等系列活动，齐鲁文化对外影响力不断提升。努力加快文化"走出去"步伐，发挥资源优势，创新传播方式，把打造展示中华文明的重要窗口作为文化强省建设的重要目标，构建了全方位、多层次、宽领域的对外传播格局。

二 "两创"存在的主要问题

山东省虽然在推动中华优秀传统文化创造性转化、创新性发展方面取得了一定成效，但仍面临着一些问题。

（一）经费投入力度还不够大

2015年以来，省财政相继投入2.5亿多专项资金用于扶持优秀传统文化重点项目建设。但是从实际情况来看，一些推动优秀传统文化创造性转化、创新性发展的重大项目经费需求量非常大，投入和需求之间还存在较大差距。比如，为突出山东特色、体现山东作为，推动山东优秀传统文化工作走在全国前列，山东省重点实施中华优秀传统文化动漫创作工程等一些示范性强、影响力大的拳头项目，经费预算动辄就是几千万元乃至上亿元，而省级财政只能给予一定的扶持资金，支持力度远远不够,这些重大项目急需国家层面给予更大资金支持。

(二) 转化创新不够

近年来,虽然各地对传承发展中华优秀传统文化,推动创造性转化、创新性发展的认识和重视程度不断提升,但在实际工作中,还存在着重视程度不平衡的现象,一定程度上存在着重传承保护轻创造转化、重研究阐发轻教育传承的现象。有些地方在推动优秀传统文化创造性转化、创新性发展方面投入的人力、物力、财力还不够,传承发展优秀传统文化工作与群众的实际生产生活联系还不紧密,优秀传统文化实践养成和传承教育的效果还不明显。比如一些非物质文化遗产,有的需要保护,有的需要转化利用,但在实际调研中发现,很多地方只是重视非遗的保护,而忽略了其创造性转化和创新性发展;不少可以转化为市场产品的非遗还只是陈列在展览馆里,没有通过"两创"挖掘呈现出其应有的文化价值和时代价值,没有转化成市场产品,因而很难融入人民群众的生产生活。

(三) 方式手段相对单一

在实际工作中,运用创意设计、虚拟现实技术、微视频等新技术新手段传承发展优秀传统文化做得还不够,在推动"两创"方面存在着路径固化、方法简单等问题。从具体工作来看,研究阐发的关注点过于集中,对儒家文化、重要典籍等的研究阐发投入比较大、研究比较深入,但对我们党在革命中形成的红色文化以及在老百姓生产生活中形成的民俗文化研究阐发得还不够深入、不够系统。普及教育的手段还不够丰富、形式不够活泼,过多地依靠理论讲解和知识灌输,与人民生产生活结合不够紧密。实践养成形式单一,重知识灌输、轻养成教育,重课堂教育、轻社会实践,"孝诚爱仁"四德工程和精神文明创建的引导示范作用不明显、不充分。此外,传统文化与文化旅游、文化产业融入、结合也不够紧密。

（四）研究资源力量有待于进一步整合

山东传统文化研究力量较为分散，各地研究机构设置普遍存在交叉重叠现象。目前，相关研究阐发力量多分散于各高校、科研院所、研究会等单位，没有形成一股传统文化研究阐发的合力，造成了研究力量的分散化和研究内容的同质化、研究机构的重叠化。一些单位、机构本位主义较为严重，彼此之间由于缺乏有效的整合力量，相互之间联系较为松散，既没有很好地就传统文化研究的一些重大问题进行过多方面的实质性合作，对各自的研究状况也缺乏深入了解，沟通不够，甚至可以讲是各自为战。

（五）人才队伍力量较为薄弱

目前，山东推动优秀传统文化创造性转化、创新性发展的杰出人才特别是领军人物、具有比较优势的高端学者相对偏少。人才培育力度不够，青年学术团体有待进一步整合和凝练。人才主要集中在各级党政机关单位和学校，从事优秀传统文化传承发展工作的民间组织和团体基本处于自发、分散状态，理论素养和知识水平比较有限，人员素质参差不齐，部分非遗项目传承人存在着无人可传、面临断档的窘境。

三　进一步推动"两创"的总体思路与主要目标

（一）总体思路

以习近平新时代中国特色社会主义思想为指导，全面贯彻党的十九大和十九届历次全会精神，深入贯彻落实习近平总书记视察山东重要讲话和重要指示批示精神，贯彻落实《山东省传承发展中华优秀传统文化工作方案》，着力形成整体推进的战略态势，把弘扬中华优秀传统文化与发展现实文化有机统一起来，在继承中发展，在发展中继承，实现中华优秀传统文化创造性转化和创新性发展。

——围绕推动中华优秀传统文化"两创"走在全国前列这个战略目标，着力构建"五大体系"，即构建中华优秀传统文化研究阐发体系、普及教育体系、实践养成体系、保护传承体系、传播交流体系。

——加强建设"两区三带"五大文化区域，即着力建设曲阜优秀传统文化传承发展示范区、齐文化传承创新示范区"两大示范区"和大运河（山东段）文化带、齐长城文化带、山东海疆历史文化带"三个文化带"。

——重点实施"八大工程"，即文化经典研究阐释和出版工程、大众化普及推广工程、历史文化展示及"乡村记忆"工程、"孝诚爱仁"四德工程、沂蒙精神研究传承工程、齐鲁文化题材文艺创作工程、齐鲁文化走出去工程、文化研究和传播人才工程。

——坚持项目化推进思路，集中力量抓好重点项目建设，以重点项目带动优秀传统文化"两创"工作整体推进。

——坚持守正创新，推进文物保护利用改革，实施革命文物保护利用工程，实施非物质文化遗产传承发展工程，加大古籍保护力度，着力构建依法保护、传承发展的文化遗产保护利用体系，监管到位的文物安全防范体系。

——以供给侧改革为主线，供需两端齐发力，构建富有齐鲁文化鲜明特色、创新活力迸发、具有国际竞争力的文旅产业新格局，推动传统文化和旅游融合发展，实现以文塑旅、以旅彰文。

——整合利用各方面力量和资源，加强对外文化交流合作，培育传统文化交流品牌；加强海外文化阵地建设，发挥优秀中华文化、齐鲁文化"走出去"的独特作用。

——改革创新人才工作体制机制，抓住培养、引进、用好人才三个环节，全面提高优秀传统文化人才队伍素质，为传承弘扬中华优秀传统文化提供智力支持和人才保证。

（二）主要目标

到2025年，基本形成中华优秀传统文化传承发展体系，取得一批影响广泛的研究阐发成果，形成一批全面覆盖的普及教育载体，培育一批深入生活的实践养成品牌，建设一批特色鲜明的保护传承项目，搭建一批沟通中外的传播交流平台，山东文化软实力和对外影响力显著增强，道德文化高地根基更为坚实，在中华优秀传统文化传承发展中当好排头兵。

四 推动未来"两创"的对策建议

（一）优化整合全省"两创"研究资源

山东是儒家文化的发源地，曾经是中华传统文化的中心之一，拥有极为丰富的文化资源，肩负着弘扬中华优秀传统文化和齐鲁文化的重要使命，山东学者更应该立时代之潮头、通古今之变化、发思想之先声，形成自己的理论、自己的话语、自己的研究范式，建成真正的传统文化研究"高地"。

一是加强对传统文化的全方位研究。以儒家文化、红色文化、齐鲁文化为重点，深入研究阐发优秀传统文化的丰富内涵和精髓，推进优秀传统文化转化创新。深入推进管子、晏子、孔子、庄子、孙子、墨子、曾子、孟子、荀子等诸子百家思想学说研究，加强东夷文化、齐文化、鲁文化、莒文化以及泰山文化、黄河文化、海洋文化、运河文化等特色文化研究。实施沂蒙精神研究传承工程，设立"沂蒙精神研究"专项，开展沂蒙精神"六进"活动。

二是加强研究机构平台建设工作。进一步推动优秀传统文化协同创新中心的共建、共享。积极创建孔子大学，加快建设尼山世界儒学中心，把它打造成具有全球引领力的儒学研究中心、世界儒学协同创新平台，在山东儒学研究中发挥核心、纽带作用。提升《孔子研究》的品质，创建其他国际性的儒学公开刊物。继续提升尼山世界文明论坛和世界儒学大会品牌知名度。充分发挥山东大学儒学高等研究院、山东师范大学齐鲁文化研究院、曲阜师范大学孔子文化研究院和国学院、山东理工大学齐文化研究院、山东社科院国际儒学研究院、孟子研究院等的引领作用。

三是加强中华优秀传统文化学术体系、学科体系和话语体系建设。支持山东中华优秀传统文化优势学科、特色学科、新兴学科和交叉学科建设，进一步巩固儒学、易学、墨学、道学等学科传统优势，扶持稷下学、东夷学等新兴学科发展。鼓励传统文化方面的学术创新、理论创新，做大做强"生活儒学""社会儒学""观念儒学""人类儒学""文化儒学""生命儒学""大同儒学"以及"新道学""新墨学""新易学"等。

四是完善中华优秀传统文化"两创"研究人才保障机制。在"泰山学者"的学科配额上，增加优秀文化学科的人才比例，或是设置专门的"泰山学者"岗位，年龄可以放宽到60岁。继续大力实施"儒学大家"计划，完善"孔子文化奖""孔子教育奖"评选活动机制，设立国际性的"儒学传播奖"和省级层面的"儒学创新奖"。

（二）推进传统文化传承保护开发

进入"十四五"时期，山东要以齐鲁文化遗产有效保护、合理利用、传承发展为主线，以文化遗产保护传承法制建设、理论研究、传习教育为重点，全面提升文化遗产保护传承的能力水平。

一是要进一步推进文献整理的基础性工作。应当以一批重大课题的策划实施为抓手，把一些领域相近、专长互补的优秀学者调动起来、组织起来，共同把中华古籍的整理研究、抢救性保护、数字化再生推向新的高度，打造具有时代影响力的精品，建构更加完善的文献系统存藏体系，使山东省真正站在时代学术的前沿，引领中国古典学术研究的潮流。

二是加强建设"两区三带"五大文化区域。重点建设好国家级曲阜优秀传统文化传承发展示范区和齐文化传承创新示范区，深入实施曲阜片区、临淄片区、省会片区、黄河三角洲片区、半岛片区、沂蒙片区、鲁西片区等文物保护片区规划，尤其是齐文化传承创新示范区，要按照时间表、路线图，加快推进临淄区的稷下学宫国家文化公园和周村区儒商示范园两个重点项目的实施。加强世界文化遗产、历史文化名镇名村、历史文化街区、各级文物保护单位及城镇化、工业化进程中各类文化遗产的保护利用。推动长城、大运河国家文化公园建设及黄河流域保护和高质量发展，着力打造齐鲁文化旅游带，建设好山水圣人中华优秀传统文化旅游带、大运河（山东段）文化旅游带、黄河文化和绿色生态旅游带、齐长城文化旅游带、红色文化旅游带五条齐鲁特色文化旅游带。

三是加强非物质文化遗产普查挖掘、保护传承。开展非物质文化遗产记录工程，推进山东非遗传习所、山东非物质文化遗产馆建设，完善非遗保护项目、传承人、传习所、生产性保护基地、文化生态保护区"五位一体"保护传承体系。实施山东戏曲振兴工程、曲艺传承发展计划和传统工艺振兴计划，加强地方戏曲传承保护，建设一批地方戏曲振兴发展示范区。开展濒危剧种"依团传承"，建立"优秀保留剧目名录"和"剧本共享平台"。创建一批生产性示范基地，开展非遗传承人群研修研习培训，培养传统工艺新生代传承人群。

四是加强历史文化名城、名镇、名村和历史文化街区、历史优秀建筑、百年老字号、传统民居、古树名木保护。推动乡镇村志编修，挖掘乡村传统文化资源。加强工业文化遗产保护利用，加快发展齐鲁民俗文化产业。加强博物馆、美术馆群及方志馆建设，支持潍坊、淄博等市探索"政府主导、社会主建、规划引领、共建共享"模式，支持潍坊市打造"中国画都"城市品牌，推进台儿庄古城博物馆群建设。

五是实施县及县以下历史文化展示工程。做好县级历史文化展示场所的调整、充实、改造和提升工作，加快推进乡村两级历史文化展示，建成县乡村三级历史文化展示体系。推进"乡村记忆"工程，把文化保护传承与新型城镇化建设相结合，用 5 年时间，打造 10 个"乡村记忆"乡镇，推出 50 个"乡村记忆"民俗节庆项目，建设 100 个"乡村记忆"博物馆，建设 1000 个"乡村记忆"民居。

六是统筹推进红色文化保护展示。实施革命文物保护传承五年行动计划，组织实施一批革命文物保护利用工程，重点抓好沂蒙革命纪念馆、临沭县滨海红色文化纪念园、山东省档案馆、青岛党史纪念馆、胶东革命历史陈列馆、渤海革命老区纪念园、冀鲁豫边区革命纪念馆、网上山东抗日战争纪念馆等基地建设。推动红色旅游持续健康发展，合理推进旅游设施建设，打造红色旅游精品线路，提升红色旅游景点品质，创建全国红色旅游经典景区。

（三）深化传统文化普及教育

一是构建传统文化社会教育体系。以青少年和党员干部为重点，以各级各类学校为主渠道，把中华优秀传统文化贯穿于启蒙教育、基础教育、职业教育、高等教育、干部教育等各个领域。推进中华优秀传统文化进校园，开发建设中华优秀传统文化课程和教材体系，推动高等院校开设中华优秀传统文化必修课。将中华优秀传统文化纳入全省党员干部教育培训规划，编写中华优秀传统文化党员干部读本，把中华优秀传统文化作为政德建设和党员干部教育培训的重要内容。

二是充分利用各类公共设施、场所和阵地，发挥传统媒体和新媒体作用，推进中华优秀传统文化宣传教育和大众传播。深入实施乡村儒学和社区儒学推进计划，发挥尼山书院、孔子学堂的引领作用，推动有条件的乡镇（街道）综合文化站、农村（社区）基层综合性文化服务中心设立儒学讲堂（道德讲堂），定期讲授优秀传统文化。

三是继续推进新时代文明实践中心建设。积极开展文明实践志愿服务活动，加强文明实践研究院建设。严格考核监督，将新时代文明实践中心建设纳入意识形态工作责任制，纳入党政领导班子和领导干部实绩考核，纳入每年的乡村振兴考核指标体系。

四是推动传统文化题材文艺创作全面繁荣。"十四五"期间，要持续加大中华和齐鲁优秀传统文化题材文艺创作生产的工作力度，进一步推出一批弘扬优秀传统文化题材的精品力作。重点抓好大型话剧《孔子》的创作生产和京剧《大运河》、山东梆子《泰山挑山工》的打磨提升，重点抓好电视剧《柳毅传奇》《大海源》、长篇报告文学《海上丝路——从青岛到红海》《鲁声玉振》等的创作生产。在深入挖掘儒家文化、加强儒家文化题材文艺创作的基础上，组织作家艺术家围绕齐文化、东夷文化、黄河文化、海洋文化、泰山文化以及诸子百家文化等进行挖掘提炼，创作推出一批新的优秀文艺作品。

（四）加强传统文化的实践养成

强化"孝诚爱仁"四德工程和精神文明创建活动的示范引导作用，通过形式多样、生动活泼的实践活动，推动中华优秀传统文化在人们生产生活中活起来、传下去，使之内化于心、外化于行。提升善行义举四德榜、厚道鲁商等道德品牌，结合传统民俗节日、重大节庆日和重要纪念日组织开展爱国主义、传统美德等教育。

以文明城市、文明村镇、文明单位、文明家庭、文明校园创建活动为载体，开展中华传统美德教育、节俭养德全民行动。将中华优秀传统文化中的优秀思想内涵融入市民公约、乡规民约、学生守则、行业规章、团体章程等社会规范之中。广泛开展移风易俗，大力倡树文明新风，推动中华优秀传统文化融入精神文明创建。

（五）构建推动传统文化对外交流合作大格局

按照习近平主席关于"文明交流互鉴""构建人类命运共同体"等思想，进一步促进优秀传统文化与国外有益文化的相融相通，广泛吸收外来有益文化成果，用好各种对外文化交流机制平台，创新传播方式，构建全方位、多层次、宽领域的对外传播格局，打造文明交流互鉴高地。

一是着力推进山东与"一带一路"沿线国家地区的文化交流合作。针对"一带一路"沿线国家和地区不同特点，积极融入"一带一路"沿线国家人文交流。设立"一带一路"沿线国家儒家文化的对外传播和文明互鉴研究专项，支持"一带一路"沿线相关国家开展齐鲁文化研究，建设"一带一路"齐鲁文化研究智库。开展山东与"一带一路"沿线文物征集，推出儒家文化与丝路文化展览。实施"'一带一路'看山东"传播工程，积极参与国家"丝绸之路文化之旅"文化交流活动。

二是拓展民间交流合作领域。鼓励人民团体、民间组织、民营企业和个人从事与优秀传统文化有关的对外交流活动，全面推进中华文化和齐鲁文化开放合作，形成对外文化交流合力。挖掘侨团侨社、同乡会馆、中餐馆等的文化传播潜力，培育更多山东海外传播本土力量。推进海外尼山书屋、孔子学堂建设，建设好、运营好贝尔格莱德中国文化中心，加强山东与中国驻外文化中心、孔子学院等机构的合作。

三是充分利用各种现代化的传播手段。发挥文化和科技相互促进的作用，运用互联网、通信卫星、广播电视、手机等新兴媒体，不断推进对外文化传播技术手段和工具转型升级，丰富山东拓展中华优秀传统文化"走出去"的渠道资源。

四是建设多种文化交流平台和载体。发挥"孔子故乡·中国山东""尼山世界文明论坛"等齐鲁文化传播交流平台作用，提升中国（曲阜）国际孔子文化节、潍坊国际风筝会和泰山国际登山节等的国际影响力。着力构建管理平台、协调平台、宣传交流平台、研究平台和对外翻译平台五大对外文化交流传播平台。实施立体化的对外文化战略，坚持教育交流和旅游交流相结合，讲好中国故事、山东故事。继续加强与海外中国文化中心、孔子学院等机构的合作，积极参与海外中国文化中心建设，承担人文交流项目。充分发挥山东友好省州、友好城市在对外文化交流中的作用，把友城建成文化交流的稳定平台。

五是开展多样化的齐鲁文化交流活动。精心组织"孔子文化世界行""孔子文化丝路行"等活动，实施"山东—海外中国文化中心年度合作"工程。实施"感知山东"交流工程，积极参与"感知中国""美丽中国""文化中国""欢乐春节"等大型国家形象推广活动。实施对外文化服务标准化建设工程，整合儒学、非遗、舞台艺术、美术、文物、动漫、图书、产业项目等资源，系统化、模块化、标准化地策划对外文化交流项目。

六是加强省属重点外宣媒体国际传播能力建设。加强与国外媒体、中央重点外宣媒体合作，发挥海外华文媒体作用。深化对外文化贸易，鼓励和扶持山东文化企业在"一带一路"沿线国家开展项目推介、产品展销、投资合作，促进更多具有中华文化和齐鲁文化特色的文化产品和文化服务进入国际市场。

（六）创新推动优秀传统文化"两创"的方法手段

适应时代潮流，加大"两创"方法手段创新力度，不断赋予优秀传统文化新的内涵。

一是积极探索和运用文化+创意设计，运用各种现代表现形式和传播手段。探索运用文化+高科技，在尊重史实和传统文化精神的前提下，更多地借助VR虚拟现实、3D动画、H5场景制作等新技术，让优秀传统文化表达更生动、更炫酷、更吸引人。

二是加强优秀传统文化数字化建设。推进儒家文化经典数字化，建成面向海内外的传统文化经典数据库。推进数字化图书馆、博物馆、美术馆，方志馆、档集馆建设，完成全省博物馆馆藏1.26万件一级文物的信息化采集，建设总量不少于200TB的图书馆分布式资源库群。推进地方志数字化建设，加快档案馆馆藏档案数字化。实施山东省古籍保护计划，建设山东省国家古籍珍本数据库、山东省古籍数字图书馆。推动非物质文化遗产和革命历史档案数字化，健全民间文化抢救保护档案和数字化保护平台。强化优秀传统文化互联网传播，办好中国孔子网、孔子网络台，建设齐鲁优秀传统文化服务云平台。建设革命历史档案信息数据库，实施爱国主义教育基地网上展示工程。

三是大力推动传统文化与旅游产业深度融合。探索运用文化+旅游，大力发展红色文化体验游、乡村特色体验游、传统文化研学游，扶持各地打造独具地方特色的文化旅游演艺品牌，让群众在亲身体验中感知和接受优秀传统文化。加快文化旅游品牌建设，打造提升东方圣地、仙境海岸、平安泰山、泉城济南、齐国故都、鲁风运河、水浒故里、黄河入海、亲情沂蒙、鸢都龙城十大文化旅游目的地品牌和中华泰山封禅大典、威海华夏传奇等一批文化旅游演艺品牌。

（七）加强优秀传统文化人才队伍建设

"十四五"时期，山东要传承发展中华优秀传统文化，推动优秀传统文化创造性转化、创新性发展，人才是关键。应当进一步研究制定切实可行的培训和扶持政策，不断加强优秀传统文化人才队伍建设，为优秀传统文化的创造性转化、创新性发展提供坚实人才保障。

一是加快传统文化人才高地建设。深入落实《关于加强儒学人才高地建设的意见》，发挥儒学高端研究平台的作用，面向海内外积极引进和集聚一批儒学研究等高端人才。支持济宁干部政德教育基地实现内涵式发展，鼓励引导国内知名高校和研究机构来山东省设立研究机构，建设各具特色的优秀传统文化人才集聚区。

二是加强优秀传统文化人才队伍建设。进一步实施"传统文化人才引进和培养"计划，支持省图书馆、博物馆、文化馆、美术馆实施"大师引进工程"，深入实施齐鲁文化人才工程，加强山东传统戏曲、基础研究、编纂出版、传播推广、影视制作、创意策划人才培养，加强传统戏曲、杂技及民间歌舞、民间音乐高层次人才培养基地建设。通过实施国家级代表性传承人抢救性记录工程，培养10000名非遗传承人才，打造多层次、可持续的人才梯队。

三是夯实基层优秀传统文化人才队伍。加强基层宣传文化队伍建设，大力培养尼山书院和乡村儒学师资，重视发现和培养民间文化传承人特别是非物质文化遗产项目代表性传承人。发展壮大文化志愿者队伍，定期组织民间组织负责人参加培训，通过高学历人才引进、文化人才定向招考等渠道，为基层引进一批专业人才，全面提升基层专业人才队伍整体水平。

（八）优化优秀传统文化"两创"工作机制

推动优秀传统文化创造性转化、创新性发展是一项长期的系统工程，需要加强顶层设计和总体规划，建立健全政府主导、部门协作、社会力量广泛参与的管理体制和运行机制。

一是建立资金投入机制。设立省级层面推动优秀传统文化"两创"的专项经费，扩大重点项目评选覆盖面，加大对示范性强、影响力大的拳头项目的扶持力度。引导社会资金合理进入，推动部分项目市场化运作，为推动优秀传统文化"两创"提供必要资金保障。

二是建立工作协调机制。建立各级党委宣传部门牵头，文化、文联、高校、研究会、民间组织等参与的推动"两创"工作协调小组，搭建沟通交流平台，定期召开分析研讨会、工作协调会等，形成推动优秀传统文化创造性转化、创新性发展的合力。

三是建立工作考核机制。将推动优秀传统文化"两创"纳入各级党委、政府年度工作考核，作为精神文明创建、乡村文明行动考核的重要指标，提高"两创"在传承发展中华优秀传统文化工作中的考核比重，引导各级党委政府和职能部门进一步提高对"两创"的重视程度。

附录二

山东省当代民间儒学发展的
成就、问题及其对策

  民间儒学是相对于精英儒学或学术儒学而言的儒学形态，它主要建基于民间社会，以民众为主要对象。民间儒学力图推动儒学在普通民众中的社会影响，它在当代的意义便是拯救世道人心，重建包含平民阶层及社会其他阶层在内的、合理的道德秩序。在中华民族伟大复兴的时代背景下，要使儒学成为城乡居民内心世界中的重要成素和日常生活价值准则，必须使其日益平民化、大众化和通俗化，推广普及儒学，借以发展大众儒学、平民儒学，创建乡村儒学和都市儒学。一句话，务必实现儒学与社会的良性互动，建设新型的、特殊的社会儒学形态。只有这样，儒学才能为广大民众所理解、所认同、所接受。正是在政府部门、儒学机构和有识之士的推动下，依靠民间自发力量，作为孔孟的故乡、儒学的发源地，21世纪以来，同全国许多地方一样，山东民间儒学应运而生，并成燎原之势。新时代要推动山东当代民间儒学进一步健康发展，助力文化强省和文化强国建设，应当继续采取一些行之有效的重要举措。

一 山东省当代民间儒学产生发展的历史因缘

（一）民间儒学与官方儒学的并行互动

民间儒学一直作为一条或明或暗的线索，存在于中国社会的各个朝代、各个层面。早在孔子周游列国之际，虽然他讲授的内容主要是源自周朝贵族阶层的礼乐文化，但其讲授的对象却是以平民阶层为主。孔子所开创的儒家学派，一开始就迥然有别于官学，而属于民间"私学"。不妨说孔子是民间儒学之始祖，他与他的学生就是最早的民间儒者。

虽然汉武帝实行"罢黜百家，独尊儒术"，标志着儒学开始官方化和制度化，"布衣孔子"逐渐变成了"大成至圣文宣王"，"庙堂儒学"赖以生成。但是，民间儒学并未因此而完全消失，从两汉经师之间更相授受到唐宋以下书院讲学，中国古代社会一直活跃着为数众多的民间儒者。既有归老的官员、有功名的商人，也有落第秀才，他们构成所谓乡绅阶层，承担起儒学普及与教化大众、化民成俗的工作。

（二）关注生命、关注现实、关注生活

儒学是关于生命的学问，也是关注生命的学问，儒学的主要价值所在就是为现实人生提供安顿心灵的恰当方式。儒学关注每种生命存在的方式，既关注存在于不同时空背景之下现世人生的生命安顿，又关注作为整体的人类族群生命的延续与和谐。儒学对生命的关注，使得它从现世人生的伦常日用中来，最后又复归于现世人生的伦常日用中去。儒学的大众化、平民化和生活化，民间儒学的兴起，正是儒学

在渡尽劫波之后的回乡之路，这个回乡既是回归乡村和平民之意，也是回归儒学本真之意。

儒学是关于生命的学问，正如杜维明所言："在儒家的传统里，学做一个完善的人不仅是一个首要关切的问题，而且是终极关切和全面关切的问题。"① 日常生活在儒学中具有本质的地位和价值，早在孔子传道之初，他的主要授课对象即是平民阶层，他赋予周朝贵族的礼乐文化以更多的日常生活内容，使得原属贵族宫廷的礼乐制度逐步下移至平民阶层而演变为一种日常生活的伦理秩序。儒学的包容性、世俗性让任何人都有从儒家思想内寻找到属于自身的德性追求的可能。

二 山东省当代民间儒学兴起的社会条件

从横向角度分析，山东当代民间儒学兴起的原因、条件大致有如下四方面。

（一）大众的精神需求

当前的中国已经成为世界第二大经济体，经济飞速发展，人民物质生活水平极大提高，但是群众精神生活内容贫乏，主流价值观缺席。从儒学入手来拯救世道人心，成为众多选择之一，并且日益展现出一定的有效性和优越性。可以说，儒学在当代的大众化和民间化，顺应了普罗大众对美好精神文化生活的新期待。

---

① 杜维明：《道学政：论儒家知识分子》，上海人民出版社2000年版，第49页。

（二）官方的大力推动

2013年，习近平总书记在视察孔子研究院时强调要大力弘扬中华优秀传统文化。山东省委、省政府高度重视习近平总书记关于弘扬优秀传统文化重要讲话和重要指示精神的学习、贯彻和落实，着力打造传承创新儒学高地，从政策上、投入上大力扶持"乡村儒学"、儒学讲堂、尼山书院等民间儒学。中国孔子基金会作为传统文化的传播机构，积极推进"孔子学堂"走进校园、走进社区、走进乡村、走进企业、走进机关等基层场所，力图让儒学转化为植根于每个人内心的文化信仰。

（三）儒学突破自身困境的合理选择

儒学如果仅仅满足于思想义理的诠释和传播，就难以引起民众内心的共鸣。儒学若要在当代文化强国和文化强省建设中发挥立德树人的作用，除了要致力于自身知识性的拓展和学术性话语的建构，更应该走出"书斋"，重视儒学知识的普及、教育与推广，在社会各个阶层进行儒学的大众化。只有这样，才能抵制不良文化的侵袭，实现儒学的"灵根再植"。

（四）精英阶层责任感的觉醒

山东当代儒学的世俗化、平民化并不完全是由平民阶层作为引导者完成的，而是由知识阶层的儒学精英们发动的。这正是一批具有责任感、担当意识、文化情怀的人文知识分子在21世纪中国文化强国建设实践中所作的一种新的尝试。他们本着儒家知行合一的传统、接续起中华文明之慧命，通过教育普及的方式引导儒学的教化与复兴，以逐渐唤醒人们内心沉睡已久的责任意识和家国情怀，重建人民群众的精神家园和重塑社会伦理秩序。

三　山东省当代民间儒学发展的进展和成效

作为儒学的故乡，山东省当代民间儒学得到了快速发展，引起了社会的广泛关注。由泗水、曲阜、邹城发端的乡村儒学向其他地方扩展，由中国孔子基金会主导的孔子学堂也在民间社会得到了积极广泛响应。这些民间儒学旨在使儒家的伦理纲常转化为乡民、市民的内在道德自觉，旨在推动敦风化俗，重建民间社会的伦理秩序和文化生态。它们使儒学走入城乡大众日常生活之中，成为农民和市民内心世界中的重要成素和日常生活价值准则，在一定程度上促进了社会风气的好转，改善了家庭邻里关系，整治了社会秩序，培养了人的向善之心，培植了人的良好德性，使得儒学所倡导的人生观与价值观在民间社会不断生根发芽。

（一）形成了多元发展格局

进入21世纪，伴随着全国性的国学热、儒学热、读经热，山东民间儒学勃然兴起，发展势头较为迅猛，形成了多元发展的格局。

1. 以泗水为代表的"乡村儒学"

早在2006年，一批有志于弘扬儒家文化的学者就走出书斋，来到孔子诞生地创办尼山圣源书院，而后又走进乡村，义务为村民讲授儒学。从2012年年底开始他们在圣水峪镇试点开设"乡村儒学讲堂"，以"孝""礼"为主要内容，用通俗的语言向当地百姓讲授敬老爱亲、修身齐家等儒学思想，用传统美德教育群众。如今乡村儒学已呈现出"燎原之势"，正走出泗水，走向山东全省各地，在济宁、泰安、聊城、潍坊、淄博、德州等地不断涌现，形成了独具特色的"乡村儒学现象"。

2. 以曲阜为主的百姓儒学

曲阜市从 2012 年 8 月到 2014 年 7 月依托 675 所彬彬有礼学校，对 64 万曲阜市民进行了儒学教育。2014 年 10 月曲阜又开始酝酿实施"百姓儒学"工程，并于 2015 年举办"百姓儒学节"，让百姓人人参与、体验、感悟儒家文化盛宴。

3. 由中国孔子基金会主导的孔子学堂

从 2014 年开始，中国孔子基金会以资本支持、技术指导等方式资助民间儒学的普及工作，目前已在山东省内建成几百所"孔子学堂"，致力于探索儒家思想与现代学校教育、社区建设、企业发展等相结合的优秀传统文化特色发展之路。

4. 山东省文化厅在全省推动建设"尼山书院"

2014 年 5 月开始，山东省文化厅在全省推进"图书馆 + 书院"公共文化服务模式，在省、市、县各级公共图书馆实施"尼山书院"工程，建立全省尼山书院联盟。

5. 各种民间机构开办的儒学培训组织

早在 1995 年，颜炳罡教授就在山东大学建立起明心国学社，带领学生诵读讲授儒家经典。自习近平总书记视察曲阜后，儒学教育培训开始在曲阜、泗水、济南等地红火起来。这些儒学培训机构与普通学校课程设置差不多，不一样的地方在于加大了国学经典的阅读量。

6. 各个部门、单位创建了不同的民间儒学样态

山东不少部门和单位在公共场所利用各种传播方式为民众营造一种生活环境上的儒学氛围。自 2006 年开始，济南公交系统在全城范围内推广公交论语，"公交论语"成为美丽泉城流动的道德讲堂。泗水县则将传统文化尤其是儒家文化元素融入城市建设，将县城一条水系规划为儒家文化景观带，名之为"洙泗儒园"。在公园内，可以看到熊十力、钱穆、唐君毅、张丕介、牟宗三、梁漱溟、冯友兰等十几位鸿儒硕哲或立或坐的青铜塑像，栩栩如生，石刻浮雕还分别配以生

平简介、学说及其格言警句。这种方式的儒学传播对于民众的内心感受起到了很好的潜移默化作用,为儒家文化的普及创造了"日用而不知"的良好环境。

(二) 改善了家庭邻里关系

在当今中国农村,一方面,随着青壮年劳力不断向城市流动,乡村逐渐"空心化",同住一村却不相识的现象在增多。另一方面,不少地方家族、宗族在维系伦理道德方面发挥的作用不断衰减,伴随着社会转型,人们的思想越来越多元化,一些原先被广泛认同的思想观念有淡化趋势。鉴于此,乡村儒学的一个目标就是让留守农村的老人、妇女和小孩们处理好家庭邻里之间的关系,以传统的家族伦理原则来规训那些不愿意照顾老人的所谓"不肖子孙"。

山东各地儒学讲堂的讲师注重切合农村老百姓的实际生活,从人们关心的孝道入手,讲一些孝亲、和家、睦邻的故事,举身边的例子以情动人,把儒家孝道之"爱""敬"精神变成生活道理,让儒家经典文化变得通俗易懂,以促进农村家庭和睦、邻里之间关系和谐。泗水县圣水峪镇北东野的一个媳妇,从前对公婆不孝敬,还打过婆婆。村里举办儒学讲堂,她来参加了一段时间,逐渐明白了不少道理,感觉到自己不对。现在像换了一个人似的,家里的活自己主动包揽下来,不让老人动手;还时常用三轮车拉着婆婆逛街游玩,给老人买新衣服。村里一位姓刘的老太太,几年前老伴去世了,四个儿子商定每家每年给老人200块钱,可二儿媳妇就是不给,村干部也拿她没什么办法。随着这几年乡村儒学的开展,村里发生了很大变化,二儿媳妇的态度也发生了可喜的转变。刘婆婆感叹地说:"学习孔夫子管用了,每个人200块钱都给我,都争着叫我去家里吃饭。"

儒家提倡的孝道不仅要求儿女要对自己的父母"爱"与"敬",而且要把这种精神扩及社会,做到孟子所说的"老吾老,以及人之老；幼吾幼，以及人之幼"（《孟子·梁惠王上》）。在农村弘扬这一儒家家庭伦理精神，能够使邻里之间做到彼此尊重、互敬互让，自然就会少生是非、少起事端，从而促进邻里之间的和谐。

2015 年曲阜市"百姓儒学节"启动以来，相继开展了百姓朝圣祭孔、邻里摊煎饼、共吃团圆饭等"邻里百家宴""乐和邻里饺子宴"等系列活动，不仅拉近了邻里街坊的感情，还让邻里关系更加和睦和谐，把儒学融入了百姓的日常生活之中。调查表明乡村（社区）儒学讲堂让村里（社区）的邻里关系、婆媳关系、夫妻关系变得融洽。

（三）促进了社会风气好转

通过开展乡村儒学，不仅家庭邻里关系和谐了，还有力地推动了乡村文化振兴和农村精神文明建设，促进了当地社会风气的好转，助人为乐逐渐成为新风尚。2013 年，泗水县在圣水峪镇尼山圣源书院开设儒学讲堂，讲授儒学经典，吸引了大批村民。一年以后，当台湾佛光大学教授谢大宁来到书院，眼前的情景使他感动得热泪盈眶，说自己仿佛看到了阳明后学儒学会讲的盛况再现。2014 年 1 月 3 日上午，一位美籍华裔学者来尼山圣源书院开会。他想看看中国乡村集市到底是什么样子，于是向一位村民打听去小河集的路怎么走。因为附近公交不便，这位村民便主动用自己的三轮车将他送到 5 公里外的集市，并且按照约好的时间又把他接回来。这位美籍学者拿钱酬谢，但这位并不富裕的村民却坚辞不收，只是说他也是乡村儒学的热心听众。这位学者深有感触，逢人便说孔子老家的人真好。其实真正应该感叹的是我们从正在兴起的乡村儒学身上看到了中华传统文化的重光。

（四）整治了社会秩序

"儒学在古代社会是一种善治，在现代社会，儒学逐渐成为一门学问，从人们的生活中消失，现代化带来众多问题，应该重新把儒学请回到生活中，解决现代化带来的问题。"[①] 近十年来山东乡村儒学的发展对于整治社会秩序、促进乡风文明建设发挥了一定的积极作用。在泗水县东北野村，经过近两年开设"乡村儒学讲堂"，村里乱扔垃圾的没有了，打娘骂老的没有了，村里也没有了小偷小摸。老百姓原来有个说法叫"秋里忙"，就是每逢秋收，村东头有七八个妇女，村西头也有七八个妇女，背着粪箕子，拿着镰刀，表面上去地里割草，其实是趁别人看不见时，偷挖人家的地瓜和花生。通过儒学传习，村里这种人基本上没有了，因为村民们的"羞恶心被讲出来了"。

潍坊市张家洼村尝试以儒家思想治村的模式，建立了督促约束机制——"督孝"，实行"一卡、二榜、三罚"。"一卡"，即个人填写《赡养老人统计卡》；"二榜"，即孝心榜和不孝榜；"三罚"，就是不孝者书面检讨，张榜公示，限期整改。村里每年评选出"好婆婆""好媳妇""十星级文明户"等。经过多年的"以孝治村"，张家洼村发生了巨大变化：家家子女孝顺，户户尊老爱幼，邻里互帮互让，全村350口人拧成一股绳，村里的各项工作也都好干了，一个昔日的落后村先后荣获"潍坊市级文明村""省级文明村"等荣誉称号。尽管这种以传统儒学强化治理乡村的方式其效果还有待于实践的进一步检验，但这种"以孝治村"可称得上是当前基层治理模式探索的一种有益尝试——从单纯依靠行政、诉诸法律到借助于道德的力量来解决。

[①] 萧辉：《把儒学"请"回乡村》，《新京报》2014年11月12日。

四　山东省当代民间儒学发展的基本做法和主要经验

山东是孔孟之乡，是儒学发展与兴盛的发源地，也是当代中国民间儒学发展的主要基地之一。以曲阜为代表的山东省各地在政府组织与引导、各部门协同配合以及多种社会力量的支持之下，充分利用地方文化资源优势，调动广大民众的积极性，实现了儒学与民间社会（尤其是乡村社会）的有机结合，使得儒学所倡导的人生观与价值观在民间社会生根发芽。

（一）政府组织引导

从传统意义上讲，民间儒学是相对于官方儒学、权力儒学而言的，其既不是任何政治势力或政治权力的寄生物，也不是指导或规范政治构架或权力运作的操作性原则，但是，民间儒学的发展离不开政府的组织与引导。民间儒学尤其是乡村儒学的发展得到了一些各级领导的大力支持。山东省委、省政府将"乡村儒学"纳入山东省公共文化服务体系建设"十三五"规划，纳入各级财政面向社会购买公共文化服务目录。为推动儒学的发展，曲阜市委、市政府曾出台《关于举办曲阜市第二届"百姓儒学节"活动的实施意见》；泗水县委办公室、县政府办公室也曾颁布《泗水县深入推进"乡村儒学讲堂"建设实施方案》，表现出了政府对民间儒学活动的支持与引导。

（二）部门协同配合

山东当代民间儒学的发展是在政府组织与引导之下各部门协同配合的结果。山东省文化厅给予乡村儒学以专项经费扶持，同时大力提倡社区儒学、学校儒学，将其纳入公共文化服务体系建设总体格局之中，在一定程度上保证了这项文化事业的持续发展。山东省文化厅还在全省实施了"图书馆+书院"服务模式，在省、市、县各级公共图书馆推动建设"尼山书院"工程。曲阜市举办"百姓儒学节"期间，包括市文物局、市委宣传部、市教体局、市旅游局、市文广新局、市妇联、市文联、市委政法委、市司法局、市文化馆、市商务局、团市委、市文明办、市广播电视台、市电影公司等在内的二十多个部门，或是进行牵头，或是承办，显示了各个部门协同配合推进民间儒学的态势。

（三）民众广泛参与

当官方儒学解体之后，民间儒学是相对于精英儒学或学术儒学而言的儒学新生命。民间儒学主要建基于民间社会，以民众为主要对象。它力图推动儒学在普通民众中的影响，其在当代的意义便是重建平民阶层的合理道德秩序。山东当代民间儒学的发展即是从民间出发、从百姓出发、从乡村出发的典型。曲阜举办"百姓儒学节"，鼓励各行各业和市民大众策划富有特色的百姓文化活动，开展各类优秀文化资源进社区、进村居，为居民提供讲座、辅导、展演等文化服务。期间举办的祭孔活动更是持续一个月，有近10万名曲阜居民有组织地参加祭孔大典，朝圣祭孔的人员涵盖了村民、企业职工、单位员工、教师、学生、社区居民、个体工商户、网民、志愿者等各个群体和各层面的先模人物，由所在单位或社团组织参加，是真正属于老百姓的祭拜活动。

（四）社会力量支持

民间儒学的勃兴最重要的是来自于民间力量和社会力量的支持与推动。中国孔子基金会以资本支持的方式资助民间儒学的普及工作，创作了大型动画《孔子》，与山东电视台联合举办了"新杏坛"电视讲座，与齐鲁晚报发起了"孔子书包"捐助贫困学生的公益活动，与济南公交总公司联合发起了"论语进车厢"活动。山东大学明心国学社举办了丰富的社团活动，包括基本的经典文化讲读、古代礼仪的学习和社区义工的课程培训等，并主办《心灯》杂志以普及儒学知识。诸多知识分子、民间精英，包括牟钟鉴、王殿卿、杜维明、刘示范、张践、颜炳罡、赵法生、陈洪夫等以及众多志愿者讲师，以一种弘道精神积极投身于儒学在社会大众中的普及推广事业，促进了山东民间儒学的兴起。

（五）典型试点先行

山东当代民间儒学的发展，尤以"乡村儒学"为显，并被称之为"山东乡村儒学现象"，这一现象的发起地便是孔子诞生地——尼山。尼山是儒家文化的源头，在当代知识分子的推动下成立了具有民办公助、书院所有、独立运作、世代传承体制的尼山圣源书院，集聚起一个包括中国社会科学院、北京大学、清华大学、山东大学、曲阜师范大学等院校学者的高端知识分子团队。他们举办了一系列国际性和全国性的学术会议与讲座，并从事国学师资培训、乡村儒学讲授等工作，从而使尼山成为极具典型性和借鉴性的儒学推广与研究基地。山东省委宣传部一如既往地全力支持尼山圣源书院的建设和发展，全力推动乡村儒学建设，从圣水峪镇周边几个乡村做起，形成可复制、可借鉴的模式，然后在全省一些地方推广开来。

（六）实现有机结合

山东民间儒学尤其是乡村儒学的建设实现了政府力量、社会力量与民间力量的统筹结合，并成为全省公共文化服务均等化、标准化的重要环节。山东各级党委、政府把弘扬优秀传统文化特别是儒家文化置于重要的位置，拿出专门的人力、物力与财力推动民间儒学建设，初步形成了政府支持、学者主导、官民互动的支持配合和协调管理机制。遍地开花的儒学讲堂紧紧抓住百姓最关心、最易于接受的问题，大力弘扬儒家家庭伦理内容，且与实际生活相接轨，形成了某种长期有效的影响力。曲阜、泗水等地建立固定的儒学宣讲团队，科学设置讲学点，设立儒学建设基金，从而形成了良好的民间儒学运行体制。大众化的山东民间儒学从乡村走向城市，探索发展社区儒学、广场儒学、企业儒学、校园儒学等多种儒学样态，扩大儒学的覆盖面和感染力，使儒学教育与社会主义核心价值观建设有效对接和互动，彼此相互结合、相得益彰。

五　进一步推动新时代山东民间儒学的健康发展

山东当代民间儒学的发展已经积累了许多宝贵经验，某种意义上形成了政府组织引导、部门协同配合、民众广泛参与、社会力量支持、典型试点先行、实现有机结合的"山东模式"，使得民间儒学建设与"文化中国"和"文化山东"建设有效对接、相得益彰。

不过，山东当代民间儒学在发展过程中也存在一些问题和薄弱环节。其一是民间儒学讲师师资缺乏，师资队伍素质参差不齐；其二是民间儒学活动主要依靠民间自发的力量，政府适当的政策性扶持和必要的基础经费支持不够；其三是贪大求快，形成了一窝蜂、一刀切的形式主义；其四是有的不太注重社会效益，出现了一定的唯利是图、谋取暴利的功利主义倾向。

新时代，要推动山东当代民间儒学进一步健康发展，助力文化强省建设，应当采取以下举措、路径。

（一）创新宣传教育的内容形式

儒学有着博大精深的内涵，社会大众对于儒家经典有着不同程度的陌生感。要促进民间儒学的健康发展，就必须针对不同文化程度的受众，编写出通俗易懂、有吸引力也容易为大众所接受的《论语》《孟子》《礼记》等儒家经典的入门教材。民间儒学的传播方式应该是多样的、现代化的，必须运用现代化的传播方式和手段。儒学课堂上，除了面对面的宣讲和儒学讲义的阅读，还可利用现代的科技手段如网络课堂和播放视频等，这让受众接受儒学变得更加便捷和直观可感。为了让儒学深入到社会大众的思想观念和实际生活中，起到改造人和塑造人的作用，使之内化于心、外化于行，就必须打破群众对儒学的隔膜，增强他们的实际参与感，从中感受和领悟儒学的精髓。

（二）与重大文化工程有机衔接

未来山东民间儒学应该实现与国家、山东省重大文化工程有机衔接，按照"四德工程"建设、优秀传统文化传承创新工程、"乡村文明行动"、精神文明创建等文化强省建设工作的总体部署和要求进行布局，防止"两张皮"甚至相冲突的现象。要搭建群众方便参与和乐于参与的活动平台，紧密联系实际，精心设计民间儒学实践载体以及规范化运作等，充分发挥其在推动乡村文明建设和社会主义精神文明建设、推动中华传统美德的创新性发展和创造性转化中的重要作用。

（三）强化正确引导管理

民间儒学呈现出一种民间的姿态，政府固然不能过多干预和管控，但这并不表明政府部门可以缺失，需要政府部门加强对它的宏观政策的把握、重大活动的组织、宣传平台的提供、活动资金的支持。各级党委、政府应该从宏观上做好组织协调和指导监督，加强对民间儒学发展的引导，促进其健康有序发展，防止出现走偏走歪的现象。同时，要加强对民间书院、国学院等培训机构的规范化管理，在注册准入上从严把关，对其教学质量进行不定期考核，纠正其过度的商业运作，严厉打击办学过程中出现的违法行为。

（四）加大经费投入保障

可以考虑把民间儒学教学设施设备、讲师义工队伍建设以及儒学推广发展基金等纳入政府财政预算，并逐年加大比例。整合公共文化服务方面有关的奖补资金，对各级图书馆"尼山书院"建设和服务成绩显著的单位进行奖补。同时从农村文化建设专项资金中切出专门资金，对"乡村儒学讲堂"建设成效显著的单位进行奖补。除了政府投入外，民间儒学的发展还应该拓宽筹资渠道，充分利用社会资金。可以广泛寻求民间资金的捐助，设立民间儒学发展基金，用以民间儒学的宣传、推广和教学。民间儒学机构可以利用自己的专业技能，和传媒出版企业合作，通过儒学教材出版等方式，获得一定的经济报酬。国学班、书院等培训机构，在遵法守纪的前提下，在当好儒学正能量传播者的同时，也允许有适度的盈利。

（五）加强人员队伍建设

应当强化儒学师资培训，建立儒学师资培训基地。譬如可以在尼山圣境等地建立儒学师资培训基地，使儒学师资的培训规范化和持续化。要致力于建立稳定的志愿者队伍，积极鼓励高校研究生和大学生充当志愿者，为民间儒学做一些力所能及的宣传工作。培养和建立稳定的义工队伍，尤其要注重义工的本地化，发展一些乡村儒学讲堂附近的儒学学习积极分子和骨干分子，付给他们一定的报酬。

最后，就山东民间儒学的可持续性发展，我们想强调如下六点。

一是必须增强知识分子的社会责任感。山东民间儒学的发展，离不开省内外知识分子的广泛参与，它要求知识分子以一种"士的自觉"情怀，发扬忧民忧国、经世致用、仁以己任的弘道意识和关心民事民瘼的担当精神，而不能只是停留在建构不同形态的道统、学统，"为知而知"，而要致力于用之于世，坚持"修道之谓教"的理念。

二是借助于以儒化民、以文化民，对广大民众施以儒家孝道和五伦教育，使他们掌握儒家人伦知识，努力把儒家的伦理纲常转化为大众的内在道德自觉。

三是利用人见贤思齐的心理，树立大量"最美好人"理想人格让民众学习仿效，致力于教化民众、传播知识、传承文化、塑造人格等，激励普通民众培养向善之心，培植人的德性。同时要对民间社会中存在的不良现象加以批判和劝诫，促使老百姓扬善抑恶，以重建民间社会的伦理秩序和文化生态。

四是加强对府学、文庙、乡校、学堂、书院、私塾、碑刻、牌位、文物、祠堂、家谱、家庙、家训、家礼和祭祀礼仪等物质的和非物质的文化遗产的保护，以留住带有儒化特质的"乡土记忆"，构建作为重要文化载体、象征和平台的文化传承体系。

五是深入发掘山东民间社会中的各种儒家文化，对已有的山东儒学文化积淀进行创造性转化和创新性发展，并赋予其以新的要素、新的内涵、新的活力，弘扬民间所蕴藏的道德精神传统。

六是借助于社会化或外在建制，将儒学外在化、社会化、制度化，通过经典诵读、国学普及、传唱活动以及包含三字经等在内的蒙学方式，融合到山东大众文化领域，融入乡规民约、家规族规、校训学规、家谱家庙等各种形式的乡土文化之中，培育忠孝仁厚风俗。

（涂可国　张进　刘云超　车振华　佟金丹　郑艳）

参考文献

《习近平在纪念孔子诞辰2565年国际学术研讨会暨国际儒学联合会第五届会员大会上的讲话》，人民出版社2014年版。

习近平：《在哲学社会科学工作座谈会上的讲话》，人民出版社2016年版。

《习近平总书记系列重要讲话读本》，学习出版社、人民出版社2016年版。

《十九大报告辅导读本》，人民出版社2017年版。

中共中央文献研究室编：《习近平关于社会主义文化建设论述摘编》，中央文献出版社2017年版。

（汉）郑玄注，（唐）孔颖达疏：《礼记正义》，龚抗云整理，王文锦审定，李学勤主编《十三经注疏》，北京大学出版社1999年版。

张世亮、钟肇鹏、周桂钿译注：《春秋繁露》，中华书局2012版。

覃光广、冯利、陈朴主编：《文化学辞典》，中央民族学院出版社1988年版。

《现代汉语词典》，商务印书馆2016年版。

干春松：《制度儒学》，世纪出版集团2006年版。

姜林祥：《儒学在国外的传播与影响》，齐鲁书社2004年版。

刘厚琴：《儒学与汉代社会》，齐鲁书社2002年版。

赵剑英主编：《世纪之交的中国文化》，广西人民出版社1994

年版。

张岱年、程宜山：《中国文化之争》，中国人民大学出版社2006版。

冯聚才：《文化符号与文化软实力》，《开封大学学报》2012年第3期。

葛华：《中国传统文化符号的现代视觉表达》，硕士学位论文，扬州大学，2009年。

刘敏中：《文化模式论》，《学习与探索》1989年第4期。

《关于实施中华优秀传统文化传承发展工程的意见》，《人民日报》2017年1月25日。

孟娟：《探索公共文化服务的"邹城模式"》，《中国文化报》2015年2月13日。

夏璐：《文化遗产保护利用与传承发展的"邹城模式"》，《中国文物报》2016年8月22日。

萧辉：《把儒学"请"回乡村》，《新京报》2014年11月12日。

赵秋丽、李志臣：《写在习近平总书记考察曲阜五周年之际》，《光明日报》2018年11月25日。

郑行超等：《让优秀传统文化"两创"落地生根——曲阜文化建设示范区推动优秀传统文化创造性转化、创新性发展纪实》，《大众日报》2019年12月26日。

[美]杜维明：《道学政：论儒家知识分子》，上海人民出版社2000年版。

[德]恩斯特·卡西尔：《符号形式的哲学》，赵海萍译，吉林出版集团股份有限公司出版2018年版。

[法]皮埃尔·吉罗：《符号学概论》，怀宇译，四川人民出版社1988年版。

后 记

本书是 2019 年度立项的山东省重大理论与实践问题研究课题、省社科规划重大委托项目"中华优秀传统文化传承发展'曲阜模式'研究"（项目批准号：19AWT03）的结项成果。该项目负责人是山东省委宣传部副部长孔繁轲，由我担任课题首席专家，课题组成员有：曲阜师范大学孔子文化研究院教授、博导王曰美，山东社会科学院国际儒学研究院研究员张春茂，尼山世界儒学中心孔子研究院信息联络部部长、研究员齐金江，山东社会科学院文化研究所副研究员许延，山东社会科学院国际儒学研究院副研究员赵迎芳，山东社会科学院国际儒学研究院副研究员汪霏霏，山东社会科学院国际儒学研究院助理研究员、博士秦树景，山东社会科学院国际儒学研究院助理研究员、博士张兴，山东社会科学院国际儒学研究院助理研究员、博士杨冬，山东社会科学院国际儒学研究院助理研究员、博士张恒。

本课题在完成过程中，得到了山东省委宣传部主要领导的大力支持，孔繁轲副部长给予了悉心指导，理论一处的冷兴邦处长一直十分关心课题的进展，理论二处的杜福处长提出了宝贵的修改意见，理论一处的刘洁副处长不仅做了大量事务性工作，还实地参加了调研，在此向他们表示忠诚的谢意！课题组成员出色地完成了调研和撰写任务；中国社会科学出版社的孙萍女士认真审核把关，付出辛劳；在曲阜、邹城、泗水调研之际，杨朝明、成积春等专家和当地相关部门的领导提供了大量第一手信息和资料;在浙江省衢州市调研过程中,浙江省社会科学院的吴光研究员、张宏敏研究员以及衢州南孔文化发展中心的领导给予了鼎力相助与细心关照;尤其是曲阜文化建设示范区党工委、推进办公室和董洪波主任、李学斌副主任,对本课题的顺利完成多有帮助,不仅为我们的资料收集、调研安排、书籍出版、对外宣传等事宜提供了许多方便,还同意我们吸收其撰写的研究报告的部分内容,谨向上述人员一并表示衷心感谢!

课题组
2021年9月于泉城